AF545469

Agnes Wuckelt
Religiöse Bildung in der KiTa

AGNES WUCKELT

Religiöse Bildung in der KiTa

Ziele – Inhalte – Wege

Das Grundlagenbuch

Schwabenverlag

VERLAGSGRUPPE PATMOS

PATMOS
ESCHBACH
GRÜNEWALD
THORBECKE
SCHWABEN

Die Verlagsgruppe
mit Sinn für das Leben

Für die Verlagsgruppe Patmos ist Nachhaltigkeit ein wichtiger Maßstab ihres Handelns. Wir achten daher auf den Einsatz umweltschonender Ressourcen und Materialien.

www.schwabenverlag-online.de

Umschlaggestaltung: Finken & Bumiller
Gestaltung, Satz und Repro: Schwabenverlag AG, Ostfildern
Druck: CPI books GmbH, Leck
Hergestellt in Deutschland
ISBN 978-3-7966-1737-9

Inhalt

Teil 3: Die pädagogische Fachkraft

Teil 4: Konkretionen

Teil 5: Vernetzungen

Teil 6: einfach.kurz.erklärt

Vorwort und Einführung

Religiöse Bildung gehört zum Auftrag aller Bildungseinrichtungen für Kinder und Jugendliche. Durch religiöse Bildung begegnen die Heranwachsenden dem religiösen Bereich unseres Kulturkreises. Sie lernen Religion(en) kennen und verstehen und werden darin unterstützt, sie für sich persönlich zu erschließen. Dies ist gerade in unserer pluralen Gesellschaft von großer Bedeutung: Religiöse Bildung kann einen Beitrag für ein friedliches Miteinander von Menschen aus unterschiedlichen Kulturen und unterschiedlicher Religionszugehörigkeit leisten. Fast alle Bundesländer haben daher Bildungs- bzw. Orientierungspläne entwickelt, die Bildungsbereiche wie »Sinn« oder »Philosophie«, »Werte« oder »Ethische Erziehung« beinhalten; viele richten den Blick auf die Bereiche »Religion« oder »interkulturelle und interreligiöse Bildung«.

Somit ist das Thema »Religiöse Bildung in der KiTa« im letzten Jahrzehnt verstärkt diskutiert worden – sowohl in der religionspädagogischen Wissenschaft als auch in der Praxis in Kindertageseinrichtungen. Das nun vorliegende Grundlagenbuch greift diese Diskussion auf und führt sie weiter. Seine Basis ist eine Längsschnitt-Fallstudie, die von Herbst 2012 bis Frühjahr 2015 durchgeführt wurde. Näheres dazu findet sich im Kapitel »Ausgangspunkt: eine Längsschnitt-Fallstudie«. Die Studie und ihre Auswertung versteht »Bildung« als »Selbstbildung« (vgl. das Kapitel »Was ist Bildung?«). Entsprechend wird auch »religiöse Bildung als Selbstbildung« in den Blick genommen. Angesichts unserer pluralen Gesellschaft und der Bedeutung von »Religion« in ihr wird von einem weiten und offenen Begriff von »Religion«, »Religiosität« und »Spiritualität« ausgegangen.

In diesem Grundlagenbuch kommen Kindergartenkinder selbst zu Wort – insbesondere im zweiten Teil »In der Mitte das Kind«. Zahlreiche Beobachtungsbeispiele aus der Längsschnitt-Fallstudie belegen, dass und auf welche Weise bereits für junge Kinder »Religiosität« und »Spiritualität« zum Alltag dazugehören. Im Rahmen der Längsschnitt-Fallstudie wurden Mädchen und Jungen beobachtet, die unterschiedlichste Erfahrungen mit Religion, religiöser Praxis und Glauben machen. Ein Großteil des Datenmaterials wurde im Alltag der KiTa gesammelt. Es zeigte sich, dass alle Kinder – unabhängig von evtl. gegebener religiöser Vorerfahrung – grundsätzlich religiös ansprechbar sind; sie eigneten sich die religiöse Inhalte und Praxis auf ganz individuelle Weise an und integrierten sie in ihren Lebenskontext. Jedes Kind entwickelt eine ihm eigene Religiosität und Spiritualität.

Auf diesem Hintergrund stellt sich die Frage nach der religionspädagogischen Professionalität der pädagogischen Fachkraft: Welche Kompetenzen benötigt sie, um Kinder bei ihrem religiösen Selbstbildungsprozess begleiten, unterstützen und fördern zu können? Dieser Frage ist der dritte Teil des Grundlagenbuchs, »Die pädagogische Fachkraft«, gewidmet. Er nimmt zudem die »Konzepte frühkindlicher religiöser Bildung« in den Blick, die derzeit in der religionspädagogischen Praxis der Kindertageseinrichtungen Anwendung finden.

Der vierte Teil des Grundlagenbuchs, »Konkretionen«, betrachtet Methoden und Wege, die in besonderer Weise geeignet sind, religiöse Lernprozesse junger Kinder zu begleiten. Für die religionspädagogische Arbeit der pädagogischen Fachkraft ist auch der sechste Teil, »einfach.kurz.erklärt«, gedacht: Hier werden religiöse und theologische Begriffe, die erfahrungsgemäß in der religionspädagogischen Praxis im Elementarbereich bedeutsam sind, für die pädagogische Fachkraft erläutert.

Als Teil des sozialen und pastoralen Raums ist die KiTa auf »Vernetzungen« (fünfter Teil) angewiesen, will sie nachhaltig wirken. Von besonderer Bedeutung sind dabei die Eltern- und Familienarbeit, die Zusammenarbeit mit Menschen im Pastoralen Raum sowie die Kontakte zu Grundschule(n) und Religionsunterricht.

Dank

Viele haben dazu beigetragen, dass das Grundlagenbuch »Religiöse Bildung in der KiTa« nun vorliegt. Ihnen allen sei gedankt!

Mein Dank geht an die Deutsche Bischofskonferenz, Kommission VII, an das Bonifatiuswerk der deutschen Katholiken und an die beteiligten (Erz-)Bistümer Dresden-Meißen, Erfurt, Freiburg, Köln, Limburg, Magdeburg, Münster und Paderborn sowie die Katholische Hochschule NRW, die die Durchführung der Längsschnitt-Fallstudie finanziert haben.

Mein Dank geht an die Verantwortlichen in den beteiligten (Erz-) Bistümern, die die Studie wohlwollend ermöglicht und inhaltlich mit großem Interesse begleitet haben und die gewonnenen Erkenntnisse in Projekte und Konzepte der Fort- und Weiterbildung integrieren.

Mein Dank geht an die 34 Kindertageseinrichtungen, ihre Leitungen und Teams und vor allem an alle pädagogischen Fachkräfte, die über den Zeitraum der Längsschnitt-Fallstudie Kinder beobachtet, Beobachtungen dokumentiert und mit meiner Mitarbeiterin Viola Fromme-Seifert und mit mir für die Auswertung des Materials zusammengearbeitet haben.

Mein Dank geht an die 114 Studienkinder und die 19 weiteren Kinder in ihrem Umfeld, die uns Einblick in ihre Vorstellungen und Einstellungen zu Religion und Glaube, in ihre persönliche Spiritualität und Religiosität gewährt haben.

Mein Dank geht an die Eltern und Erziehungsberechtigten, die für ihr Kind die Zustimmung zur Teilnahme an der Studie gegeben haben – und sich mit ihren Möglichkeiten selbst beteiligt haben.

Mein Dank geht an alle studentischen Mitarbeiterinnen, die mit großem Engagement und Interesse Datenmaterial erfasst haben und sich an Auswertungsgesprächen beteiligten.

Vor allem jedoch geht mein Dank an meine Mitarbeiterin im Projekt – Frau Viola Fromme-Seifert –, die sich mit außerordentlichem Engagement in die Studie eingebracht hat. Als Ansprechpartnerin von Einrichtungen im Bistum Münster und im Erzbistum Paderborn wirkte sie bei der Sammlung und Auswertung des Datenmaterials mit. Bereits seit ihrem Studium der Religionspädagogik ist sie eine leidenschaftliche Anwältin des Kindes, stellt es an sich und in religionspädagogischen Prozessen »in die Mitte«. Dies vermittelte sie sowohl in der Forschungsarbeit als auch in der Begleitung der pädagogischen Fachkräfte vor Ort, die sich an der Studie beteiligten. In vielen Gesprächen brachte sie ihre Sichtweise und ihre Erfahrungen ein, nicht zuletzt auch bei der Erstellung dieses Grundlagenbuchs, in das Beobachtungen aus den von ihr betreuten Einrichtungen aufgenommen wurden.

Wenn Sie in diesem Buch diesen Zeichen begegnen, dann wissen Sie gleich:

 Zusammenfassung und Anregung zum Weiterdenken

 Wissenswertes auf den Punkt gebracht

 Fallbeispiel für religionspädagogisches Handeln aus der Längsschnitt-Fallstudie

 Fallbeispiel für Interaktion zwischen Kind und pädagogischer Fachkraft aus der Längsschnitt-Fallstudie

 Fallbeispiel für Interaktion von Kindern aus der Längsschnitt-Fallstudie

 Fallbeispiel für verbale und nonverbale Äußerungen eines Mädchens aus der Längsschnitt-Fallstudie

 Fallbeispiel für Interaktion von zwei oder mehr Mädchen aus der Längsschnitt-Fallstudie

 Fallbeispiel für verbale und nonverbale Äußerungen eines Jungen aus der Längsschnitt-Fallstudie

 Fallbeispiel für Interaktion von zwei oder mehr Jungen aus der Längsschnitt-Fallstudie

Die Angaben zu den Kindern – z. B.: AE ♀ (3;7, rk) – sind so aufgebaut:

- Die Namen der »Studienkinder« sind zum Zweck der Anonymisierung durch Buchstaben ersetzt: jeweils zwei Buchstaben für die Kinder, die an der ganzen Studie teilgenommen haben, und ein Buchstabe für die Kinder, die am Rande beteiligt waren.
- ♀ steht für ein Mädchen, ♂ für einen Jungen.
- Die Altersangaben folgen der üblichen Praxis; das Beispiel 3;7 bedeutet also drei Jahre, sieben Monate.
- Die Religionszugehörigkeiten sind so abgekürzt: ev.: evangelisch; rk: römisch-katholisch; musl.: muslimisch; o. B.: ohne Bekenntnis (konfessionslos).

TEIL 1
KLÄRUNGEN

Ausgangspunkt: eine Längsschnitt-Fallstudie

Wie entwickelt sich kindliche Religiosität und Spiritualität? Wie können pädagogische Fachkräfte in Kindertageseinrichtungen die religiöse Entwicklung der Kinder begleiten und unterstützen? Diesen Fragen wurde im Zeitraum von 2012 bis Frühjahr 2015 im Rahmen einer Längsschnitt-Fallstudie nachgegangen. Sie stellte das Kind in die Mitte; das Kind selbst sollte »zu Wort« kommen.

Die Studie basierte auf folgenden Annahmen:

- Jungen und Mädchen entwickeln unabhängig von religiöser Sozialisation eine individuelle Religiosität.
- Jungen und Mädchen entwickeln aufgrund ihrer unterschiedlichen Kontexte unterschiedliche religiöse Deutungsmuster.
- Jungen und Mädchen nehmen religiöse Inhalte subjektiv wahr und deuten sie subjektiv.
- Pädagogische Fachkräfte benötigen sowohl religionspädagogische als auch theologische Kompetenzen, um Kinder bei ihrem religiösen Selbstbildungsprozess sinnvoll unterstützen und fördern zu können.

Die Studienkinder – ein Spiegelbild der Bedingungen für religionspädagogische Arbeit in den KiTas

Insgesamt wurden 114 Mädchen und Jungen in acht deutschen Bistümern und 34 Kindertageseinrichtungen kontinuierlich beobachtet; dazu kommen Beobachtungen von 19 Kindern, die sich als Freunde und Freundinnen oder in Gruppenprozessen äußerten. Alle Kinder brachten unterschiedlichste Erfahrungen mit Religion, religiöser Praxis und Glaube mit. Ein gutes Drittel der Studienkinder stammt aus Familien, in denen religiöse Praxis relativ regelmäßig geübt und Kontakt zur Kirchengemeinde gepflegt wird. Rund 15 Prozent der Familien tun dies sporadisch, etwa zu den kirchlichen Festen oder besonderen Anlässen.

Bei etwa der gleichen Anzahl ist kein oder ein kritischer Bezug zu Religion und Glaube gegeben, bei ca. 18 Prozent finden sich dazu keine validen Aussagen. Nichtsdestotrotz: Fast die Hälfte der Familien zeigt eine große Offenheit gegenüber den religiösen Angeboten der KiTa und ist auch bereit, an diesen Angeboten teilzunehmen. Gerade hier finden sich Familien, die entweder keinen Kontakt zur Kirchengemeinde aufnehmen oder keiner Konfession angehören. Aktuelle Statistiken über das religiöse Selbstverständnis heute wie auch der Blick in die Taufstatistiken lassen darauf schließen, dass sich in der religiösen Herkunft der Studienkinder generell das widerspiegelt, was als Bedingung für die religionspädagogische Arbeit in den KiTas gelten kann.

Bezogen auf das Interesse an religiösen Fragestellungen und Themen ließen sich trotz dieser Unterschiede in den Vorbedingungen keine wesentlichen Unterschiede feststellen. Unabhängig von religiösen Vorerfahrungen, von Konfession oder Religion lassen sich alle Mädchen und Jungen der Studie von der religiösen Praxis und der religionspädagogischen Arbeit in den KiTas ansprechen. Dabei ist nicht nur das Vorbild oder das Angebot der pädagogischen Fachkraft von Bedeutung. Das einzelne Kind schätzt und nutzt die Möglichkeit, sich mit Gleichaltrigen über Lebens- und religiöse Fragen, die es im Augenblick oder über einen längeren Zeitraum beschäftigt, auszutauschen.

Der KiTa-Alltag als Chance, sich mit religiösen Inhalten und religiöser Praxis auseinanderzusetzen

Ein Großteil des Datenmaterials der Studie wurde im Alltag der KiTa gesammelt. Auf diese Weise wurde deutlich, ob, wann und auf welche Weise das Angebot religiöser Inhalte und religiöser Praxis nachhaltig wirkt. Es wurde erkennbar, ob und wie sich Kinder das Angebotene und Erlebte aneignen. Es wurde nachvollziehbar, dass und wie Kinder religiöse Inhalte verändern und in ihren Lebenskontext integrieren.

Jedes Kind bringt ein individuelles religiöses Potenzial mit. Jedes Kind, das die Chance erhält, sich mit Religion und Religiosität auseinanderzusetzen, baut seine individuelle religiöse Kompetenz aus.

Jedes Kind findet seine Lieblingsgeschichten und Lieblingslieder, bedient sich religiöser Bilder und Symbole, übernimmt religiöse Einstellungen und Handlungsmuster und verknüpft diese mit ihm Bekanntem und Vertrautem.

Im Folgenden zwei Beispiele:
Ein in einer naturverbundenen Familie ohne expliziten Bezug zur Religion aufwachsendes Mädchen entwickelt eine Vorliebe für Schöpfungsthemen. Es sorgt sich um lebende, verletzte Tiere. Es beerdigt tote Tiere, schmückt deren Grab mit einem selbst gebastelten Kreuz und veranstaltet für sich allein eine ganz private Trauerfeier.

Ein katholisch getaufter Junge, der immer als der »Kleine« gilt, kann sich besonders gut in »Kleine« und ihre Lebensfragen einfühlen. Zugleich identifiziert er sich mit biblischen Gestalten, die »größer machen«.

Die Auswertung des Datenmaterials zeigt: Katholische KiTas und die in ihnen vielfältig gepflegte Religiosität kommen dem einzelnen Kind bei der Entwicklung seiner Religiosität entgegen. Die katholische KiTa ist unverzichtbar – gerade in einer pluralen und multireligiösen Gesellschaft!

Religionspädagogische Arbeit fängt »klein« an

Religiöse Bildung ereignet sich nicht in einem Sonderbereich. Sie darf auch nicht als Aufgabenfeld besonders aus- bzw. fortgebildeter und »spezialisierter« pädagogischer Fachkräfte oder pastoraler Mitarbeiterinnen und Mitarbeiter verstanden werden. Somit ist in der jeweiligen Einrichtung eine verstärkte Reflexion, Diskussion und Verständigung darüber erforderlich, was das Team unter religionspädagogischer Arbeit versteht. Grundsätzlich sollte gelten, dass (zunächst) alle Angebote Teil religiöser Bildung sind – seien sie bewusst geplant, »einfach mal nebenher« oder auch unbewusst gemacht. Es ist zu bedenken, dass sich jedes Kind (wie jeder Mensch) das, was ihm begegnet, selektiv aneignet. Dies muss respektiert und pädagogisch reflektiert werden – sowohl im Blick auf das Kind, für das und mit dem »gearbeitet« wird, als auch im Blick auf die pädagogisch Tätigen und das, was sie (oder der Träger) als »Erfolg« erwarten.

Selbstredend ist ein religiöses Bildungskonzept zu entwerfen und umzusetzen, nach dem Kinder Informationen und Impulse erhalten: als Antwort auf ihre Neugier, ihren Wissensdurst sowie als Teilhabe an der Religiosität der Erwachsenen. Andererseits aber ist religiöse Bildung Teil der Persönlichkeitsbildung; sie soll das einzelne Kind stärken und es in ein gelingendes Leben begleiten. Somit ist ein wichtiges Kennzeichen religiöser Bildung nicht nur ihre Kindgemäßheit, sondern auch ihre Situations- und Lebensweltorientierung. Beispiele aus der Längsschnitt-Fallstudie belegen, dass Religionspädagogik »klein« anfängt:

- mit der Integration religiöser Elemente in Projekte und Projektwochen (auch solche, die auf den ersten Blick eher heilpädagogischen Charakter haben oder dem Ausbau der Sozialkompetenz dienen);
- mit der Erweiterung und Verknüpfung religiöser Angebote (z. B. Bibeltage) durch Angebote aus anderen Bildungsbereichen;
- mit der Übernahme von Konzepten oder Methoden anderer Bildungsbereiche in den religiösen Bildungsbereich (z. B. Jeux Dramatiques);
- im Aufgreifen der Themen und Ideen der Kinder (Verknüpfung von situationsorientiertem Ansatz mit dem Konzept der Elementarisierung).

Religionspädagogische Arbeit: interkulturell und interreligiös

Interkulturelle und interreligiöse Arbeit ist – je nach Region und Einzugsbereich der KiTa, aber auch generell in unserer sich aktuell verändernden Gesellschaft – eine wichtige Aufgabe. Im Zuge der Längsschnitt-Fallstudie zeigte sich: Kinder nehmen von sich aus das Anderssein anderer Kinder wahr und versuchen, dieses zu verstehen und einzuordnen. Dabei fällt auf, dass Kinder sich keineswegs nur an Äußerlichkeiten (wie Hautfarbe, Sprache, Kleidung oder Essensgewohnheiten) orientieren. Sie möchten »tiefer« sehen. Dies ist zum einen darin begründet, dass sie im Feld interkultureller und interreligiöser Bildung positive Impulse erhalten. Zum anderen liegt es auch an der Art, wie Kinder sich verbal und nonverbal verständigen: Sie sehen etwa das schöne Lächeln vor der Hautfarbe oder bewerten kreative Spielideen höher als aus der Norm fallende Kleidung. Auch treten Kinder füreinander in die Verantwortung. Zudem wird die Gottesfrage »interreligiös« thematisiert. Muslimische und christliche Kinder suchen mit ihren eigenen Argumenten nach Klärung und Vergewisserung: »Allah ist Gott – und Gott ist Allah?!«

Eine am Kind orientierte Religionspädagogik lebt demnach vom Wechselspiel zwischen dem Vorbild und den Anregungen der pädagogischen Fachkraft und den Wahrnehmungen, Einschätzungen und Einstellungen der Mädchen und Jungen.

Religiöse Bildung und familienpastorale Arbeit

Generell haben Einrichtungen (auch dann, wenn sie nicht explizit »Familienzentrum« sind) ein hohes Interesse an der Unterstützung und Begleitung von Familien. In der Vernetzung mit der/den Kirchengemeinde/n lässt sich dieses Engagement für Eltern und Kinder erweitern und lassen sich Synergien erzielen.

Insbesondere Mütter, Väter oder Großeltern, die durch besondere Problemkontexte belastet sind, nehmen die niederschwelligen Angebote der Einrichtung gern wahr. Sie wenden sich auch mit solchen Fragen an die pädagogischen Fachkräfte, die diese evtl. überfordern, etwa mit Glaubens- oder theologischen Fragen. Da die betroffenen Eltern zumeist die Schwelle zur Kirchengemeinde bzw. zum Pastoralteam nicht übertreten (wollen), liegt die Chance wie die Notwendigkeit der Vernetzung von KiTa und Pastoralteam auf der Hand.

Auf diesem Hintergrund stellt sich die Frage nach der Rolle pastoraler Mitarbeiterinnen und Mitarbeiter im pastoralen Ort »Kindertageseinrichtung«. Die Studie belegt, dass sich hier eine große Bandbreite von Rollenkonzepten findet. Unter dieser Perspektive sind Anfragen an die Aus- und Fortbildung des pastoralen Personals zu richten, auf welche Weise diese die KiTa als pastoralen Ort und pastorale Gelegenheit in den Blick nehmen (sollten).

Was ist Bildung?

»Bildung« ist ein zentraler und zugleich der vieldeutigste Begriff der deutschsprachigen Erziehungswissenschaft.

Alle reden von Bildung. Aber meinen alle das Gleiche? Sowohl im alltäglichen als auch im wissenschaftlichen Gebrauch ist »Bildung« mit unterschiedlichen Vorstellungen verbunden. So wird Bildung mit »Aus- bzw. Schulbildung«, mit »Erziehung« oder mit »Lernen« gleichgesetzt. Danach besteht Bildung vorrangig im planmäßigen Einwirken auf die zu Bildenden. Andere verbinden den Begriff mit Entwicklung und Kompetenzerwerb: Bildung gilt als Prozess, der in einem konkreten Kontext von Kindern und Erwachsenen co-konstruiert wird.

Daneben findet sich der »Selbstbildungsansatz«: Bildung kann nicht von außen erzeugt werden. Das Kind – der Mensch – kann sich letztlich nur selber bilden. Sich bilden meint, ein Bild von sich selbst und von der eigenen Lebenswirklichkeit zu entwickeln, das Sinn schafft und gibt.

Diesem Verständnis von Bildung folgt das vorliegende Grundlagenbuch. Es basiert zum einen auf den Erkenntnissen jüngster Forschungen u. a. in Erziehungswissenschaft, Psychologie und Neurowissenschaften, zum anderen auf den Erkenntnissen aus der oben dargestellten Längsschnitt-Fallstudie zur religiösen Entwicklung junger Kinder. Des Weiteren ist dieser Ansatz besonders geeignet, das Spezifische des Bildungsbereichs »Kindergarten« zu erläutern und zu begründen. Er wird daher in diesem Grundlagenbuch favorisiert.

Der Elementarbereich als eigener Bildungsbereich

Der Kindergarten bzw. die Kindertagesstätte oder -einrichtung (KiTa) hat seit Beginn des 21. Jahrhunderts eine gesellschaftliche und (sozial-) pädagogische Aufwertung erfahren: Kindergarten bzw. KiTa sind – zumindest formal – als erste Stufe des bundesdeutschen Bildungssystems anerkannt.

»Der Kindergarten … hat neben der Betreuungsaufgabe einen eigenständigen Erziehungs- und Bildungsauftrag als Elementarbereich des Bildungssystems.«
Gesetz über Tageseinrichtungen für Kinder – GTK in der Fassung vom 21. Dezember 2006, § 2 (1)

Es wird vom »Bildungsauftrag« der KiTa gesprochen, der zur Betreuungsaufgabe und zum Erziehungsauftrag hinzukommt. Wie aber ist dieser Auftrag zu verstehen, wie umzusetzen? Die entsprechenden Gesetze des Bundes und der Länder erläutern den Auftrag nicht. Allerdings lässt sich bereits aus seiner Formulierung folgern, dass primär das Handeln der pädagogischen Fachkräfte im Blick ist. Auch die Bezeichnung »Bildungsprogramm« (z. B. für sprachliche Bildung) legt dies nahe: Im Fokus steht die Vermittlungstätigkeit der Fachkräfte.

»Das pädagogische Personal … und die Tagespflegepersonen haben den Bildungs- und Erziehungsauftrag im regelmäßigen Dialog mit den Eltern durchzuführen …«
Gesetz zur frühen Bildung und Förderung von Kindern (Kinderbildungsgesetz – KiBiz), § 3 (2)

Dies spiegelt sich auch in den Bildungsplänen der Bundesländer wider. Zudem führt dies zur Frage nach einer verstärkten Professionalisierung von Erzieherinnen und Erziehern (Veränderung und Intensivierung der Aus- und Fortbildung; Akademisierung) (→ Die pädagogische Fachkraft). Gefragt wird ebenfalls nach einer sinnvollen Gestaltung der frühkindlichen Bildungsräume und nach Förderprogrammen.

Dennoch: Hier lauert eine Gefahr: Der »Elementarbereich des Bildungssystems« wird zu einem Ort, an dem nach Plan Wissen und Fertigkeiten vermittelt werden (sollen) – wie in der Schule, aber jetzt eben früher und etwas »kindgemäßer«. Der Bildungsort KiTa gerät dadurch unter einen enormen Erwartungsdruck. Bund, Länder und Gemeinden erwarten von ihm einen Beitrag zur Bewältigung gesellschaftlicher Probleme. Kinder aus bildungsfernen Schichten sollen entsprechende Förderung erfahren. Anspruchsvolle Eltern fordern, dass ihre Erwartungen an Quantität und Qualität der Bildung ihres Kindes erfüllt werden. Angeleitetes und schulbezogenes Lernen wird mehr und mehr zum Merkmal frühkindlicher Bildung. Vorrangiges Ziel ist, ein verbindliches Schulfähigkeitsprofil zu erreichen.

Um dieser Tendenz zur Verschulung von Kindergarten und KiTa entgegenwirken zu können, muss das Kind in die Mitte gestellt werden. Dabei ist zu bedenken, dass es das »Allgemeinkind« nicht gibt: Jedes Mädchen und jeder Junge bringt einen individuellen Kontext mit, entwickelt sich auf seine Weise. Es ist somit ein Bildungsangebot nötig, das auf die individuellen Bedürfnisse, Interessen und Wünsche abgestimmt ist. Die subjektive Seite frühkindlicher Bildung hat Vorrang. Hier liegen die Herausforderung und zugleich die Chance von Bildung im Elementarbereich.

Bildung als Selbstbildung

Letztlich kann sich der Mensch nur selbst bilden. Das Kind muss sich die Welt aneignen, sich selbst erkennen, Wahrnehmungen verarbeiten und erste Erfahrungen sammeln. So entwickelt es individuelle Formen des Selbst- und Weltverständnisses. Diese sind die Grundlagen seines Prozesses der Selbstbildung.

Seit etwa drei Jahrzehnten gilt zunehmend nicht nur in der Wissenschaft, sondern auch in der Gesellschaft: Bereits junge Kinder sind bildungsfähig. Die Folgerungen für den pädagogischen Alltag in der KiTa werden jedoch erst langsam gezogen. So finden sich in den Bildungsrichtlinien und -plänen der Länder unterschiedliche Ansätze und Konzepte; es herrscht Uneinigkeit darüber, wie frühkindliche Bildungsprozesse zu gestalten sind.

Kindheitsforschung, Neurowissenschaften und Entwicklungspsychologie betonen: Kind und Kindheit dürfen nicht primär aus Erwachsenensicht gesehen werden. Kind und Kindheit müssen als eigenständig, vollwertig und mit spezifischer Identität ausgestattet betrachtet werden. Bereits der Säugling ist ein kompetentes Wesen. Von Geburt an ist der Mensch ein aktives Wesen, das sich aus eigener Initiative und mit eigenen Mitteln bildet – im Rahmen der Möglichkeiten, die ihm eröffnet werden.

Die moderne Säuglingsforschung belegt, dass bereits Neugeborene alle Sinne einsetzen, um Erfahrungen zu sammeln. Sie suchen die Umwelt zu verstehen, Muster zu entdecken und die Welt im wahrsten Sinn des Wortes zu begreifen. Von Anfang an kommuniziert das Kind darüber – primär in Gesten, Haltungen oder Bewegungen des Körpers. Damit gibt es dem Wahrgenommenen Sinn.

Die Wahrnehmungsforschung verdeutlicht, dass wir beim Wahrnehmen kein äußeres Bild der Wirklichkeit erstellen. Es entsteht ein inneres, für das Individuum subjektiv bedeutsames und sinngebendes Bild von Wirklichkeit. Dieses speist sich aus den uns zur Verfügung stehenden Wahrnehmungsquellen – Sehen, Hören, Riechen, Schmecken, Tasten etc. –, die einander ergänzen. Darüber hinaus kommen auch emotionale Verhaltensweisen ins Spiel. Sie leiten uns bei der Auswahl des Wahrgenommenen und bestimmen, wie viel Aufmerksamkeit wir der Umwelt und uns selbst schenken.

Die Verarbeitung dieser Vielzahl von Eindrücken und Erfahrungen erfolgt in differenzierten Denkprozessen und prägt sich dem Gedächtnis ein. Auch Denken ist kein isolierter Prozess. Gedanken entstehen im Zusammenspiel von Wahrnehmen, individueller Erfahrung und individuellem Handeln in konkreten Kontexten und Situationen. Selbstbildung ist somit äußerst komplex.

Selbstbildung erfolgt im Alltag. Bildungsprozesse müssen einen persönlichen Sinn ergeben.

Selbstbildung im Alltag

Selbstbildung ist die Art und Weise, wie wir uns sehen und verstehen lernen, uns von der Welt um uns herum ein Bild machen und sie uns dadurch aneignen. Von Anfang an erleben wir die uns umgebende Wirklichkeit und geben ihr auf dem Hintergrund unserer Erfahrungen, die wir in ihr gemacht haben und immer wieder machen, Bedeutung. Bildung ereignet sich demnach relativ unabhängig von der Vermittlung von Wissen »nach Plan«, aber in Alltagssituationen im Hier und Jetzt.

LR♂ (3;2, ev.) tut sich mit Bastelarbeiten feinmotorisch schwer. Heute soll ein Figurentheater gebastelt werden. Obwohl er (daher) eigentlich nicht gern bastelt, möchte er doch ein solches Theater besitzen. Und es gelingt ihm, die dafür bestimmten Figuren sauber auszuschneiden. Er betrachtet das Ergebnis, reckt die Arme in die Höhe und ruft: »Ich wusste gar nicht, dass ich so gut ausschneiden kann ...« Seine Freude über diesen Erfolg hält den ganzen Tag an.

*

Der Versuch, an diesem Tag seine feinmotorische Fähigkeit auszubauen, basiert darauf, dass der Junge im obigen Beispiel vom möglichen Ergebnis einer konkreten Bastelarbeit fasziniert ist. Weil er dieses Ergebnis in Händen halten möchte, nimmt er das ungeliebte Ausschneiden in Kauf, das er bisher bewusst vermieden hat. Auch die Ermunterung der Erzieherin oder in der Familie konnte wenig bewirken. Nach gelungener Aktion kann das Kind zwei Erfolge verzeichnen: das angestrebte Bastelergebnis und zudem die unerwartet gewonnene Erkenntnis über sich selbst und die eigenen Fähigkeiten, die das Kind selbst absolut überraschen und in einen richtigen Freudenrausch versetzen.

Bildung ist ein subjektiver Vorgang, der auf individuelle und vielfältige Weise verläuft. Bildung als Selbstbildung verfolgt damit auch keine von außen vorgegebenen Ziele. Ihre Ziele ergeben sich aus den individuellen Möglichkeiten und Notwendigkeiten, die das Kind aufgrund seiner biographischen Erfahrungen wahrnehmen möchte und kann.

Selbstbildung als Teil sozialer Prozesse

Zugleich braucht das Kind – braucht der sich selbst bildende Mensch – entsprechende Herausforderungen und soziale Unterstützung. Diese bestehen vorrangig im Wecken von Fragen, in der Anregung zum Nachdenken und dem Entdecken von Lösungsmöglichkeiten.

Die Ziele für die Begleitung der Selbstbildungsprozesse des Kindes ergeben sich nicht aus allgemein definierten Vorstellungen, sondern aus den Ressourcen des Kindes.

J♂ (5;0) kommt mit Kindern seiner Gruppe vom Waldtag zurück. Vom Ausflug bringt er einen bizarr geformten Ast mit, der etliche Kerben und Löcher aufweist. Gemeinsam mit seinem Freund, so erzählt er, habe er sich gefragt, wie diese Kerben und Löcher entstanden sein könnten. Seine These: Es muss ein Vogel gewesen sein, der diesen Ast bearbeitet hat. Aber welcher?

Er begibt sich mit dem gefundenen Ast in das Büro der KiTa-Leitung, in dem sich eine kleine Bibliothek befindet, und erbittet ein bestimmtes Sachbuch über Wildvögel: »Ich muss rausfinden, welcher Vogel das war!«

Die Leiterin händigt ihm das gewünschte Buch aus und J♂ versucht, die Lösung herauszufinden. Später entdeckt die Leiterin Buch und Ast in der »religiösen Ecke«, in der gerade Materialien und Bastelergebnisse zum Thema »Schöpfung« ausgestellt sind. – Ein Zufall?

Zum Weiterlesen

- Beudels, Wolfgang u. a. (Hg.): Bildungsbuch Kindergarten, Dortmund 2010.
- Schäfer, Gerd E.: Was ist frühkindliche Bildung? Frühkindlicher Anfängergeist in einer Kultur des Lernens, Weinheim-Basel [2]2014.

Religion – Religiosität – Spiritualität

LA♀ (5;3, musl.) »Wenn ich traurig bin, rede ich mit Gott.«
SA♀ (3;3, rk): »Meine Mama mag Gott nicht. Ich finde Gott toll.«
O♂ (4, rk): »Gott ist Allah – und Allah ist Gott. Oder?«

Was ist Religion?

Auf diese Frage gibt es zahlreiche Antworten, z. B. »Religion ist, wenn man an Gott oder etwas Göttliches glaubt.« – »Religion ist, wenn man zur Kirche geht.« – »Religion ist, wenn man betet.« – »Religion hat etwas mit Tradition zu tun.« – »Religion ist ein mehr oder weniger verfasstes System von Glaubenssätzen und -lehren.« Auch die oben zitierten Kinder haben ihre persönliche Vorstellung von Religion.

Jede dieser Antworten trifft eine Bedeutung von Religion, aber keine stellt eine ausreichende Beschreibung dar. Generell kann gesagt werden, dass es keine allgemein anerkannte Definition von »Religion« gibt. Das Phänomen »Religion« ist vielgestaltig und kann ganz unterschiedlich betrachtet werden. Wer von »Religion« spricht, bietet also immer eine bestimmte Sicht auf dieses Phänomen.

Dimensionen von Religion

Religion umfasst unterschiedliche Dimensionen. In der aktuellen Diskussion werden die folgenden immer wieder benannt:

- Die inhaltliche Dimension: Sie betrifft die Glaubenslehre – die »gelehrte Religion«.
- Die intellektuelle und kognitive Dimension: Sie betrifft das persönliche und das gemeinschaftliche Wissen über die eigene Religion und fremde Religion(en).
- Die Beziehungsdimension: Sie richtet – christlich gesprochen – den Blick auf die Selbstmitteilung Gottes. Gott eröffnet von sich aus die Beziehung zum Menschen.

- Die subjektive Dimension: Sie bezieht sich auf individuelle Erfahrungen und Gefühle.
- Die rituelle Dimension: Sie bezieht sich auf die religiöse Praxis und das Brauchtum.
- Die kulturelle Dimension: Sie verdeutlicht, dass Religion auf Zeit und Raum sowie auf das jeweilige Umfeld bezogen ist und in ihren Erscheinungsformen davon abhängig ist.
- Die Dimension der sich aus der Religion ergebenden Konsequenzen für das Alltagshandeln (z. B. Widerstand gegen Ungerechtigkeit und Leid).

Weitere Dimensionen von Religion lassen sich in der Biographie von Menschen entdecken, wie etwa im folgenden Beispiel:

EJ♂ (3;11, ev.) ist das älteste Kind einer alleinerziehenden Mutter. Von ihr erfährt er wenig Liebe und keine Anerkennung oder Wertschätzung, wogegen sein zwei Jahre jüngerer Bruder von der Mutter »vergöttert« wird. EJ♂ wirkt häufig bedrückt und angespannt.

Dies ändert sich allerdings, wenn ihn die Oma allein in die KiTa bringt und nachmittags abholt. Oma und Enkel verbinden zwei Rituale, die dem Jungen viel bedeuten. So besteht er bei jedem Stadtbummel, dass die Oma mit ihm die Kirche besucht: »Oma, in die Kirche gehen.« Er möchte mit ihr dort etwas verweilen und eine Kerze anzünden. Entdeckt hatte er die Kirche beim gemeinsamen Gang der KiTa dorthin. Er zeigte sich sofort fasziniert von dem, was die Mutter mit ihm nicht praktiziert. Auch das Abendritual hat EJ♂ selbst erfunden: Die Oma muss ihm (das gesamte Jahr hindurch!) die Weihnachtserzählung vorlesen.

Diese beiden religiösen Rituale sind EJ♂s Kraftorte, an denen er (zumindest zeitweise) für sich Sinn und Freude schöpfen kann.

Was »bringt« Religion?

Religion »bringt« dem Individuum und der Gesellschaft etwas, indem sie

- der Kontingenzbewältigung dient: Religion kann helfen, mit den Zufällen und der Unwegsamkeit des Lebens fertig zu werden;
- der gesellschaftlichen Integration dient: Religion fördert den gesellschaftlichen Zusammenhalt und führt zur gesellschaftlichen Identität (Gemeinschaft; »Wir-Gefühl«);
- als Grundlage sozialen Handelns dient: Religion motiviert zum Einsatz für andere und zur Herstellung von Gleichheit und Gerechtigkeit – bzw. dazu, Ungleichheit und Ungerechtigkeit zu benennen und abzuschaffen (»Nächstenliebe«);
- der Welterklärung und Orientierung in der Welt bzw. im Leben dient: Religion bietet Antworten auf die Fragen nach Woher und Wohin, dem Warum und Wozu von Welt und Leben an;
- der Identitätsgewinnung dient: Religion versucht, Antworten auf die Frage »Was ist der Mensch« – »Wer bin ich?« zu geben (z. B. »Geschöpf Gottes« – »bedingungslos geliebt«);
- der Sinngenerierung dient: Religion hält Antworten auf den Sinn von Welt, Wirklichkeit und des eigenen Lebens bereit (z. B. »Berufung«).

Was ist Religiosität?

Hier kommt die Offenheit des Menschen für eine religiöse Selbst- und Weltdeutung in den Blick. Wenn von Religiosität gesprochen wird, geht es um das subjektive Gefühl und die Innerlichkeit von Religion. Religiosität beruht auf der persönlichen und freien Entscheidung, Religion in das eigene Leben zu integrieren. Daher wird sie auch als »gelebte Religion« bezeichnet. Es kann zwischen einer kirchlich orientierten Religiosität und einer institutionell unabhängigen Religiosität unterschieden werden.

Für die einzelne Person stellt Religiosität eine persönliche und individuelle Sinnressource dar. Sie steht ihr für die Selbst- und Weltdeutung zur Verfügung: »Welt deuten muss man, Welt religiös deuten kann man«. Diese Deutungsmöglichkeit umfasst die biographische und lebenspraktische Seite des Daseins und die Aneignung von Sinn. Zudem zeigt sie die Fähigkeit des Menschen, über sich selbst hinauszuwachsen, sich zu transzendieren.

»Das ist voll gemütlich ...«: Damit bezeichnet ein sonst wilder und ungestümer, manchmal sogar gedanken- und rücksichtslos auftretender Junge die ruhige und meditative Stimmung bei der anschaulich gestalteten Erzählung »Laterna magica« und bittet um eine Wiederholung: »Nochmal!« Auch auf die Wiederholung lässt sich MN♂ (3;5, rk) voll ein und genießt die Stimmung ganz offensichtlich.

SA♀ (4, o. B.) selbst von der eigenen, offensichtlich überforderten Mutter häufig allein gelassen, bemuttert gern jüngere Kinder in der KiTa und sorgt sich um ihr Wohlergehen. Zudem hat sie ein untrügliches Gespür für solche Kinder, die sich in belastenden Lebenssituationen befinden und freundet sich mit ihnen an. Als ihr aktueller Freund weint, tröstet sie ihn mit den Worten »Sei nicht traurig, ich mach' für dich Musik.« Ein anderes Mal, als ihm (wieder einmal) ein Missgeschick passiert, baut sie ihn wiederum mit Wort und Tat auf: »Das ist nicht schlimm. Ich helf' dir!«

SA♀s eigene Kraftquelle: die Figur der Pieta in der Kirche. »Die hat auch Tränen.«

Was ist Spiritualität?

Dieser Begriff hat in den vergangenen Jahrzehnten eine besondere Bedeutung im Bereich der nicht institutionell gebundenen Religiosität erhalten. Er ist also nicht spezifisch christlich zu verstehen. Im Vordergrund steht, dass und wie heutige Menschen nach Orientierung in ihrem Leben suchen. Sie sehnen sich nach einem sinnvollen und erfüllten Leben.

Mit »Spiritualität« werden meistens positive Vorstellungen verbunden. Es lassen sich folgende Merkmale bestimmen:

- Spiritualität beschreibt das Verhältnis eines Individuums zu einer »Irgendwie«-Transzendenz (Gott, Götter, Geister, allgemeine transzendentale Prinzipien usw.). Sie muss nicht unbedingt auf das Göttliche ausgerichtet sein (vgl. z. B. die Bedeutung von »Engeln«).

- Spiritualität bietet die Möglichkeit, in kreativer Weise Transzendenz- und Selbsterfahrung zu machen. Dazu wird auf Spiritualitätsformen unterschiedlicher Religionen zurückgegriffen.
- Spiritualität ist »ganzheitlich«. Sie beinhaltet nicht nur eine geistige, sondern auch eine leiblich-körperlich-emotionale Dimension (z. B. Ayurveda, Wellnessbewegung, Sport, das moderne Pilgern).
- Spiritualität ermöglicht die persönliche Entfaltung und Entwicklung der je eigenen Individualität und Subjektivität.
- Aus christlicher Perspektive stellt sich die Frage, wie sich der Umgang der Menschen untereinander sinnvoll und gut aus dem Glauben und aus dem Geist Jesu Christi heraus gestalten lässt.

Zum Weiterlesen

- Könemann, Judith: »Ich wünschte, ich wäre gläubig, glaub ich«. Zugänge zu Religion und Religiosität in der Lebensführung der späten Moderne, Opladen 2002.
- Gräb, Wilhelm: Religion als Deutung des Lebens. Perspektiven einer Praktischen Theologie gelebter Religion, Gütersloh 2006.
- Knoblauch, Hubert: Populäre Religion. Auf dem Weg in eine spirituelle Gesellschaft, Frankfurt a. M. 2009.

Religiöse Bildung als Selbstbildung

Religiöse Bildung ist das religiöse Wissen und Können, mit dem Menschen denken und handeln. Dieses Wissen und Können dient der sinnvollen Lebensgestaltung.

Bildung – so wurde es im vorigen Kapitel dargestellt – ist vorrangig als »Selbstbildung« zu verstehen. Das Kind ist aktiv; es tritt in Beziehung zu sich, zu anderen, zu Raum und Zeit, zu Kulturen und allem, was ihm begegnet und widerfährt. Es sucht seine Wahrnehmungen und sein Erleben zu deuten. Es entwickelt Verstehens- und Handlungsmuster. Erwachsene begleiten das Kind dabei, geben Impulse und bieten Unterstützung an.

Religion ist zunächst nicht auf die christliche Religion zu begrenzen. Religion bietet Antworten auf die großen und kleinen Fragen des Lebens an. Sie behauptet, dass es einen letztgültigen Sinn gibt. Menschen, die sich davon ansprechen lassen, bilden eine eigene, persönlich geprägte Religiosität aus.

Somit geht es im Folgenden um religiöse Selbstbildung.

SI♀ (4, o. B.) nimmt – so die Beobachtung der pädagogischen Fachkraft – Religiöses wie ein »Schwamm« auf. Mit großen Augen und ganz auf das Geschehen konzentriert lässt sie sich nicht von anderen Kindern »stören«. Sie nutzt Legematerialien, um sich das Wahrgenommene nochmals vor Augen zu führen.

Für fast alle Jungen und Mädchen ist die Adventszeit eine Zeit, in der sie sich mit großer Begeisterung einbringen. In einer Vielzahl von Beobachtungen wird beschrieben, dass sich das Kind gern am Krippenweg aufhält, ihn still betrachtet oder mit den Figuren hantiert und spricht.

Auch junge Kinder erleben Sinn und Bedeutung

Bildungs- und Lernforschung belegen, dass Selbstbildung und Lernen dann erfolgreich sind, wenn sie für den einzelnen Menschen – und auch bereits für Säuglinge – einen persönlichen Sinn ergeben (müssen). Alles, was ein Kind von sich aus tut, hat für es selbst subjektiv Bedeutung.

»Vater, Sohn … danke Essen! Amen.« – AS♀, (2;0, o. B.) möchte das in der KiTa kennen und schätzen gelernte Ritual des Tischgebets auch in ihrem nicht religiös geprägten Zuhause einführen. Sie versucht, das Kreuzzeichen zu machen und spricht ihr Tischgebet. Dessen Bedeutung kann sie verbal (noch) nicht erläutern. Dennoch macht sie durch ihr Tun deutlich, dass sie Geste und Gebet für sich als sinn- und bedeutungsvoll erkannt hat.

DK♂ (4;3, ev.) hat in der KiTa die Weihnachtserzählung kennengelernt. Er bringt sich nicht verbal ein. Dennoch wird ihm die religiöse Bedeutung von Weihnachten sehr wichtig. Dies zeigt sich, als er seine Mutter bedrängt, ihm eine kleine Krippe zu kaufen. Er bekommt sie. Allerdings ist die Krippe für die Mutter »nur Deko«. Die Mutter erzählt davon in der KiTa und meint, ihr Sohn solle die Krippe beschreiben. Aber DK♂ schweigt. Er sieht sich nicht in der Lage, die Bedeutung, die die Krippe für ihn hat, darzulegen. Die Dominanz der Mutter sowie die Tatsache, dass diese das für ihn bedeutsam Gewordene ungefragt weitererzählt, hindern ihn daran. So zieht er sich (beschämt?) in sich zurück.

Emotionale Wahrnehmung und Beziehungserfahrungen

Von Anfang an lösen Reize Gefühle aus, die sich zunächst in Form angeborener Reflexe äußern. Schon früh führen zwischenmenschliche und sachliche Beziehungserfahrungen zu emotionalen Reaktionen. Die Gefühlswelt wird reicher. Diese empfundenen und geäußerten Emotionen versetzen das Kind in die Lage, die Bedeutung von eigenem und fremdem Verhalten einzuschätzen. Es kann Beziehungen einordnen und deuten. Zugleich ist es offen für neue Wahrnehmungen und Erfahrungen.

MA♀ (1;10, ev.) nimmt zum ersten Mal an einer gottesdienstlichen Feier im Mehrzweckraum der Einrichtung teil. Sie sitzt auf dem Schoß der Erzieherin und klammert sich zunächst an ihr fest. Doch dann lässt sie sich in das Geschehen hineinnehmen, löst die Klammerung an die Erzieherin, bringt sich auch körperlich in das Geschehen ein, macht mit.

*

Das kleine Mädchen geht erst seit einigen Wochen in die Kindertagesstätte. In die Gruppe hat es sich gut eingewöhnt und integriert. Doch das Zusammentreffen aller Kinder der Einrichtung ist für MA♀ noch befremdlich und befremdend. Sie trifft viele andere Kinder, meist größer und älter als sie, andere Erwachsene, die sie noch nicht kennt. Und auch das, was in der großen Runde geschieht, ist neu für sie. So kuschelt sie sich eng an die Erzieherin, die ihrerseits dem Kind auf ihrem Schoß Schutz und Übersicht bietet.

Aus dieser »Sicherheitszone« beobachtet das Kleinkind interessiert das Geschehen. Es sieht zu, als einzelne Kinder in der Mitte des Kreises aktiv werden. Es hört zu, als die Kinder ein Lied singen. Immer gebannter und innerlich aktiv beteiligt *es sich. Die Erzieherin spürt, dass das Kind sich aus der engen Berührung löst und entspannt auf dem Schoß sitzt. Das Kind beginnt, sich auch körperlich in die Bewegungen des Geschehens hineinzugeben. MA♀ klatscht mit den anderen in die Hände, singt auf ihre Weise mit und reicht schließlich den neben ihr sitzenden Kindern spontan ihre Hände bzw. nimmt deren Bewegung mit dem ganzen Körper auf.*

An diesem Beispiel wird deutlich: In diesem Selbstbildungsprozess begeben sich Kinder und Erwachsene zeitweise und für eine begrenzte Zeit auf einen gemeinsamen Weg. Im obigen Beispiel sucht und akzeptiert das Kind die körperliche Nähe zur Erzieherin, die ihm diese für die Zeit der gemeinsamen Aktion anbietet. Es geht um ein gemeinsames Aushandeln und um Verständigung über das, was im Folgenden geschieht. Im Wahr- und Ernstnehmen des Kindes eröffnet sich ein Raum der Freiheit, der zugleich ein Raum der Sicherheit und Geborgenheit ist.

Ausgangspunkt und Zentrum kindlicher Selbstbildung sind die Beziehungen zwischen Kindern, Erwachsenen und der Gesellschaft sowie das Eingebundensein in Natur, Kultur und Religion. Diese Beziehungen sind allgemein und individuell zugleich. Dabei ist jedoch festzuhalten: Ein solcher Bildungsprozess ist nicht beliebig pädagogisch steuerbar!

LR♂ (4, o. B.) befindet sich zum ersten Mal in der katholischen Kirche. Es ist Aschermittwoch. Zum Ende der Wort-Gottes-Feier lädt der Priester die Kinder ein, sich das Aschenkreuz auflegen zu lassen. Erst nach langem Zögern und intensiver Beobachtung des Geschehens und der anderen Kinder geht er als fast Letzter nach vorn. Als er auf seinen Platz zurückkehrt, stellt er fest: »Jetzt war ich mutig!«

*

Kennzeichnend waren Angst und Befürchtungen des Jungen vor dem unbekannten Ritual und dem fremd wirkenden Priester in der liturgischen Funktion. Nicht die Erläuterungen von Erzieherinnen (allein) helfen, sondern die Möglichkeit der sicheren Wahrnehmung und selbst beobachten zu können, sich selbst zu ermutigen und die Erfahrung, dass »es geht«. Erst aufgrund der eröffneten Möglichkeit, eine freie Entscheidung zu ihrer Zeit und unabhängig vom Ergebnis treffen zu dürfen, entwickelte sich die Basis dafür, sich selbstbestimmt auf diesen Prozess einzulassen (Probehandeln).

Auch dieses Beispiel zeigt, dass in Bildungsprozessen Handeln, Empfinden, Fühlen, Denken, Werte, sozialer Austausch, subjektiver und objektiver Sinn miteinander in Einklang gebracht werden müssen. Erst dann können Selbst- und Weltbilder zu einem (mehr oder weniger spannungsvollen) Gesamtbild verknüpft werden. Aus ihm heraus lässt sich Bedeutung und Sinn schöpfen.

In einer anderen Einrichtung wird ebenfalls Aschermittwoch begangen. Hier feiert die pädagogische Fachkraft mit den Kindern. Jedes Kind kann sich selbst entscheiden, ob es sich das Aschenkreuz auflegen lassen möchte. Als eines der jüngsten Kinder (♀, 2;0) das Aschenkreuz empfangen hat, zupft es am Ärmel der Fachkraft: Es möchte ihr auch das Aschenkreuz geben. Diese kniet sich auf den Boden und lässt es geschehen, dass das Kind sie vorsichtig und mit allem Ernst berührt.

Das Kind hat etwas für sich Wertvolles und Sinnvolles entdeckt – und möchte diese Erfahrung auch anderen eröffnen. Aus sinnenhaften Erfahrungen entwickelt es mit Hilfe von Vorstellungen, Bildern, Imaginationen und ihrer Umsetzung in Handeln Sinn. Sinnes-Erfahrungen sind Sinn-Erfahrungen. Alles, was in die Vorstellungwelt, in Phantasie und Denken eingeht, wird vom Kind als eigenständige Erfahrung verarbeitet.

Bedeutung des sozialen Austausches

Auf diese Weise gestaltet das Kind seine Bildungsprozesse selbst. Diese werden umso vielfältiger und nachhaltiger, je interessanter sie für das Kind sind – und je mehr sachliche Herausforderung und soziale Unterstützung es erhält. Es braucht Spielräume, in denen es neue Möglichkeiten der Welt- und Selbsterfahrung ausprobieren kann. So entwickeln sich eigenständiges Fragen, Nachdenken und Lösungsmöglichkeiten, wird Können und Wissen erworben. Zugleich ist die religiöse Bildung in soziale Prozesse der Verständigung eingebettet. Das Kind erfährt Vorstellungen und Phantasien aus der Welt, die es umgibt.

Beim Morgenkreis wünscht sich SA♀ (3;7, o. B.) das Lied »Gottes Liebe ist so wunderbar«. Während des anschließenden Frühstücks singen die Kinder dieses Lied weiter. Es entspinnt sich unter ihnen ein Gespräch über die Frage »Wie sieht Gott aus?« Die Kinder sind unterschiedlichster Meinung: Gott ist groß und klein, hat schwarze und blonde Haare, ist dick und nackt. Als die Beobachterin anregt, den »lieben Gott zu malen«, weigert sich SA♀ zunächst: »Nein, das kann ich doch nicht.« Schließlich versucht sie es doch, und auch die anderen Kinder malen ihre Gottesbilder. In ihnen zeigen sich noch weitere Varianten, die im Gespräch nicht zum Tragen kamen. SA♀ faltet anschließend ihr Bild zusammen und steckt es in ihre Tasche: Sie wird es ihrer Mama zeigen.

»Ich habe Gott gestern gesehen. Er war mit mir und meiner Oma spazieren ...«, so erzählt L♀ (4;5, musl.). Sie ist fest davon überzeugt, dass Gott »ganz, ganz lieb« ist.

Religiöse Bildung – angewiesen auf Wahrnehmungen

Religiöse Selbstbildung braucht eigene Wahrnehmungen. Kindliche Wahrnehmung ist eine komplexe Wahrnehmung: mit allen Sinnen, mit dem ganzen Körper und der gesamten Gefühlswelt. Diese Form der Wahrnehmung spiegelt die Wirklichkeit nicht »an sich« wider, sondern lässt die Wirklichkeit individuell empfinden und denken.

Wie sieht religiöse Wirklichkeit aus, wenn sie so wahrgenommen wird? Wie riecht sie, wie hört sie sich an? Was tut sich in meinem Körper, außen und innen? Wie fühlt sich dies an? Wie kann ich mich darüber so verständigen, dass andere dies alles nachempfinden und verstehen?

Die Kinder betrachten gemeinsam mit der Erzieherin das Bibelbilderbuch »Jesus segnet die Kinder«. Im Lauf des Gesprächs taucht auch die Frage auf: »Was ist segnen?« VZ♀ (3;5, o. B.) hat die Antwort: »Hochheben und lieb haben.«

Die Verknüpfung dieser persönlichen Erlebnisse und Erfahrungen zu einem Ganzen erfolgt, wenn dem Kind Wahrnehmungs- und Interpretationsmuster zur Verfügung stehen.

*

Im obigen Beispiel betrachtet das Mädchen das Bilderbuch und sieht dort, dass Jesus Kinder umarmt. Dies ruft in ihm selbst erlebte Umarmungen wach. Es erinnert sich körperlich an das Erlebte, verbindet es mit Hochgehobenwerden. Umarmen, hochheben, das tut gut! Da spüre ich, dass Mama mich lieb hat, dass Papa mich lieb hat! Und dass ich den Papa und die Mama lieb habe. Die innere Befindlichkeit »lieb haben« ist präsent.

Das Wort »segnen« ist ein neues Wort. Was bezeichnet es? Die Übersetzung in die eigene Wahrnehmungs- und Denkwelt ergibt sich aus deren Deutung und Bewerten: »Segnen« ist »Hochheben und lieb haben«.

In der eigenen Wahrnehmung des Religiösen verbinden sich innere und äußere Bilder und werden zu erfahrungsgesättigten Bildern der Wirklichkeit. Damit wird zugleich der Weg beschritten, die eigene Welt und das eigene Leben religiös zu deuten.

Religiöse Selbstbildung im Dialog

Das Kind stellt Beziehungen zu seiner Welt her. Dies sind einerseits sachliche Beziehungen zu Dingen und Begebenheiten, die sein Interesse wecken und ihm subjektiv etwas bedeuten. Diese Beziehungen gestaltet das Kind individuell, manchmal nur augenblickhaft. Andere baut es über einen längeren Zeitraum oder dauerhaft in seine eigene Geschichte ein.

FH♀ (o. B.) kommt aus einer Familie ohne Bindung an eine Religion. Sie wächst mit Märchen und Sagen auf und entwickelt eine lebhafte Phantasie, in der über eine längere Zeit (im Alter von 3 bis 5 Jahren) Drachen, Pegasus und andere Fabelwesen existieren. Diese baut sie auch in die Weihnachtserzählung ein: Das Christkind reitet auf einem Pegasus.

Eine von Phantasie und Leidenschaft bestimmte Wirklichkeitswahrnehmung prägt den Alltag des Kindes. Neue Wahrnehmungen und Begegnungen werden durch diese »Brille« betrachtet und gedeutet.

Andererseits knüpft das Kind soziale Beziehungen. Kinder brauchen Partnerinnen und Partner, die auf ihre Welt- und Selbsterfahrungen reagieren. Dies tun sie, wenn sie gemeinsam mit dem Kind dem Aufmerksamkeit schenken, was das Kind bewegt; wenn sie mit dem Kind über das sprechen, was ihm bedeutungsvoll erscheint. Dazu müssen sich Erwachsene innerlich von dem ansprechen lassen, was Kinder ausdrücken und tun. Dabei ist zu beachten, dass man Kindern nichts »beibringen« kann.

Kinder müssen die Chance erhalten, sich selbst aus ihren konkreten Erfahrungen ein Bild über »Gott und die Welt« verschaffen zu können. Sie brauchen ebenso Anregung und produktive Unterstützung wie die Anerkennung und respektvolle Würdigung ihrer individuellen, sozialen und (sub-)kulturellen Besonderheiten. Dies ist besonders deshalb von Bedeutung, weil religiöse Bildung nicht als ein besonderer Bereich betrachtet werden kann. Religion ereignet sich mitten im Alltag und im Leben.

Christlich-religiöse Selbstbildung

In ihrem Umfeld begegnen Kinder in unserer Gesellschaft Religion vornehmlich in ihrer christlichen Gestalt. Sie nehmen wahr, erleben, ordnen ein, verknüpfen, stellen Fragen, ziehen Schlüsse aus dem, was ihnen begegnet: Kirchengebäude, Symbole wie das Kreuz, christliche Feste, Menschen, die sich zum christlichen Glauben bekennen, und vieles mehr.

Konfessionelle Kindertageseinrichtungen möchten Kinder bewusst mit dem christlichen Glauben und seiner Praxis in Kontakt bringen. Christliche pädagogische Fachkräfte möchten die Kinder spüren, erleben und wissen lassen, dass die christliche Botschaft Sinn stiftet und Halt gibt. Dies zeigt sich im Alltag der KiTa ebenso wie in der Auswahl und im Angebot entsprechender Inhalte (→ Themen, die die pädagogische Fachkraft einbringt).

Angesichts der Tatsache, dass auch Einrichtungen in katholischer oder evangelischer Trägerschaft von Kindern aus unterschiedlichen religiösen Kontexten besucht werden, ist jedoch zu bedenken: Die christliche Gottesbotschaft muss so angeboten und versprachlicht werden, dass sie jedes Kind – auch ohne Vorerfahrungen oder Vorkenntnisse – aufnehmen kann. Andererseits muss jedes Kind seinen eigenen Beitrag dazu einbringen können.

PM♂ (6, rk) Sohn eines Mathematikers und einer Theologin, beschließt nach drei Jahren des Nachdenkens über den Zusammenhang von Schöpfung und Urknall: »Ich will jetzt nicht mehr über Gott reden, nur noch über Tiere und Krieg!«

Ziele religiöser Bildung

Religiöse Bildung geht – auch und besonders aus christlicher Perspektive – davon aus, dass jedes Kind und jeder Mensch eine »Gottesbegabung« hat. Dies bedeutet, dass die pädagogische Begleitung religiöser Bildungsprozesse beim Kind und seinen Vorstellungen und Fragen ansetzt: Wie sieht und deutet es seine Wirklichkeit, wie drückt es das aus, was sein Leben ausmacht, ihm Sinn verleiht?

Erfahrungsräume öffnen und sich erschließen

Diese Räume müssen sinnenhafte und anschauliche Begegnungsmöglichkeiten eröffnen, alle Sinne und Emotionen ansprechen. Eine gute Kenntnis des Kindes, seiner Vorlieben und Neigungen, seiner Fähigkeiten und Fertigkeiten, ist die unverzichtbare Voraussetzung für die Gestaltung dieser Räume. Sie bieten Möglichkeiten für Experimente, Entfaltung der Phantasie, Wiederholung, Spiel, Basteln, Gestalten, Musizieren, Zeit für Ungeplantes und Überraschendes, für Muße und Verweilen sowie für den Rückzug. Es sind Räume, die das Kind sich selbst erschließen und in denen es ein Gespür für die Tiefendimensionen der Wirklichkeit entwickeln kann. Es sind Räume, in denen jedes Kind für sich einen Ort findet, an dem es individuell und zu seiner Zeit entscheiden kann, mit der eigenen Spiritualität, biblischen Erzählungen oder Stille in Kontakt zu kommen.

Bei einem vormittäglichen Friedhofsbesuch zu Allerseelen bringen die KiTa-Kinder Kerzen zu den Gräbern der Verstorbenen. M♀(4) verweilt an einem überwucherten Grab. Während die anderen Kinder schon weitergehen, hockt sie sich hin und streicht über einen dreckigen Engel, der zwischen allem Unkraut kaum zu entdecken ist. Sie stellt ihre Kerze auf das Grab, lächelt und wendet sich zum Gehen. Während des gesamten Friedhofsbesuchs sagt sie kein Wort und schaut immer wieder in Richtung des Grabes. Beim Verlassen des Geländes blickt sie noch einmal zurück, lächelt erneut und sagt zur ihrer Freundin: »Da liegt mein Engel.« Während des gesamten Tages ist das üblicherweise sehr lebendige und redselige Mädchen in sich gekehrt und lächelt immer wieder still vor sich hin.

Beziehungsräume öffnen und Beziehungsbewusstsein gewinnen

In Freiheit gestaltete Beziehungen zur sachlichen und personellen Welt sowie zur eigenen Person ermöglichen dem Kind, sich selbst in all seinen Möglichkeiten zu erleben und sich so, wie es ist, anerkannt und geliebt – bedingungslos »gut« – fühlen zu können. Dies ereignet sich in der Begegnung auf Augenhöhe: Die pädagogischen Fachkräfte sehen im Kind ein spirituell aktives Gegenüber und sind bereit, gemeinsam mit ihm fragend und suchend die Grenzen der sicht- und greifbaren Wirklichkeit zu überschreiten. Von Bedeutung ist hier auch die Peergroup: Kinder, die positive Erfahrungen im Austausch mit Gleichaltrigen machen können, fühlen sich geborgen und in ihrer Religiosität und Spiritualität bestärkt.

In der KiTa-Praxis wird auf diesem Hintergrund die Begleitung des Kindes in ein religiöses Selbstwertgefühl mit einer ausgeprägten spirituellen Identität umso wichtiger. Dies geschieht auch dadurch, dass dem Philosophieren und Theologisieren der Kinder untereinander Raum gelassen und dieses damit positiv verstärkt wird.

Im Morgenkreis wird eine Kerze für A♀, ein erkranktes Kind der Gruppe, angezündet. MK♂ (3;5, o. B.) hat sonst wenig Kontakt zu A♀. Die Erzieherin erläutert, dass Kerzen für Menschen, die wir lieb haben, angezündet werden und den Menschen sagen, dass wir in Gedanken bei ihnen sind. MK♂ hört interessiert zu, sagt aber nichts. Erst am Nachmittag fragt er die Erzieherin, ob A♀ gemerkt habe, dass die Gruppe eine Kerze für sie angezündet hat. Als die Erzieherin antwortet, sie habe A♀ gesagt, dass sie und die Kinder eine Kerze anzünden und alle an sie denken und in Gedanken bei ihr im Krankenhaus sind, ist MK♂ hoch erfreut. »Ich freu' mich, wenn A. wieder da ist.«

Am folgenden Morgen fragt MK♂, ob A♀ noch im Krankenhaus sei und wann sie wieder in den Kindergarten komme. Die Erzieherin erklärt, dass es noch eine Weile dauern werde. Er könne aber am nächsten Tag mit A♀ telefonieren. MK♂ lächelt und zeigt sich erleichtert. Nach dem Telefonat, in dem A♀ ihm versichert, dass es ihr gut gehe, ist er sichtlich zufrieden und wirkt glücklich.

Gefühle, Erfahrungen, Wissen und Können zu einem sinnstiftenden Gesamtbild fügen

Bildung hat stets alle Dimensionen des Menschseins im Blick. Sie hat einen Selbstbezug, denn alles, was in der Welt begegnet, wird in seiner Bedeutung für das eigene Leben befragt. Somit geht Bildung nicht in der Ausbildung bestimmter Fähigkeiten und Fertigkeiten auf. Sie ist immer mit der Frage nach Orientierung und Sinn verknüpft.

Grundlage kindlicher Selbstbildung sind körpersensorische Empfindungen und sensorisches Handeln. Für Kinder sind Dinge immer Aktionsdinge. Gegenständliches wird in einer komplexen, untrennbaren Einheit wahrgenommen und ist mit Gefühlen verbunden. Das Objekt existiert nicht außerhalb des Körpers – es existiert als Wahrnehmungseindruck. Es entstehen innere Bilder und Vorstellungen – eine wesentliche Form des Denkens, die ihren Ausdruck im Handeln des Kindes findet.

Diese Fähigkeit des Kindes, innere Bilder zu sammeln und sich die Welt »einzuverleiben«, ist die Chance für religiöse Bildung und Selbstbildung. Das Kind kann die Kraft der inneren Bilder nutzen und im Handeln neue Vorstellungen weiterentwickeln. Es erfährt dabei im Bildungsprozess Unterstützung, wenn ihm möglichst vielfältige Gelegenheiten geboten werden, innere Bilder in Freiheit zu entwickeln. Vor allem jedoch muss respektiert werden, dass diese Form der Bildung unverfügbar bleibt. Daher muss das Kind dieses Innere auch in eigener Sprache (nicht nur im verbalen Sinn zu verstehen!) zum Ausdruck bringen können.

Aus christlicher Perspektive wird damit zugleich die Gottbezogenheit des Menschen ernstgenommen: Gott wendet sich jeder und jedem auf einzigartige Weise zu – und jede und jeder ist Gottes Ebenbild.

TEIL 2
IN DER MITTE DAS KIND

Religiöse Entwicklung junger Kinder

Mit dem Begriff »Entwicklung« werden übereinstimmend Veränderungsprozesse bezeichnet. Diese Prozesse erfolgen lebenslang und beziehen sich sowohl auf körperliche wie auf psychische Veränderungen. Sie wirken sich auf das Erleben und das Verhalten des Menschen aus.

In der Entwicklungspsychologie finden sich unterschiedliche Theorien zur Entwicklung. Sie unterscheiden sich darin, dass sie dem Subjekt mehr oder weniger Aktivität zuschreiben. Ältere Ansätze gehen davon aus, dass der (junge) Mensch in seiner Entwicklung vollständig von außen beeinflussbar ist. Sie vertreten auch die Vorstellung, dass der Entwicklungsprozess mit dem Jugendalter und dem Eintritt in das Erwachsenenalter beendet ist.

Daneben finden sich Theorien, die von einem wechselseitigen Austausch von Umwelt und Subjekt sprechen. Sie betrachten Mensch und Welt als ein Gesamtsystem, in dem sich die Veränderungen eines Teils auf die jeweils anderen Teile auswirken. Dies lässt sich beispielsweise daran veranschaulichen, dass mit der in den letzten einhundert Jahren sich verändernden Sicht auf Kindheit neue pädagogische Konzepte entstanden. Dem Kind wird eine aktive Beteiligung an seiner Entwicklung zugestanden; somit stellt sich die Frage nach dem Anteil der Erwachsenen an der kindlichen Entwicklung.

Darüber hinaus finden sich sog. Selbstgestaltungstheorien: Sie betonen den Einfluss des Menschen auf die soziale und die physische Welt. Der Mensch ist nicht passiver Empfänger von Umwelteinflüssen. Er kann aktiv seine eigene Entwicklung und seine Zukunft gestalten.

Das Modell der kognitiven Entwicklung von Jean Piaget

Dieses Handbuch vertritt das Konzept der Selbstbildung des Kindes. Somit bietet sich der Blick auf entwicklungspsychologische Modelle an, in denen die Eigenaktivität des Kindes im Vordergrund steht. Das bekannteste ist das Entwicklungsmodell von Jean Piaget (1896–1980). Er fragt, wie Kinder die Welt erleben und darstellen und welche Denkstrukturen dies bestimmen. Dabei geht er davon aus, dass die Denkentwicklung durch Interaktion des Kindes mit seiner Umwelt ermöglicht wird.

Piagets Entwicklungsmodell

Es bezieht sich auf die kognitive Entwicklung. Sie wird in vier Stufen eingeteilt, die in der Entwicklung des Individuums aufeinander folgen:

- Die sensomotorische Entwicklung (von null bis drei Jahren): Sie zeichnet sich dadurch aus, dass das Kind Handlungsschemata entwickelt, mit ihnen experimentiert und dadurch neue Schemata entwickelt. Es ist mehr und mehr in der Lage, sich Dinge vorzustellen und symbolisch zu handeln.
- Die präoperative Stufe (von drei bis acht Jahren): Das Kind erlernt systematisch die Sprache. Es findet Erklärungen für Naturgegebenheiten und kulturelle Errungenschaften: Auch das Unbelebte hat eine »Seele«, alles wurde »hergestellt« und hat einen Zweck.
- Die konkret-operatorische Stufe (von acht bis zu zwölf Jahren): Sie ist dadurch gekennzeichnet, dass Kinder zunehmend Oberbegriffe, untergeordnete Begriffe und ihre Beziehungen zueinander in ein Gesamtsystem einordnen können. Sie sind dabei zumeist auf Anschaulichkeit angewiesen.
- Die formal-operatorische Stufe (ab elf bis vierzehn Jahren): Die Kinder können Hypothesen bilden und planvoll experimentieren. Sie können verschiedene Perspektiven einnehmen und Zusammenhänge erkennen.

Kritische Würdigung

Dieses Modell hat bis heute Bedeutung; allerdings ist es auch kritisch zu betrachten. Hauptkritikpunkt ist die Einteilung in Stufen und Stadien. Empirische Untersuchungen – so auch die Längsschnitt-Fallstudie zur religiösen Entwicklung junger Kinder (→ Ausgangspunkt: eine Längsschnitt-Fallstudie) – zeigen, dass kindliche Entwicklung nicht geradlinig und auch individueller verläuft, als Piaget annahm. Er berücksichtigt in seinem Modell nicht, dass Kinder auf ganz unterschiedliche Weise und in unterschiedlichen Kontexten aufwachsen. Piaget vernachlässigt die sozialen Faktoren, die die Entwicklung beeinflussen. Daher sind auch seine Altersangaben nicht zutreffend.

Darüber hinaus stellt sich eine Anfrage an die Methode, mit der Piaget zu seinen Erkenntnissen gelangt. Er führte sog. Klinische Interviews; hierbei ist die Gefahr gegeben, dass Kinder durch die Fragestellungen stark beeinflusst werden. Damit ist jedoch ein Aspekt angesprochen, der weiterhin in Gesprächen mit Kindern gegeben sein kann.

Erzieherin (E): »Haben wir heute Morgen etwas gemacht, das dich an St. Martin erinnert?«
Kind (K): »Ja, wir haben Weckmänner gebacken.«
E: »Kannst du dir vorstellen, warum es zu St. Martin Weckmänner gibt?«
K: »Nein.«
E: »Kannst du dich an die Martinsgeschichte erinnern?«
K: »Dass Martin den Mantel geteilt hat.«
E: »Warum machen wir dem Martin jedes Jahr eine Freude – und mit was?«
K: »Wir basteln Laternen und singen Martinslieder.«
E: »Meinst du, St. Martin würde sich darüber freuen?«
K: (knapp) »Ja.«
E: »St. Martin hat ja geteilt. Könntest du dir vorstellen, auch etwas zu teilen?«
K: »Ja. Mein Zimmer – aber nur mit M« (d. i. die kleine Schwester).
E: »Nächste Woche wollen wir im Altenheim singen. Hättest du Lust, mitzugehen?«
K: »Ja. Die Menschen freuen sich über unsere bunten Laternen – und die Lieder, die wir zu St. Martin singen.«
E: »Was haben wir denn dann gemacht?«
K: »Eine Freude – und Licht geschenkt.«
K zeigt kein weiteres Interesse am Gespräch.

Neurobiologische Konzepte

Erkenntnisse der Neurowissenschaften, insbesondere der Hirnforschung, haben in der aktuellen Bildungsdiskussion eine besondere Bedeutung gewonnen. Sie haben vor allem Auswirkungen auf die Gestaltung frühkindlicher Bildung. Welche Erkenntnisse weist die Hirnforschung auf?

Neurowissenschaftliche Erkenntnisse im Überblick

Das kindliche Gehirn ist lernfähig:
Das Neugeborene ist für die ganze Welt offen. Sein Gehirn verfügt über eine enorme Zahl an Verknüpfungsmöglichkeiten zwischen den Nervenzellen. Durch die unterschiedlichsten Wahrnehmungen des Kindes werden feste Verknüpfungen hergestellt. Es bilden sich »Spuren« im Gehirn, es lernt. Dabei haben die Erfahrungen, die das Kind (auch schon vor der Geburt) macht, einen entscheidenden Einfluss.

Das kindliche Gehirn ist »neugierig«:
Das Kind kommt mit der Bereitschaft, Neues zu entdecken, auf die Welt. Das Gehirn ist darauf angelegt, Anregungen und Herausforderungen zu suchen. Dies zeigt sich im unermüdlichen Entdeckungs- und Forschungsdrang des Kindes.

Das kindliche Gehirn arbeitet ganzheitlich:
Das Gehirn arbeitet grundsätzlich vernetzt. Die Sinne funktionieren nicht voneinander getrennt. Visuelle, akustische, physische und emotionale Informationen werden aufgenommen und verarbeitet. Je reichhaltiger die sinnlichen Wahrnehmungen, desto komplexer ist der Lern- und Bildungsprozess des Kindes.

Das kindliche Gehirn konstruiert seine subjektive Wirklichkeit:
Die Wahrnehmungen werden im zentralen Nervensystem verarbeitet. Dabei werden die neuen Informationen in vorhandene Deutungsmuster eingeordnet. Kinder setzen sich mit Bildungsangeboten und neuen Erfahrungen selbsttätig und konstruktiv auseinander und gestalten eigene Denkmuster.

Folgerungen und kritische Würdigung

Diese Forschungsergebnisse zeigen, dass das Kind über ein überaus großes Selbstbildungspotenzial verfügt. Der Ausbau und die Entwicklung dieses Potenzials erfolgt jedoch nicht von selbst (entgegen der Vorstellung Piagets, der von einer genetischen »Vorprogrammierung« ausging). Umweltreize entscheiden darüber, wie das Gehirn die Erfahrungen strukturiert. Dabei gibt es »günstige Entwicklungsfenster« – das zweite bis sechste Lebensjahr, in denen möglichst viel gelernt werden sollte (da das erwachsene Gehirn sich als schwerfälliger erweist). Allerdings kann die Forschung (noch) keine Aussagen darüber treffen, welche Informationen das Gehirn zu welchem Zeitpunkt braucht. Der beste Weg besteht weiterhin darin, sorgfältig zu beobachten, wonach Kinder fragen.

Auf jeden Fall braucht das junge Kind eine anregungs- und abwechslungsreiche Umgebung, die sein Bildungspotenzial stützt. Sie sollte so gestaltet sein, dass das Kind sie selbstständig erkunden und so seine Neugier geweckt werden kann. Dies geschieht, indem Fragehaltung und Fragestellungen wachsen dürfen. Hat das Kind in seiner neugierigen und eigen-aktiven Erkundung Erfolg, führt dies auch zu Glücksgefühlen und zur Steigerung der Lust am Lernen.

Einige an der Studie beteiligte KiTas haben die Raumstruktur der Einrichtung verändert. Es gibt nicht mehr die feste »Bauecke«, »Puppenecke« oder »Leseecke«. Die entsprechenden Materialien befinden sich in Containern auf Rollen, die auch Kinder leicht bewegen können. So können sie die Materialien, die sie benötigen, selbst zusammenstellen und sie an den Orten nutzen, die ihnen sinnvoll erscheinen.

Nachmittags macht jede pädagogische Fachkraft ein Angebot, das die Kinder sich gewünscht haben und das sie freiwillig in Anspruch nehmen können. Es besteht aber auch die Möglichkeit, dass sich das Kind allein beschäftigt.

Da das Kind seine eigene, subjektive Wirklichkeit konstruiert, braucht es auch individualisierte Angebote. Dazu ist erforderlich, den individuellen Kontext, den das Kind mitbringt, zu kennen. Kein Kind kommt allein in die KiTa; es bringt seine Erfahrungen, Gegenstände und auch (in Gedanken) Menschen mit, die ihm lieb und teuer sind. Sie beeinflussen seine Wahrnehmung der Wirklichkeit, die sich von jener aller anderen unterscheidet. Es muss daher die Frage nach dem beantwortet werden, was das konkrete Kind braucht, um neue Erfahrungen machen zu können. Nur durch die Bildungsangebote, die auf das Kind abgestimmt sind, ist ein Entwicklungsfortschritt zu erwarten.

Allerdings wären die Erkenntnisse aus der neurobiologischen Forschung fehlinterpretiert, wenn damit eine Vorverlegung des schulischen Instruktions-Lernens in die Kindertageseinrichtungen befürwortet wird. Sie rechtfertigen keine »spezielle« Frühförderung, die in gezielten Fördermaßnahmen frühzeitig Wissen und Fähigkeiten vermitteln will (→ Der Elementarbereich als eigener Bildungsbereich).

Die Bedeutung der sozial-emotionalen Entwicklung

Zwar weisen die Bildungspläne der Länder auch Ziele für die sozial-emotionale Entwicklung in den frühen Jahren aus, aber diese sind sehr allgemein gehalten. Zumeist sprechen sie nur Teilbereiche an; vor allem jedoch zeigen sie nicht auf, welche Bedeutung die sozial-emotionale Entwicklung für andere Entwicklungsbereiche hat.

Aspekte sozial-emotionaler Entwicklung im frühen Kindesalter

- Bereits das Neugeborene ist auf sozialen Austausch ausgerichtet und wirkt selbst aktiv auf seine soziale Umwelt ein. Bald kann es zwischen fremden und bekannten Personen unterscheiden.
- Die Entdeckung des eigenen Ichs und die Erkenntnis, dass andere Personen andere Gedanken, Wünsche und Empfindungen haben, zeigt sich an sozialen Worten: ich, wir, alle ...
- Mit der Aufnahme von Kontakten zu anderen Kindern und Erwachsenen erweitert das Kind seine sozialen Beziehungsräume.
- Das Kind lernt, mit anderen zu kooperieren, sich in der Gruppe zu behaupten, zu teilen und etwas auszuhandeln.
- Das Kind baut (feste) Freundschaften auf.

- Das Kind entwickelt prosoziales Verhalten und baut seine Empathiefähigkeit aus.

Jeder Mensch, so auch das Kind, hat das Bedürfnis nach sozialer Einbindung. Er und sie möchten mit anderen Personen innerlich verbunden sein und einer Gruppe von Menschen angehören, die ihn und sie so annehmen, wie sie sind. Es besteht der Wunsch, mit den eigenen Einstellungen und Wertorientierungen anerkannt zu sein.

Dazu tritt das Bedürfnis nach Selbstbestimmung. Auch das junge Kind möchte sich selbst als erste Ursache seines Handelns erleben. Es möchte selbst entscheiden, was zu tun ist, und sich nicht ständig gegängelt fühlen.

MA♀ (ev.) ist ein Jahr alt, als sie in die KiTa kommt. Da die Mutter gerade ihre Pflegeausbildung abschließt, muss die Eingewöhnungszeit auf zwei Wochen verkürzt werden. Doch der Abnabelungsprozess gestaltet sich positiv; selbst die Tatsache, dass sie nachmittags die Gruppe wechseln muss, wird von ihr bewältigt. MA♀ geht von sich aus auf die Erwachsenen zu und signalisiert, dass sie auf den Arm genommen werden möchte. Haben diese gerade keine Zeit oder widmen sich einem anderen Kind, signalisiert sie nonverbal: »Wo bleibe ich?«

Bald kann sie sich auch einige Zeit selbst beschäftigen, gern im Sandkasten.

Nach fünf Monaten beansprucht sie immer mehr Raum und trägt stolz ihr »Ich-Buch« herum. Sie lächelt andere an und umarmt sie.

Nach sieben Monaten kennt sich MA♀ in den Räumen der Einrichtung aus. Sie bewegt sich dort unbefangen und frei. Da sie als eine der Ersten in die KiTa gebracht wird, versteht sie sich als »Hausherrin«. Sie begrüßt freudig jedes Kind, das nach ihr in die Einrichtung kommt.

Nach acht Monaten ist eines ihrer Lieblingsworte »allein«. Sie ist experimentierfreudig; ihr ist deutlich anzusehen, dass sie das Gefühl von Selbstwirksamkeit genießt. Geht es ins Freigelände, verteilt sie eigenständig Stiefel an die Kinder und kann jedes Stiefelpaar richtig zuordnen. Sie ist hilfsbereit und tröstet, wo sie kann.

In ihrem Alltag lebt sie drei Strukturen: das Zusammensein mit den Eltern, das aufgrund des Schichtdienstes der Mutter zeitlich variiert, den Aufenthalt beim Onkel, wenn die Eltern arbeiten, und ihren Tag in der KiTa. Sie kann sich mit diesen Gegebenheiten arrangieren.

Aspekte religiöser Entwicklung

Da menschliche Entwicklung immer den ganzen Menschen verändert, ist auch die religiöse Entwicklung im Zusammenhang mit allgemeinen entwicklungspsychologischen und neurobiologischen Modellen zu sehen. Ganz offensichtlich wird dies bei der Betrachtung der sozial-emotionalen Entwicklung. Aber auch die neugierige und denkerische Erforschung der Welt beinhaltet eine religiöse Dimension: Die Frage nach dem Warum, dem Woher und Wozu der Natur, der Dinge und Ereignisse ist immer auch eine religiöse Frage.

Dies bedeutet, dass zum Reichtum der Anregungen und Angebote auch Religion, Religiosität und Spiritualität gehören. Wenn Eltern nicht in der Lage oder willens sind, ihrem Kind die religiöse Dimension der Wirklichkeit zu eröffnen, wird dies zur Aufgabe der Kindertageseinrichtung (→ Begegnung mit Religion ermöglichen). Angesichts der Erkenntnisse der Hirnforschung ist dies nicht als schlechter oder unzureichender Ersatz zu bewerten. Das Kind ist offen für alles Neue und baut es in seine Wirklichkeit ein – auch wenn es nicht von den Eltern kommt.

Im Verlauf der Längsschnitt-Fallstudie zeigte sich, dass gerade Kinder aus einem Elternhaus ohne Konfession mit großem Interesse und voller Begeisterung an religiösen Themen interessiert sind. Sie verarbeiten sie auf dem Hintergrund ihrer Vorerfahrungen und konstruieren ihre persönliche Religiosität.

Exemplarisch kann dies am religiösen Selbstbildungsprozess eines Kindes dargestellt werden, das vor seiner Kindergartenzeit keine Berührung mit der christlichen Religion hatte. Daneben stehen weitere ähnliche Erfahrungen mit Kindern, die ebenfalls in den ersten Lebensjahren kaum einen christlich-religiösen Bezug bzw. gar keine Erfahrungen christlich-religiöser Art hatten. Dabei ist jedoch zu bedenken, dass Religiosität hier weiter zu fassen ist und in diesem Sinne keiner Familie Religiosität abgesprochen werden kann (→ Was ist Religiosität? → Familienreligiosität).

FH♀ (o. B.) kommt mit ca. 2;6 Jahren in die katholische Kindertageseinrichtung. Sie ist ein sehr phantasievolles Kind, das lange Zeit einen unsichtbaren Drachen mit in die KiTa bringt. Später wird er durch einen Plüschdrachen abgelöst. In ihrer ausgeprägten Phantasie finden sich Fabelwesen unterschiedlicher Art, so etwa Einhörner oder Pegasus.

In der KiTa wird FH♀ zum ersten Mal mit christlich-religiösen Inhalten konfrontiert. Sie verfolgt die Angebote gern und auch interessiert. Sie merkt sich die Martins- und Nikolauslegenden ebenso wie die Weihnachtserzählung und kann sie »korrekt« wiedergeben. Allerdings entsteht bei den pädagogischen Fachkräften der Eindruck, all dies bleibe bei ihr »auf der Wissensebene«. Erzählt sie dagegen von Drachen, Pegasus oder Einhorn wählt sie eine emotionale Ausdrucksweise, ist sie mit »Leib und Seele« dabei.

Als in der Gruppe über die Verkündigung des Engels an Maria gesprochen wird, meint sie (3;4): »Der Engel kam bestimmt auf einem Pegasus geritten. Beide haben so tolle Flügel.«

Sie reagiert dann emotional, wenn sie an symbolischen Handlungen teilnimmt oder diese initiiert: Das Aufstellen und Entzünden der gesegneten Kerze oder das Gesegnetwerden rühren sie sichtbar an. Sie (3;5) wirkt innerlich erfüllt und »andächtig«.

Die Pfingsterzählung (3;8) findet sie »spannend«: »Geist« und »Feuerflammen« faszinieren sie. Sie beginnt laut zu überlegen: »Pegasus und Gott – Wie geht das zusammen?«

Mit 3;6 Jahren schaut sie sich in der Gruppe die Bilder der Kinderbibel zum Thema »Einzug in Jerusalem« an. Sie sagt, dass Jesus ein richtiger König sei und als Einziger auf einem Esel reiten dürfe, das sei »toll«.

Als sie 4 Jahre alt ist, finden die Kinder auf dem Spielplatz einen toten Vogel. Er wird – wie schon andere tote Tiere – gemeinsam beerdigt. FH♀ schaut still zu, beteiligt sich nicht. Erst als die anderen Kinder sich wieder dem Spiel zuwenden, geht sie zum

»Grab«. Sie legt dort Blumen ab. Dann bastelt sie aus zwei Stöckchen und einem Faden ein Kreuz und legt es auf das Vogelgrab, vor dem sie noch einige Minuten still verweilt.

*

Dieses Beispiel verdeutlicht, dass jedes Kind auf seine eigene und individuelle Weise auch die religiöse Wirklichkeit konstruiert. Das Mädchen musste seinen ganz persönlichen Weg finden, über den ihm der innere Zugang zu christlich-religiösen Inhalten gelingen konnte. Für die biblischen Inhalte fand es Verknüpfungsmöglichkeiten mit Elementen ihrer Phantasiewelt, die Symbolhandlungen erreichten es in seiner Mitte. Es wird überdies deutlich, dass die pädagogische Fachkraft über den Lebenskontext des Kindes gut Bescheid wissen muss, um seinen Selbstbildungsprozess gut begleiten zu können. Auch brauche es Geduld, so schreibt die Beobachterin über FH♀: »Sie möchte an religiösen Inhalten teilhaben, braucht aber ihre Zeit.«

Symbolverständnis

Religiöse Erfahrungen werden nicht primär auf der kognitiven Ebene gemacht, sie brauchen das Symbol.

Was ist ein Symbol?
Ein Herz, auf den gebastelten Nikolaus oder auf das Bild zur verstorbenen Oma gemalt, eine »Mutkugel«, die eine Kindergruppe für ein trauriges Kind kreiert, das zur Blume gestaltete Chiffontuch – das alles sind Symbole, die Kinder verwenden.

Das Herz soll vielleicht sagen »Ich mag dich!« und gestaltet so eine Beziehung. Die »Mutkugel«, angewärmt durch alle Kinderhände der Gruppe, sagt dem traurigen Kind: »Hab keine Angst. Du musst nicht traurig sein, wir denken an dich. Das macht dich stark.«

Dass das Chiffontuch keine echte Blume ist, aber eine Ahnung vom bevorstehenden Frühjahr gibt, ist dem Kind klar. Es bringt in seiner Wahrnehmung viele »Blumen« auf dem grünen Teppich zum Erblühen.

Diese Beispiele zeigen einige Merkmale von Symbolen:

- Sie verweisen auf etwas, das über den Gegenstand hinausgeht (Herz, Chiffonblume).
- Sie werden oft nur von einer Gruppe verstanden (Mutkugel).
- Sie dienen der Verständigung und der Erinnerung (Herz, Mutkugel).
- Sie erschließen die tiefere Dimension der inneren Wirklichkeit (ich mag dich, ich denk an dich, hab keine Angst).
- Sie lassen Nicht-Gegenwärtiges gegenwärtig sein (die geliebte Oma, das nahende Frühjahr).

Das Symbolverständnis ist an einen Entwicklungsprozess gebunden. In der wissenschaftlichen Forschung wird diskutiert, ob und wie junge Kinder Symbole in ihrer »uneigentlichen« Bedeutung verstehen können.

Es wird davon ausgegangen, dass sich das Symbolverstehen in Phasen entwickelt. Danach vermischen sich zunächst Symbol- und Realwelt. Wird beispielsweise von Jesus, dem König, erzählt, werden in der Vorstellung Erfahrungen aus Märchen, Fernsehfilmen und aus dem wirklichen Leben damit verbunden. Allerdings kann dem Kind dabei sehr wohl bewusst und auch wichtig sein, dass Jesus ein »besonderer« König ist (→ Gott und Jesus – mein Freund).

Ein eindimensional wörtliches Verständnis zeigt sich darin, dass ein Symbol mit nur einer Bedeutung versehen wird. Ein Herz ist dann ein Körperteil oder eine Form – und nichts mehr. Diese Form des Symbolverständnisses zeigt sich etwa dann, wenn Kinder den Himmel lediglich als einen Ort oben, über den Wolken und bei den Sternen ansehen.

NM♀ (3;5) steht mit ihrer Mutter am Fenster. Sie beobachten die Sterne. NM♀ zeigt auf einen Stern und sagt: »Guck mal, da ist die Uroma.« Der Stern scheint zu flimmern. NM♀ sagt: »Schau mal, jetzt winkt sie uns zu.«

Am nächsten Abend ist der Himmel bewölkt und es sind keine Sterne zu sehen. NM♀ erklärt: »Oh, dann schläft die Oma wohl noch. Darf die da oben eigentlich auch Radio hören? Oder dürfen die da oben auch miteinander sprechen?«

Das Mädchen versteht den Himmel als einen Ort, an dem die verstorbene Oma (hoffentlich) so leben kann wie auf der Erde.

Das mehrdimensionale Symbolverständnis zeigt sich darin, dass Kinder die Mehrdeutigkeit des Symbols erkennen: »Wasser« ist ein Lebensmittel und lebensnotwendig, es kann aber noch anderes bedeuten: die Freude, die das Spiel im und mit Wasser verursacht, oder die reinigende Kraft der Taufe.

Ein symbolkritisches Verständnis führt häufig zur Abwertung vor allem traditioneller religiöser Symbole: »Das ist ja nur symbolisch gemeint«, heißt es dann. Symbole werden aber auch in ihrer Ambivalenz erkannt: Wasser erfrischt nicht nur und macht lebendig, sondern kann auch Leben vernichten.

Vor dem Mittagessen singen die Kinder Variationen des Liedes »So wie der kleine Vogel singt«. N♂ hat sich Folgendes ausgedacht: »So wie der liebe Hubschrauber fliegt, so danken wir dem Herrn.«

Als LR♂ (4;4, ev.) sein Essen holt, sagt er zur Beobachterin: »M., es gibt nicht nur liebe Hubschrauber. Es gibt auch böse – von der Armee, und die schießen von oben.«

Einige Tage danach: Die Kinder erzählen im Morgenkreis von ihrem Wochenende. Als LR♂ an der Reihe ist, erzählt er von einer Kirche, die von Bomben kaputt gemacht wurde. (Er hatte sich mit seinen Eltern die Frauenkirche in Dresden angesehen und von ihrer Zerstörung gehört.)

Während für den einen Jungen ein Hubschrauber ein beliebtes Spielzeug darstellt, das er mit Freude und Dankbarkeit verbindet, sieht LR♂ im Hubschrauber (mit dem auch er gerne spielt) die Schrecken des Krieges und der Zerstörung.

Beim nachkritischen Symbolverständnis erfahren Symbole eine persönliche Wertschätzung sowie Bedeutung für das eigene Leben.

GW♀ (3;2, rk) sitzt an einem Herbsttag mit mehreren Kindern unterschiedlichen Alters im Weidenzelt. Sie bemalen gegenseitig ihre Gesichter mit dunkler Erde. GW♀ bemalt zunächst sich selbst mit Kreuzen, dann auch die anderen Kinder. Die Fachkraft beobachtet das Geschehen aus der Ferne. Schließlich geht sie zu den Kindern und fragt GW♀: »Was machst du? Als was schminkst du die Kinder?« GW♀ antwortet sehr bestimmt: »Ich mache Osterkreuze!«

In der Diskussion der Phasen der Entwicklung des Symbolverständnisses wird u. a. vertreten, dass diese in einer festen Reihenfolge auftreten und unumkehrbar sind. Auf dem Hintergrund der Beobachtungen und Äußerungen junger Kinder kann an einem solch starren Phasenmodell der Entwicklung des Symbolverständnisses allerdings nicht festgehalten werden. Bereits junge Kinder haben ein Wissen darum, dass nicht alles im Leben erklärbar ist. So verwenden auch sie Symbole, um das Unsagbare auszudrücken.

Des Weiteren: Da Symbole eine besondere Perspektive auf einen Gegenstand oder ein Ereignis darstellen, sind auch junge Kinder symbolfähig: Sie nehmen die ihnen eigene und individuelle Perspektive ein. Damit geben sie dem Gegenstand oder dem Ereignis eine für sie plausible Bedeutung. Es sollte einbezogen werden, dass hier ein Merkmal von Symbolen erkennbar wird: Sie erschließen sich in ihrer Tiefendimension nur innerhalb einer Gruppe – in diesem Fall den Kindern (und häufig nicht den Erwachsenen, die dazu neigen, die Symbolisierungen der Kinder abzuwerten).

Eine weitere Herausforderung besteht darin, mit Kindern christlich-religiöse Symbole zu erarbeiten, sind doch mit ihnen bestimmte Erfahrungen verbunden, die aufgrund sozialer und religiös-gläubiger Konventionen in einer bestimmten Weise gedeutet werden. (Dieses Problem stellt sich allerdings in der heutigen Gesellschaft nicht nur bei jungen Kindern; auch vielen Erwachsenen ist die Welt der christlich-religiösen Symbole nicht mehr zugänglich.)

Entwicklung von Empathie und Altruismus

Sowohl die Erkenntnisse aus der Längsschnitt-Fallstudie als auch jüngste Ergebnisse aus der Verhaltensforschung belegen, dass bereits Kleinkinder ausgesprochen hilfsbereit sind. Dies ist darin begründet, dass kindliche Erfahrung von Anfang an eine soziale Erfahrung ist. Kinder nehmen alles wahr, was um sie herum geschieht. Das Kind lernt, sich selbst in Beziehung zu anderen zu setzen und mit ihnen in Kommunikation zu treten. Es fühlt mit und erspürt, was sein Gegenüber ausmacht und diesem guttut. Schon früh ist es empathiefähig und hilft, ohne eine Gegenleistung zu erwarten – zeigt also altruistisches Verhalten.

MA♀ (1;4, ev.) nimmt wahr, dass die anderen Kinder »Deckengeist« spielen wollen. Sie läuft und holt ihnen eine Decke. Mit 1;8 Jahren bringt sie von sich aus den anderen Kindern die Stiefel zum Anziehen und ordnet sie jedem Kind richtig zu.

KF♀ (1;5, o. B.) sitzt neben C♂ (1,0) am Frühstückstisch. C♂ kommt mit seinem Frühstück nicht zurecht. KF♀ streicht ihm übers Haar und füttert ihn mit seinem Brot.

Aus christlicher-religiöser Perspektive wird empathisches und altruistisches Verhalten mit dem Begriff »Nächstenliebe« verbunden. Junge Kinder müssen diesen Bezug jedoch selbst entdecken – er lässt sich nicht über kognitive Einsicht herstellen.

CR♀(4;5, rk) findet »Tischdienst toll«. Einmal in der Woche hat sie Tischdienst: den Tisch decken, das Essen holen und nach dem Essen den Tisch abwischen. In der letzten Zeit hat sie sich wenig Mühe gegeben. Oft lagen die Bestecke am falschen Platz oder war der Tisch nicht sauber abgewischt. Die Fachkraft stellt sie zur Rede und erläutert, wie wichtig dieser Dienst sei. Alle sollen an einem sauberen Tisch essen können. Sie erzählt in Kurzfassung von Jesus, der seinen Freunden die Füße gewaschen hat. Dies sei ein besonderer und wichtiger Dienst in der damaligen Zeit gewesen. CR♀ hört interessiert zu. In der folgenden Woche betont sie wieder: »Ich finde den Tischdienst toll.« Die Fachkraft antwortet, dass es schön sei, dass sie den Dienst für die anderen gern tue, und verweist wieder auf den Dienst Jesu. CR♀, sonst äußerst rede- und diskutierfreudig, hört zwar hin, aber reagiert nicht.

Religiöse Entwicklung – geschlechtsspezifisch betrachtet

In der KiTa treffen Kinder und Erwachsene unterschiedlicher Herkunft, mit unterschiedlichen religiösen und weltanschaulichen Erfahrungen, unterschiedlichen Begabungen und Lebenskontexten zusammen. Die Frage des guten Umgangs mit dieser Differenz ist eine große Herausforderung. Sie stellt sich auch unter geschlechtsspezifischer Perspektive (→ Professionalität der pädagogischen Fachkraft). Unter dieser Perspektive lassen sich wiederum Differenzen feststellen, etwa abhängig von Kulturzugehörigkeit oder sozialem Status des Kindes und seiner Eltern. Neben einer partnerschaftlich-gleichberechtigten Sicht auf das eigene und das andere Geschlecht finden sich auch herkömmlich vermittelte Rollenmuster.

Die pädagogische Fachkraft (F) möchte beim Elternabend die Eltern fragen, was sie in Bezug auf ihr Kind gut können. Danach soll ihnen ein Zettel ihres Kindes überreicht werden, auf dem notiert wurde, was dieses auf die Frage »Was kann dein Papa, was kann deine Mama gut?« geäußert hatte.

LR♂ (4;4, ev.) antwortet, ohne nachdenken zu müssen, auf die Frage »Was kann dein Papa gut?«: »Er kann gut Bogen bauen.« F: »Kann er noch was gut?« LR♂: »Mhm.« Er denkt nach, aber es kommt keine weitere Antwort. F: »Was kann deine Mama gut?« LR♂: »Ich weiß nicht.« F: »Komm, was kann deine Mama gut?« LR♂: »Da fällt mir echt nichts ein.«

Seine Schwester SR♀ (2;4), ebenfalls allein befragt, antwortete folgendermaßen: F: »Was kann der Papa gut?« SR♀: »Der kann gut bauen. Er ist so stark, dass er L. und mich tragen kann.« F: »Und was kann die Mama gut?« SR♀: »Mama kocht gut und putzt in der Küche.«

Die mit diesen Antworten ihrer Kinder konfrontierten Eltern waren sehr überrascht. Nach dem Gespräch darüber wurden ihnen ihre Rollenvorstellungen und -erwartungen sowie die Auswirkungen auf die Kinder bewusst.

Kinder zeigen bereits durch ihr Verhalten, welche Rollenbilder und Rollenerwartungen an sie herangetragen werden. Sie müssen und wollen auf diesem Hintergrund herausfinden, wer und was sie sind, welchem Geschlecht sie angehören und was dies für sie bedeutet. Daneben wird ihnen auf vielerlei Weise vermittelt, dass sie Junge oder Mädchen sind.

GK♂ (4, rk) ist ein sehr freundlicher und überaus höflicher Junge. Er wächst mit zwei älteren Schwestern und einer dazugekommenen Stiefschwester auf. Seit einiger Zeit betont er, er sei jetzt mit »starken Männern« befreundet. Und deshalb wolle er keinen »Mädchenkram«. Sein Lieblingsspielzeug sind Autos jeglicher Art und Ausführung.

CH♂ (4, rk) beobachtet, dass ein kleines Mädchen weint. Er holt ein gleichaltriges Mädchen und fordert sie auf: »Geh du da mal hin, du verstehst sie doch besser.«

BK♂ (3;5, o. B.): Seine Lieblingsfarbe ist rosa. Bei besonderen Anlässen bittet er, dass seine Fingernägel rosa lackiert werden. Er spielt vor allem mit Mädchen und mit seinem Webrahmen. Für den Karnevalsgottesdienst zum Thema »Ich möchte ein anderer sein« verkleidet er sich als Löwe.

Auch Mädchen sind herausgefordert, sich als »Mädchen« zu verhalten. Stärker als bei Jungen hat hierbei die Kleidung eine besondere Bedeutung.

MH♀ (1;5, ev.) trägt stets auffällige Rüschenkleidchen. Sie läuft durch die Einrichtung und verkündet: »Mama anzogen.« Sie verlangt Bewunderung und fragt jede Erzieherin: »Schick?«

AN♀ (3;4, o. B.) war zunächst ein sehr wildes Kind und musste zwischendurch »zur Ruhe kommen«. Jetzt hat sie ihre Prinzessinnen-Phase.

IK♀ (3;8, rk) legt großen Wert auf ihre Kleidung. Sie will keine Hosen tragen; es muss immer ein Rock sein.

Die Vorstellung der eigenen geschlechtlichen Identität schlägt sich schließlich in der Auseinandersetzung mit religiösen Einhalten nieder. Sie findet sich vor allem in Gottesvorstellungen wieder.

Am Ende der Turnstunde: Alle legen die Hände übereinander und rufen: »Wir sind spitze!« T♀ (4) singt: »Du bist spitze, du bist genial!« Viele Kinder stimmen ein. T♀ schaut die Erzieherin (E) an und sagt: »Gott ist größer als unser Herz!« JW♂ (3;11, rk) sagt darauf: »Gott ist der größte Mann aller Zeiten! EW♀ (4;4, ev.) grinst: »Nein, Gott ist ganz klein. C♂ (5): »Er ist größer als unser Kindergarten.« E: »Und S., was denkst du?« SW♀ (5;5): »Gott ist so groß wie das Weltall und hat eine Jeans an.« JW♂: »Gott ist aus Stein. Ich habe ihn gesehen.« Alle grinsen. E: »Hast du mit ihm gesprochen?« JW♂: »Nein, er hat mich nicht gesehen. Aber ich ihn!« E: »Was hat er gemacht?« JW♂: »Er ist aus Stein und hat alle Bösen kaputt gehauen.« EW♀: »Gott hat ein Gotteskleidchen an.« Sie kichert. – Danach konzentrieren sich alle auf die Aufgabe, sich umzuziehen.

*

Die Vorstellungen und Äußerungen der Kinder unterscheiden sich deutlich: Für die Jungen ist Gott »der größte Mann aller Zeiten«, »größer als der Kindergarten«, »aus Stein« und darin voller Kraft – er kann »alle Bösen kaputt hauen«. Die Mädchen dagegen bringen unterschiedliche Bilder in das Gespräch ein. Zum einen sprechen auch sie von der Größe Gottes: »Größer als unser Herz«, »so groß wie das Weltall«, also wohl unvorstellbar groß und zugleich »ganz klein«. Zudem interessieren sie sich für seine Kleidung: Er hat »eine Jeans« oder »ein Gotteskleidchen« an. Wenn auch deutlich wird, dass die Kinder Bilder, die ihnen außen begegnet sind (religiöse Rede, Kunstbilder oder Zeichentrick) verarbeiten: Sie präsentieren individuelle und unter Geschlechterperspektive sich unterscheidende Gottesbilder. Da diese in einer Alltagssituation – nach der Turnstunde – ins Wort gebracht werden, ist überdies davon auszugehen, dass die Kinder diese Vorstellungen (zumindest in diesem Augenblick) in sich tragen.

Ähnliches zeigt sich darin, dass Mädchen eher am Aussehen Gottes interessiert sind als Jungen. Und während Mädchen sich eher auf der Beziehungsebene bewegen, sind Jungen in der Regel eher an Macht und Stärke interessiert. Beispiele:

CF♀ (2;7, orth.) fragt, ob Gott gut aussehe.

J♂ (5;8): »Gott ist ein Wolkenspringer. Der springt immer von Wolke zu Wolke. Guck mal, so.« Er macht hüpfende Bewegungen. »Ja, und Gott hat auch einen Wolkenfernseher. Damit kann der dann alles sehen und sogar mit dem Fernrohr kann der auf uns gucken. Ich glaub, wenn ich groß bin, will ich Gott werden.«

Beim Mittagessen erzählt ein Junge, sein Bruder habe etwas Schlimmes über Gott gesagt. Die Kinder empören sich. Ein Mädchen (5) sagt: »Man beschimpft Gott nicht. Man kann auch mal auf ihn sauer sein. Und das sagt man ihm dann auch so.«

H♂ (4;5, musl.) erzählt beim Mittagessen: »Weißt du, was ich letztens geträumt habe? Allah hat mich vor einem großen Löwen beschützt. Der hat mich vor einem gefährlichen Löwen beschützt.« Dann isst er weiter.

EW♀ (4;4, rk) ist fest davon überzeugt, dass man Gott »alle Geheimnisse erzählen« kann.

Religiöse Entwicklung – ein individueller Prozess

Religiöse Entwicklung ist als ein individueller Prozess zu betrachten. Da jedes Kind in seinen ersten Lebensjahren eine subjektive und bilderreiche Wirklichkeit konstruiert, werden auch religiöse Themen und Inhalte in diese Wirklichkeit integriert. Diese Verknüpfung von vorhandenen Erfahrungen, Vorstellungen und Denkmustern erfolgt unbeschadet des Zeitpunktes, von dem an das Kind ausdrücklich und bewusst mit Religion und Religiosität konfrontiert wird.

Je reichhaltiger die Anregungen und Angebote sind, die das Kind aus seiner Umwelt erhält und für sich verarbeitet, desto bunter und farbiger wird in der Regel auch seine religiöse Welt werden. Dies bedeutet, dass herkömmliche Stufenmodelle religiöser Entwicklung nur sehr bedingt helfen, die Art und Weise der individuellen Entwicklung des einzelnen Kindes zu verstehen. Vorrangig und zuerst wird es die unvoreingenommene Beobachtung und die interessierte Resonanz sein (→ Professionalität der Fachkraft), die ein Verständnis für die Religiosität des Kindes ermöglicht. Beispiele aus der Längsschnitt-Fallstudie wie das folgende zeigen, dass sich dann manch Überraschendes auftut.

PM♂ (6, rk) sitzt am Maltisch und malt einen Dino. »Entweder gibt es Wissenschaft oder Kirche, beides zusammen geht nicht.« Erzieherin (E): »Warum nicht?« PM♂: »Weil es nicht geht! Viel von dem, was die da erzählen, stimmt nicht. Adam und Eva gab es nicht – Dinos! Ich entscheide mich für die Wissenschaft, da stimmt alles, man kann alles erforschen.« E: »Glaubst du, dass es Gott gibt?« PM♂: »Klar, natürlich gibt es Gott. Obwohl, vielleicht kann man auch nicht wissen.« »Kirche ist langweilig, man muss immer leise sein. Ich muss immer da hingehen. Auch meine Geschwister mögen keine Kirche. Einmal hat der Pastor ein schlimmes Wort gesagt, das war gut. Ein Heiliger hat das Wort ›Schlangenbrut‹ gesagt. Das fand ich lustig – so ein Wort, das war cool!«

Zum Weiterlesen

- Blankenberg, Markus / Aksu, Fuat: Kognitive Entwicklung, in: Beudels, Wolfgang u. a. (Hg.): Bildungsbuch Kindergarten. Erziehen, Bilden und Fördern im Elementarbereich, Basel u. a. 2010, 87–96.
- Habringer-Hagleitner, Silvia: Religiöses Lernen mit Mädchen und Jungen. Beobachtungs- und Reflexionsfragen für eine geschlechtergerechte Religionspädagogik in Kindertageseinrichtungen, in: Pithan, Annebelle u. a. (Hg.): Gender. Bildung. Religion. Beiträge zu einer Religionspädagogik der Vielfalt, Gütersloh 2009, 388–393.
- Korte, Martin: Wie Kinder heute lernen. Was die Wissenschaft über das kindliche Gehirn weiß, München [3]2009.
- Pfeffer, Simone: Sozial-emotionale Entwicklung fördern. Wie Kinder in Gemeinschaft stark werden, Freiburg i. Br. 2012.
- Schweitzer, Friedrich: Lebensgeschichte und Religion. Religiöse Entwicklung und Erziehung im Kindes- und Jugendalter, Gütersloh [7]2010.

Kindliche Religiosität und Spiritualität

Das Kind entwickelt selbst – im Kontext seiner Lebensbedingungen und seiner sozialen sowie materialen Beziehungen – seine individuelle Spiritualität und Religiosität.

Zur Erinnerung: Mit »Religiosität« wird das subjektive Gefühl und die Innerlichkeit von Religion bezeichnet. Sie ist eine ganz persönliche und individuelle Sinnressource, biographisch und kulturell geprägt. Somit ist auch jedes Kind auf seine eigene Weise »religiös«, entwickelt seine eigene Spiritualität. Jedes Kind ist ausgerichtet auf ein sinnvolles und erfülltes Leben (→ Was ist Spiritualität?).

Daher gibt es auch nicht »die« kindliche Religiosität oder Spiritualität. Es lassen sich jedoch einige Grundzüge aufzeigen, die diese in der Regel prägen und bestimmen. Sie gelten für jede Ausprägung von Religiosität und Spiritualität, auch die erwachsener Menschen, sind aber in besonderer Weise bei Kindern zu beobachten.

Eine sinnliche Religiosität

Religiosität speist sich aus vielfältigen Formen der Wahrnehmung und des Ausdrucks. Neben dem Hören gehören dazu das Sehen, Riechen, Schmecken und Tasten – und ein Sinn für das, was sich hinter allem verbirgt und zu erahnen ist, das Unendliche. Zugleich zeigt die Erfahrung: Nicht alles, was gehört, gesehen, gerochen, geschmeckt, gefühlt, erahnt wird, lässt sich in Worten ausdrücken. Doch worüber man nicht reden kann, darüber kann man singen, malen, gestalten und vieles mehr. Und letztlich kennt religiöse Wahrnehmung auch die Stille und das Schweigen.

Die gesprochene Sprache scheint in der Wahrnehmung Erwachsener Basis und Schlüssel zwischenmenschlicher wie religiöser Kommunikation zu sein. Kleinkinder verfügen jedoch über ein weitaus größeres Spektrum von Kommunikationsressourcen. So nutzt das Kleinkind seine (bereits intrauterin entwickelten) Körpersinne, insbesondere den Geruchssinn, um Kontakt zu seiner Umwelt aufzunehmen. So nimmt es seine soziale und materiale Lebenswelt nicht nur mit den Augen, sondern auch mit dem Tastsinn, dem Geruchssinn, den Geschmacksknospen – und letztlich mit dem ganzen Körper wahr. Über diese Sinnes-Erfahrungen sammelt das Kind Wirklichkeits-Erfahrungen. Es entwickelt innere Bilder von dieser subjektiv erlebten Wirklichkeit mit ihrer persönlichen Bedeutung. Der Geruch einer geliebten Person, das Spüren körperlicher Nähe, der Klang und Rhythmus eines Liedes, der Duft von Weihnachten, die Leichtigkeit einer Feder – all dies lässt Sinn entstehen, der kaum in Worten zu erläutern ist (auch dann nicht, wenn das Kind die gesprochene Sprache beherrscht).

Für AE♀ (3;7, rk) ist beispielsweise der Sandkasten ein Bildungsort zur Selbsterfahrung. Ausdauernd beschäftigt sie sich hier mit ihren Sinnen. Während die anderen Kinder wild auf dem Spielplatz spielen, sitzt AE♀ barfuß im Sandkasten. Sie hat einen Plastiklöffel in der Hand, füllt ihn mit Sand und lässt immer und immer wieder ganz langsam den Sand auf Arme und Beine rieseln. Ab und zu schüttet sie den Sand auch auf den Arm der Fachkraft. Sie beobachtet dies lange (etwa 15 Minuten) und ganz konzentriert. Zwischendurch lacht sie und sagt: »Das kitzelt!« AE♀ streicht ab und an auch über den Staub auf ihrem Arm, den der Sand hinterlässt.

Über ihre Naturverbundenheit tritt das Mädchen auf ihre ganz eigene Weise mit der Welt in Kontakt. Sie baut einen Bauernhof und bringt Tannenzapfen mit in den Kindergarten. Sie dreht und wendet Steine, um diese fühlend zu erkunden. Sie unterhält sich mit Tieren (Handpuppen und Kuscheltieren) und fühlt sich mit ihnen verbunden. So etwa mit Emil, dem Schäfchen, das vom Palmsonntag erzählt: »Kommt er wieder und darf ich mit ihm spielen?«

Auf diese Weise findet sich das Kind – im besten Fall – in einer ihm freundlich begegnenden Welt wieder. Im ungünstigsten Fall kann es jedoch auch zu angstmachenden, einengenden Erfahrungen kommen, auf Grund derer das Kind seine Welt als feindlich bewertet.

AN♀ (3;4 bis 4, o. B.) erlebt zurzeit in der Familie viel Stress und den Trennungsstreit der Eltern. Sie spürt vor allem, wie sehr ihre Mutter unter dieser Situation leidet. So zieht sie sich gänzlich zurück, beteiligt sich nicht mehr am Spiel der anderen Kinder oder verhält sich zeitweise aggressiv.

Dennoch kann sie ganz in Geschichten eintauchen, die visuell mit dem Kamishibai-Theater in Kombination mit Holzfiguren erzählt und erarbeitet werden. Bereits vor der Wiederholung der Erzählung zu Franz von Assisi nimmt sie die vorbereiteten Figuren, Bäume sowie Bauteile für eine Stadt und stellt sie in der Gesprächsecke auf. Konzentriert hört AN♀ zu, als die Erzieherin gemeinsam mit den Kindern die Geschichte nacherzählt. Als von Franz die Rede ist, nimmt sie die männliche Holzfigur und stellt sie mitten in die Stadt. Zweimal meldet sie sich zu Wort. Als von der Trennung des Franziskus von seinem Vater erzählt wird, sagt sie: »Der ist doch alleine!« Zur bildlichen Darstellung des Franziskus mit Vögeln meint sie, dass die Vögel »wunderschön« seien.

Eine emotionale Religiosität

Es gibt kein menschliches Verhalten, an dem nicht Emotionen beteiligt sind. Wissensbestände werden dann langfristig im Gedächtnis gespeichert, wenn sie emotional bearbeitet werden. Emotionale Wahrnehmung wird in alltäglichen Beziehungserfahrungen »gebildet«.

Kinder zeigen diese emotionale Dimension explizit in ihrem religiösen Ausdrucksverhalten.

Während einer religionspädagogischen Einheit kommen die Kinder zu dem Schluss, dass Jesus in der Kerze ist. NI♀ (4;4, rk) fügt hinzu: »Jesus ist in der Kirche und ich hab ihn mal auf dem Friedhof gesehen. L♀ (4) erzählt: »P., meine Schwester, hat ein Herz aus Bügelperlen zum Friedhof gebracht.« NI♀ erzählt, dass sie den Friedhof kennt, aber noch keiner (aus ihrer Familie) gestorben ist. Das Gespräch wird auf Allerheiligen gelenkt – den Tag, an dem wir an die Menschen denken, die gestorben sind. Die Kinder gestalten mit Transparentpapier ein buntes Kerzenglas. NI♀: »Ich kann das ja auf die Toten stellen.« L♀ möchte es gern zum Grab von Oma und Opa bringen. Es wird ein Zeitpunkt vereinbart, wann alle zusammen zum Friedhof gehen. Das Gespräch entwickelt sich weiter und alle fragen sich: »Wie sieht es denn im Himmel bei den Toten aus? Wie stelle ich mir den Himmel vor?« NI♀: »Ich möchte einen Garten haben und in einem Schloss wohnen, dann können alle zu mir kommen und keiner muss traurig sein.« L♀: »Ich komme dann mit dem Heißluftballon hochgeflogen und besuche dich.«

*

Die Beobachtung zeigt ein phantasievolles und sensibles Kind, das die emotionale Ebene bei anderen Kindern und Erwachsenen berühren kann. Sehr empathisch ist die Vorstellung von »seinem Himmel«. Es selbst hat noch keine Trauererfahrungen gemacht, weiß jedoch um die Traurigkeit, die diese mit sich bringen. Deshalb denkt es an diejenigen, die es zurücklassen würde, wenn es stirbt. In seiner Vorstellung wird im Leben nach dem Tod erneut körperliche Nähe hergestellt, die alle Traurigkeit wegnimmt. Das Kind ist die einladende Person, die ihre Türen für die Beziehung zu ihren Lieben offenhalten will. Die Gesprächspartnerin hingegen ist eine Realistin: Sie stirbt nicht, sondern geht ihre eigenen Wege in den Himmel.

Religiosität in hundert Sprachen

Jedes Kind hat seine persönliche Religiosität, die es in seinem Innern entwickelt und in vielen individuellen Sprachen äußert (→ Was ist Religiosität?). So erlebt und artikuliert das Kind Religiosität beispielsweise auf sensomotorische Weise. Es greift und be-greift die Welt und entwickelt aus dieser Erfahrung Ausdrucksformen und Handlungsmuster. Es verständigt sich mit Mimik und Gestik, mit unterschiedlichsten Lauten oder Worten; es setzt alle körperlichen Möglichkeiten ein – die »hundert Sprachen der Kinder«. Schon bei sehr jungen Kindern zeigt sich das Bestreben, den so gewonnenen Erfahrungsschatz anderen mitzuteilen und zu vermitteln.

O♂ (1;4) weint in der Puppenecke. Er sitzt in der Spielkiste und kommt nicht allein heraus. Die Fachkraft geht hin und tröstet das Kind. IK♀ (3,3; rk) kommt unverzüglich hinterher und erkundigt sich, warum das Kind weint. Die Fachkraft erklärt es ihr. IK♀ nimmt mit betroffenem Gesicht Anteil. Sie holt ein Spielzeughandy und »fotografiert« die neue Situation: die Fachkraft mit O♂ auf dem Schoß. Dann geht sie zu O♂, zeigt ihm das Bild und sagt: »Ist doch wieder gut!« Danach geht sie mit dem Handy weg.

*

Das Mädchen zeigt sich sehr aufmerksam und empathisch. Sie selbst kennt solche Situationen, in denen sie verzweifelt und traurig ist, und hat erfahren, dass körperliche Nähe (insbesondere das Sitzen auf dem Schoß der Erzieherin) alles wieder gut machen kann. Dies möchte sie dem Kleinkind durch das fotografische Festhalten der Situation spiegeln.

Rollenspiel

Wie die Welt (und alles darüber hinaus) funktioniert, erklärt sich das Kind zuerst einmal und vorrangig in seiner Vorstellung. Dabei hilft das Rollenspiel, die Vorstellungswelt zu vergegenwärtigen. Die gespielte Welt entspricht jedoch nicht zwangsläufig der vorgefundenen Realität. Vielmehr gestaltet das Kind die Welt um, »macht sie neu« und bewältigt so auch Hindernisse und überwindet Grenzen.

Während einer Hospitation der Beobachterin im Kindergarten spielen JW♂ (5;11, rk) und SW♀ (5;5, rk) in einem Nebenraum. Sie haben eine blaue Matte auf den Boden gelegt und springen immer wieder mit wilden Gesten und Rufen hinein. Dabei sind sie Fische, die in das Meer hineintauchen. Die Beobachterin zieht die Schuhe aus, stellt sich neben sie, fragt, wie man das macht, und springt auch. Beide halten inne und schauen sie perplex an. SW♀ ruft: »Das ist nicht das echte Meer, weißt du? Wir tun nur so ...!«

Die folgende Beobachtung eines Mädchens in einer äußerst schwierigen Familiensituation zeigt exemplarisch die existenzielle Bedeutung des Rollenspiels auf. Mit ihrem Spiel, in dem sie ihre persönliche Lebenssituation bearbeitet, stößt das Mädchen allerdings zunächst auf das Unverständnis der anderen Kinder und bleibt außen vor. Erst als sich ein weiteres Mädchen auf ihr Spiel einlässt, verändert sich die Situation und auch die Ausrichtung des Rollenspiels.

AA♀ (3;8, o. B.) wandert durch den Raum und fragt andere Mädchen: »Bist du meine Mama?« Immer wieder wird dies verneint. Später steht AA♀ allein in der Spielecke am Brillengeschäft. Sie nimmt sich das Telefon: »Hallo Mama!« S♂ (4;5) kommt dazu. AA♀: »Bist du meine Mama?« S♂ benutzt die Brillen und sagt: »Nein!« AA♀ flüstert ins Telefon: » Ja, Mama ist schon gut, ich komme ja.« Sie steht auf, um am Frühstückstisch ein Stück Apfel zu essen. In diesem Moment gehen S♂ und S♀ (4;3) zum Brillengeschäft. AA♀ geht zurück und sagt zu den beiden: »Ich bin die Mutter, du musst mich anrufen.« Keines der Kinder reagiert. Zwei weitere Kinder kommen dazu und es entsteht ein Verkaufsgespräch unter den vier Kindern. AA♀ geht einen großen Schritt zurück und beobachtet das Spiel. Endlich interessiert sich V♀ (4;5) für sie und drückt ihr zwei Puppen in die Hand. V♀: »Die brauchen Salbe!« AA♀ drückt sich die Puppen an die Brust und schaut besorgt zu ihnen hinunter. Sie legt die Puppen in das Bettchen und deckt sie zu. Dann nimmt sie eine andere nackte Puppe und zieht diese an. AA♀: »Ich bin deine Mutter!« Sie dreht sich zur Erzieherin: »Die will gleich schlafen, die ist krank und muss zum Arzt.« Sie legt die Puppe auf die Couch und sagt: »Jetzt kommt der Krankenwagen.«

Rituale

Kinder entdecken schnell und wissen, was ihnen für ihr Leben guttut. Sie integrieren Erlebtes in den Alltag, reflektieren es und machen sich die Erfahrungen zu Eigen. Sie rufen sich gefundene Deutungen in Erinnerung und entwickeln eigenständig Rituale, in denen sie ihre Erfahrungen wieder lebendig werden lassen. Daraus entstehen Orientierung und Sicherheit. Dies wirkt entlastend und macht frei für die Bewältigung neuer Herausforderungen.

So haben TO♂ (3, rk) und sein Freund FN♂ (3;5, o. B.) ein Begrüßungsritual entwickelt, das sie durch den Tag trägt. Kommt einer der beiden in die KiTa, ruft er schon im Eingangsbereich »Hallo – bist du da?« Sofort eilt der andere herbei und die beiden umarmen sich fest und herzlich. – Bleibt das Begrüßungsritual aus, weil einer der beiden Jungen krank ist, ist der Tag für den anderen meist durch Querschläge geprägt. Insbesondere TO♂ verschließt sich dann regelmäßig vor religiösen Impulsen.

Rituale schaffen Struktur und Klarheit. Besonders Kinder mit einem ausgeprägten Sinn für Ordnung und Gerechtigkeit nutzen Rituale und fordern sie ein. Feste Strukturen und Regeln sind ihnen wichtig. Auch das Gebet kann einen Rahmen und Sicherheit geben – etwa für den Stuhlkreis oder das gemeinsame Essen. Hinzu kommt die Gemeinschaftserfahrung in ihrer bestärkenden und wohltuenden Wirkung.

RN♂ (3;5, rk) ist bei religiösen Einheiten stets voll bei der Sache, äußert sich jedoch eher selten. Eines Tages hält er die anderen Kinder, die nach einem Sitzkreis zur Kindersegnung aufspringen und rausgehen wollen, auf: »Das geht nicht, wir sollen erst beten!« Zwei Tage später meldet er sich im Sitzkreis und möchte eine den Kindern bekannte »Dankesrakete an Gott« steigen lassen. Eine Woche später sagt er spontan ein Tischgebet auf, als die Gruppe gemeinsam zubereitetes Kartoffelpüree essen möchte.

Malen und Gestalten

Die Religiosität eines jeden Kindes hat eine individuelle Ausprägung; diese äußert sich häufig in kreativen Schaffensprozessen. Im Malen und Gestalten werden konkrete und aktuelle Erfahrungen mit Imaginationen in Verbindung gebracht. Daran reflektiert das Kind sich und sein Leben und gibt seinen Erfahrungen wie den Wünschen und Träumen Form und Gestalt.

SE♀ (5, o. B.) malt ein Bild. Sie ist der Auffassung, sie müsse noch Sterne und eine »5« üben. Sie malt sich selbst, Sterne, links die

»5« und rechts viele Zahlen und wilde Muster. Sie bittet die Fachkraft, ihr Bild zu beschriften: »Ich muss noch eine 5 lernen!« – »Ich muss noch einen Stern üben!« – »Ich bin jetzt eine Erzieherin!« – »Das ist meine Überwachungskamera, damit mein Stern nicht geklaut wird.« – »Geheimcode S wie SE.«

JW♂ (3;10, rk) sitzt am Maltisch und malt mehrere Engel auf ein kleines Stück Papier. Er erklärt, für wen sie sein sollen, und bittet die Erzieherin, unter jeden das Wort »Schutzengel« zu schreiben. Einer der Engel ist für seine Erzieherin: »Dem male ich einen Zacken an den Flügel. Damit kann er dich dann beschützen. Den kann er ausfahren, wenn es gefährlich wird.«

Die Bilder der Kinder zeigen, dass sie die Welt in ihrer Symbolhaftigkeit wahrnehmen. Eigentliche Paradoxien wie gleichzeitige Nähe und Distanz bereiten ihnen keine Schwierigkeiten. Dieses Phänomen äußert sich auch in den gestalterischen Symbolisierungen der Umwelt in Gesten, Gebärden oder Spielformen, in die sie alle Sinne, Empfindungen und Gefühle einbeziehen und ausdrücken.

An einem »Spielzeug-macht-Ferien-Tag« in der KiTa spielen MI♂ (2;4, rk), TM♂ (2;7, rk) und TS♂ (2;5, rk) im Piratenschiff, das für die Karnevalszeit erstellt wurde. Es wird gesegelt, Essen gekocht und gegessen. TS♂ fällt ein, dass alle schlafen müssen, und richtet sich selbst auf einem Spielpodest neben dem Schiff ein Bett aus Tüchern her. Das Podest steht neben dem Fenster. MI♂ und TS♂ machen es ihm nach.

MI♂: »Kannst du was sehen?«
TS♂: »Piraten, Piratenschiff, Säbel, Piratenflagge!«
MI♂: »Ich Himmel.«
Fachkraft: »Bist du im Himmel?«
MI♂: »Ja, Himmel.«
Fachkraft: »Wie bist du in den Himmel gekommen?«
MI♂: »Mit dem Hubschrauber.«
TS♂: »Ich mit Leiter!«
TM♂: »Ich mit dem Radlader. Mit dem Schaufelbagger.«

Fachkraft: »TM, was hast du im Himmel gesehen?«
TM♂: »Bagger, Schaufelbagger, Radlader.«
MI♂: »Piraten, Geschenke, ganz viele.«
TS♂: »Nikolaus.«
Fachkraft: »Hast du noch jemanden gesehen?«
TS♂: »Martin.«
Fachkraft: »Was hat Martin im Himmel gemacht?«
TS♂ zuckt mit den Schultern
Fachkraft: »Ich war noch nie im Himmel. Ich weiß nicht, wie ich dorthin komme.«
TS♂: »Mit Leiter.«

*

Kommunikationsprobleme zwischen jungen Kindern und Erwachsenen entstehen u. a. durch die andere Art der kindlichen Wahrnehmung und damit verbunden durch die andere Form ihres Ausdrucks. In obigem Beispiel wird dies an der Verwendung des Begriffs »Himmel« besonders deutlich: Er umfasst für die beobachteten Jungen unterschiedliche Dimensionen und Fragestellungen. Sie verknüpfen Konkretes (Möglichkeit, in den Himmel – nach oben – zu kommen, mit Transport- und Hilfsmitteln unterschiedlicher Art) mit Beziehungserfahrungen (Heilige, ihr Brauchtum und damit verbundene Erfahrungen).

Kindliche Spiritualität

Was meint »kindliche Spiritualität« bzw. »Spiritualität der Kindheit«? Eine allgemein anerkannte Definition findet sich nicht. Dies ist auch darin begründet, dass in den letzten Jahrzehnten dazu international aus unterschiedlichen Perspektiven geforscht wurde. Seit den 1990er-Jahren arbeiten Forscher/innen zu dieser Frage mit einer Vielzahl von Methoden und Ansätzen. Darin gelangen alle zu der Erkenntnis, dass »Spiritualität« in nahezu allen Kinderleben vorkommt.

Spiritualität ist – ganz allgemein verstanden – eine Ahnung davon, dass das Leben »mehr« ist: Es gibt Dinge und Ereignisse, die sich nicht erklären lassen. Nicht alles lässt sich messen oder be-greifen. Manches berührt das Sakrale, das »Heilige«. Kinder spüren und erahnen dies; sie bringen es wissentlich oder unwissentlich zum Ausdruck. Sie finden

Bilder oder Wort-Schöpfungen, die für ihre persönliche Spiritualität charakteristisch sind. Ihre Handlungen, ihre Gefühle und ihre Gedanken werden von ihrer spirituellen Grundhaltung bestimmt.

Die dem Kind eigene Spiritualität stellt eine wichtige Ressource dar. Wesentlich dabei ist das »Beziehungsbewusstsein«: die Fähigkeit des Kindes, sich selbst in seinem Verhältnis zu anderen, zu sich selbst, zur Umwelt und dem großen Ganzen (christlich gesprochen Gott) zu sehen.

Im Kindergarten hat sich MD♀ (4;4, rk) mit ihrer Freundin N♀ zerstritten und fühlt sich nun einsam. Zu Hause wandert sie durch den Garten und pflückt Blumen. Sie läuft von Blume zu Blume und erzählt ihre Geschichte. Nachdenklich schaut sie ihren Blumenstrauß an: »Wollt ihr meine Freundinnen sein?« – MD♀ geht zu ihrem Vater, um ihn nach einer Vase zu fragen. Gemeinsam füllen die beiden die Vase mit Wasser und stellen die Blumen hinein. Mit einem Seufzen stellt MD♀ fest: »Jetzt geht's mir besser. Ich habe viele Freundinnen und morgen frage ich N., ob sie wieder meine Freundin sein will.«

*

Das Verhalten des Mädchens zeigt, wie sie Erfahrenes mit Bildern und Bewegung verknüpft. Sie »geht« ihm im wahrsten Sinn des Wortes nach. Über den Austausch mit den Blumen und das Pflücken der Blumen (!) gestaltet sie eine Beziehung zu dem sie belastenden Ereignis und zu sich selbst. Dies hilft ihr, mit sich und ihrer Situation zurechtzukommen. Ein solches Nachdenken über sich selbst oder über Erfahrungen führt zu persönlichen Antworten. Diese wiederum können Handlungsmöglichkeiten eröffnen und die Situation klären.

Die individuelle Spiritualität eines jeden Kindes zeigt sich als eine Bewegung von innen nach außen. Sie ist somit stark – weil im Inneren entwickelt –, jedoch ebenso verletzlich und Missverständnissen ausgesetzt, weil Außenstehende den inneren Prozess nicht kennen.

Das »Beziehungsbewusstsein« jedes Kindes zeigt sich auf individuelle Weise in vier Ausprägungen: Das Kind entwickelt Beziehung zu sich selbst, zur Welt, zu anderen Menschen und zu »Gott«. Diese Beziehungsformen können von Kind zu Kind in unterschiedlichen Phasen auftreten und unterschiedlich stark ausgeprägt sein. Auch die Reihenfolge, in der diese Beziehungen aufgenommen und gestaltet werden, ist unterschiedlich. Zudem sind alle Beziehungsformen als gleichwertig zu betrachten.

»Kind-Gott-Bewusstsein«

Kinder begegnen in unserer Gesellschaft Religion auf vielfältige Weise. So begegnen sie auch dem, was in den Religionen »Gott« genannt wird. Sie greifen dieses Wort und die Rede davon auf, geben religiöse Inhalte wieder. Dabei ist jedoch zu bedenken, dass dieses Erzählen von Gott auf unterschiedliche Weise und in unterschiedlicher Intensität erfolgen kann. Es ist durchaus möglich, dass Kinder von Gott oder anderen religiösen Inhalten erzählen, ohne innerlich beteiligt zu sein. Sie können über religiöse Belange sprechen, ohne sie zu sich selbst in Beziehung zu setzen. Es muss somit ausgelotet werden, ob Kinder lediglich äußerlich angeeignete religiöse Informationen wiedergeben oder ob ihre Aussagen auch mit persönlicher Bedeutung gefüllt sind (→ Professionelle Wahrnehmung und Verlangsamung).

Die Gruppe gestaltet die Begrüßung der Neuen. Jedes Kind legt ein Teelicht und einen Edelstein in ein Haus aus Tüchern. Die Erzieherin: »In unserem Haus fehlt noch jemand. Wer ist noch immer bei uns?« Darauf sagt E♀ (3;11): »Jesus natürlich!«

Junge Kinder können sehr gut einschätzen, ob von ihnen lediglich eine bestimmte Antwort erwartet wird oder ihre freie (nicht von Erwartungen bestimmte) Äußerung möglich ist. Ebenso zeigen sie, wenn sie für religiöse Inhalte offen und bereit sind, sich diese anzueignen und zu bearbeiten. Dies wird beispielsweise dann deutlich, wenn Kinder das Thema »Gott« ohne offensichtlichen Impuls von außen in eine Alltagssituation einbringen.

Am Mittagstisch sitzen fünf Kinder – die beobachtende Erzieherin befindet sich im Nebenraum. CF♀ (2;7, orth.) tönt plötzlich laut über die Essensgeräusche und das Geplapper der anderen Kinder: »Gott ist lieb! Gott sieht gut aus!« M♂ (5): »Gott sieht gar nicht gut aus!« CF♀ ruft entrüstet und zugleich ängstlich: »Frau R., sieht Gott gut aus?« Erzieherin: »Ich glaube auch, dass Gott gut aussieht!« CF♀ mustert Frau R. einige Sekunden. Erst als sie sich sicher ist, dass deren Antwort ernst gemeint ist, wendet sie sich wieder ihrem Mittagessen zu.

Gut aussehen, Schönheit, hat offensichtlich in CFs Leben eine sehr große Bedeutung. Ein wichtiger Maßstab für Freundschaft ist für sie Schönsein. Eine Beziehung zu Gott, die sich das Kind wünscht, kommt also nur in Frage, wenn dieser auch »gut aussieht«.

»Kind-(Mit-)Mensch-Bewusstsein«

Kindliche Äußerungen zu religiösen Phänomenen, wie beispielsweise Himmels- oder Gottesvorstellungen, können deren Wünsche nach Beziehungen zu anderen Menschen spiegeln. Auch wenn Gott für die Kinder eine wichtige Rolle spielt, ist das wirklich Wichtige im Leben die Beziehung zum konkreten Gegenüber. Andererseits können Kinder in den Erfahrungen mit geliebten Menschen, insbesondere in der Erfahrung des Teilens von Zeit und Dingen, Gott in ihrem Leben erahnen oder entdecken. Dieses sog. Kind-(Mit)Mensch-Bewusstsein ist für Kinder gut zugänglich, da sich ein Großteil ihres Interesses auf ihre soziale Umwelt ausrichtet. Das Potenzial dieser Form der Bewusstheit liegt darin, dass Kinder in ihren zwischenmenschlichen Beziehungen die ihnen eigene Spiritualität entwickeln.

S♀ (1) frühstückt in der Eingewöhnungsphase mit der pädagogischen Fachkraft. MI♂ (2;7, rk) schaut S♀ von allen Seiten gründlich an und sagt zu ihr: »Warum hast du so kleine Augen?« S♀ lächelt MI♂ von der Seite an. – MI♂: »Warum hast du so einen kleinen Mund?« S♀ antwortet nicht, lächelt wieder.

Fachkraft: »Magst Du S.?« MI♂: »Ja!«

Nach dem Frühstück beschäftigt sich S♀ mit Steckerchen und einem Steckbrett. MI♂ folgt ihr auf Schritt und Tritt. Er holt sich auch ein Steckbrett, fängt an zu stecken, gibt dann aber S♀ Steckerchen und unterstützt sie bei ihrer Arbeit. S♀ steckt circa 15

Minuten. Dann geht sie in die Puppenwohnung und spielt dort wortlos mit der Fachkraft: Puppen ausziehen, Tisch decken, Essen kochen usw. MI♂ sitzt dabei und schaut S♀ an. Als S♀ nach Hause geht, fragt MI♂: »Kommt S. wieder?«

Am nächsten und auch am dritten Morgen spielt sich die gleiche Szene ab. Dann fragt MI♂: »Kann ich Sophies Bauer werden?« Die Fachkraft fragt ihn, ob er S♀ nach den Sommerferien zusammen mit einem Vorschulkind als Patenkind begleiten möchte. Er erklärt sich stolz mit der wichtigen Rolle einverstanden.

*

Der hier beobachtete Junge ist sowohl in seiner Familie als auch in der KiTa (bisher) der Jüngste und Kleinste. Nun gestaltet er eine Beziehungsebene, die seine Situation eindrücklich verändert. Er geht ganz in der Begegnung mit dem kleinen Mädchen auf, weil sie Klein-Sein sowie seine persönlichen Erfahrungen damit widerspiegelt. So ist er nach kürzester Zeit bereit, mit ihr eine langfristige Bindung einzugehen und Verantwortung für sie zu übernehmen. Dies drückt er mit dem Begriff »Bauer« aus, mit dem er eine Fülle von für ihn spirituell bedeutsamen Erfahrungen verbindet. Er möchte sich mit etwas verbinden, das mehr als »nur ich« ist. Die Fachkraft entdeckt in seiner Frage den Hinweis auf seine spirituell motivierte Deutung der umsorgenden Aufgaben des Bauers; diese hatte er erst kürzlich mit dem Handeln des biblischen Noah in Verbindung gebracht.

»Kind-Welt-Kontext«

Das Kind kann Spiritualität durch seinen Sinn für die Beziehung zur natürlichen Welt entwickeln und leben. Für Kinder kann dieser Bezug zur Natur der Schwerpunkt ihrer Spiritualität sein. Sie entdecken die »Heiligkeit« (in) der Natur und machen in der Auseinandersetzung mit dieser sakrale Erfahrungen: So sinnen sie beispielsweise dem Geheimnis nach, wie, aus was und von wem Wolken gemacht werden. Dass sich hinter diesen Fragen »mehr« als ein naturkundliches Interesse verbirgt, bringen Kinder jedoch meist nur verschlüsselt zum Ausdruck. Hilfreich für das Entdecken der spirituellen Dimension in sich selbst ist die Erfahrung mit anderen Kindern. Im Austausch über ihre gemeinsamen

Wahrnehmungen und Deutungen, das Staunen über die Welt und ihre Geheimnisse wächst der Sinn für das »in der Welt sein«.

Ein Beispiel hierfür ist die folgende Beobachtung. Lange Zeit lag das Interesse des Mädchens ausschließlich bei der eigenen Person. Nun beginnt es in Gemeinschaft mit einem anderen Mädchen aus sich herauszutreten und die Welt zu entdecken.

*

Die ganze KiTa-Gruppe macht sich auf den Weg zur Kirche, um dort im Rahmen der Beschäftigung mit den »Perlen des Glaubens« die Wüstenperle zu entdecken. Auf dem Weg dorthin gehen SW♀ (5, rk) und E♀ (5;5) hinter ihrer Erzieherin. Die beiden Mädchen beginnen fröhlich zu lachen und zu juchzen.

SW♀ voller Fröhlichkeit: »Die Sonne scheint!«
E♀: »Ja, und die Blumen blühen!«
SW♀: »Da ist ein Löwenzahn. (Sie zeigt darauf.) Und da – noch einer. Und noch einer!« Sie steigert sich immer mehr hinein.
E♀: »Und da – Schneeglöckchen und Osterglocken!«
SW♀ strahlt: »Da oben ist ein Vogelnest. HEUTE ist ein schöööner Tag!«
Nach dem Besuch der Kirche, gleiche Reihenfolge der Kinder.
SW♀: »Es ist wunderschön draußen, und so warm!«
Sie stimmt das Lied »Ein schöner Tag« an, E♀ und auch andere Kinder singen mit.

»Kind-Selbst-Bewusstheit«

Kinder haben ein Gefühl von der Beziehung zu sich selbst und wissen um ihre reiche innere Bilderwelt. Diese bildet eine Brücke zu weiteren spirituellen Erfahrungen. Von Beobachterinnen werden sie häufig nur dann wahrgenommen und als solche erkannt, wenn sie im »traditionellen« Sinne eingeordnet werden können – wie etwa ein Gebet oder das Singen religiöser Lieder. Allerdings zeigt sich kindliche Spiritualität auch in sehr individuellen Formen, die ihren Eigenwert besitzen.

Auf die Frage der Erzieherin, was sie einmal werden möchte, antwortet C♀ (5;2): »C♀!«

Mit Stolz sie selbst sein dürfen: Das wünscht sich das Mädchen, das seit dem Ankommen in der KiTa nach körperlicher Nähe sucht. Diese wird ihr von ihrer distanzierten Mutter häufig verweigert. Immer wieder umarmt C♀ sich selbst und findet Trost und Stütze in der Kindersegnung. In unterschiedlichen Situationen greift sie im Alltag nach dem Bilderbuch »Jesus segnet die Kinder«.

Spiritualität der »Kindergarten-Kindheit«

Kinder im Kindergartenalter äußern ihre eigene und individuelle Spiritualität häufig nonverbal. Sie suchen nach interessierter Resonanz und brauchen deshalb ein spiritualitätssensibles Gegenüber (→ Professionelle Wahrnehmung und Verlangsamung).

MS♂ (3, rk) nimmt sich eine Kinderbibel und geht damit zur Fachkraft. Diese ist gerade mit einer Dokumentation beschäftigt. MS♂ legt das Buch auf den Tisch und setzt sich neben sie. Er schaut sie an, sie schaut zurück. Er lächelt, sie lächelt. Er schlägt die Bibel auf und zeigt auf ein Bild. Die Fachkraft erzählt kurz die dazugehörige Geschichte aus dem Alten Testament. Er schlägt die nächste Seite auf, das nächste Bild, die nächste Geschichte. So geht es Bild um Bild durch das Alte Testament. Die Fachkraft schlägt die Bibel zu und bringt ihre Unterlagen weg. MS♂ geht hinter ihr her und fasst sie an der Hand. Sie schauen sich an, lachen und beide gehen zurück zum Platz. MS♂ blättert die Bibel auf: Neues Testament.

*

Die beschriebene Situation ist durch das Miteinander und nonverbale Einvernehmen zwischen Kind und Bezugsperson geprägt. Das beobachtete Kind ist offen für Geschichten und hellhörig für ihre Bedeutung. Auch lässt es sich von biblischen Erzählungen berühren. Beim Erzählen in der Runde kommt es häufig auf den Schoß der Fachkraft. Im Laufe der Studie wird die Beziehung zwischen den beiden immer intensiver. Von der Fachkraft wird diese als »besonders« beschrieben.

Das Kind weiß um die personelle Plattform, die ihm geboten wird. Es nutzt sie mit Dankbarkeit und spiegelt das Angebot zurück.

Gerade im Kindergartenalter hinterlassen religiöse Selbst-Bildungsprozesse Spuren. Das Kleinkind entwickelt eine große Neugier auf immer neue Erfahrungen und formt daraus innere Bilder. Es lernt im eigenständigen Umgang mit seiner sozialen und religiösen Umwelt. Je reicher und vielfältiger das Angebot der Umwelt ist, über desto mehr Möglichkeiten verfügt das Kind, Neues aufzunehmen und kreativ mit seinen Vorerfahrungen zu verbinden. Dabei werden für Erwachsene auch überraschende Zusammenhänge hergestellt, die für das Kind aber durchaus plausibel sind.

So kommt MD♀ im Alter von vier Jahren zu der erstaunlichen Frage: »Hat Opa schon gelebt, als Gott gestorben ist?«

Zum Weiterlesen

- Freudenreich, Delia: Spiritualität von Kindern. Was sie ausmacht und wie sie pädagogisch gefördert werden kann. Forschungsbericht über die psychologische und pädagogische Diskussion im anglophonen Raum. Beiträge zur Kinder- und Jugendtheologie. Band 10, Kassel 2011.
- Fthenakis, Wassilios: In hundert Sprachen ko-konstruieren, in: Betrifft Kinder, H. 6/7 (2008), 9–11.
- Hach, Jürgen: Religion in der Kindheit. Zur Entstehung religiöser Vorstellungen bei Kindern im Vorschulalter, Frankfurt a. M. 2001.
- Küstenmacher, Marion / Louis, Hildegard: Mystik für Kinder. Kreative Anregungen und Übungen für Kindergarten, Schule, Gottesdienst, Freizeit und Familie, München 2004.
- Völkel, Petra / Viernickel, Susanne / Labuhn, Ulrike: Der Neugier der Kleinsten Raum geben: Kinder fragen nach Gott und der Welt. Handbuch, Köln 2010.

Inhalte religiöser Bildung

Ein religionspädagogischer Ansatz, der das Kind »in die Mitte« stellt, hat unabdingbar bereits einen zentralen Inhalt benannt: das Kind. Das Kind in seiner Leiblichkeit und mit seiner Geschichte, mit seiner Welt und Wirklichkeit, mit seinen Erfahrungen und Sehnsüchten, mit seinen Vorlieben, Fähigkeiten und Grenzen, mit seiner Neugier und Offenheit, mit seiner Schüchternheit und Zurückhaltung – eben mit allem, was es in sich trägt und mitbringt.

Christlich betrachtet ist der Ausgangspunkt der Frage nach den Inhalten religiöser Bildung der gottesebenbildliche Mensch. Das Kind ist und bleibt daher unverfügbares »Geheimnis«, es hat – unbeschadet seiner (möglicherweise nicht gegebenen) Religionszugehörigkeit – teil am Geheimnis Gottes.

Themen, die Kinder selbst einbringen

Wie in allen Bildungsbereichen geht es auch in der religiösen Bildung und Selbstbildung junger Kinder um deren je eigenes Leben. Das Kind stellt Fragen nach dem eigenen Selbst, dem Wie, Wozu, Warum und Woraufhin des Lebens, auf die es eigenständig und gemeinsam mit seiner sozialen Umwelt Antworten bzw. Lösungen sucht. Auch Erfahrungen mit »Religion« beginnen mit dem, was Kinder individuell wahrnehmen und zu deuten suchen. Vieles beschäftigt das einzelne Kind über einen längeren Zeitraum: etwa Themen, die im Raum der Familie Bedeutung erfahren oder die das Kind im Kontext seiner Entwicklung bewegen.

Kinder leben heute nicht mehr in kulturell und religiös homogenen Milieus. Dies kann als Chance genutzt werden, sich darüber auszutauschen, dass man Dinge auch anders sehen kann. Man kann anders mit ihnen umgehen und sie anders bewerten, als das in der vertrauten Umgebung üblich ist. Solche Differenzerfahrungen sind Anregungen, sich mit dem Eigenen auseinanderzusetzen. Zugleich inspirieren sie den Forschergeist der Kinder.

Eine Gruppe von Vorschulkindern bereitet sich intensiv auf ihre Karnevalsfeier vor. Sie steht unter dem Motto »Indianer-Fasching«. Es werden Bücher geholt und Informationen über Indianer gesammelt. Die Kinder weben Stirnbänder und bringen CDs mit Musik mit. An diesem Tag sprechen sie über Medizinmänner und Manitu:

J♂: »Die Indianer haben Manitu, wir haben Gott. Wer ist größer?«
A♀: »Ich denke keiner, denn beide sind im Himmel.«
J♂: »Die Völker haben unterschiedliche Götter. Es gibt auch Buddha.«
A♀: »Jedes Volk betet zu seinem Gott.«

Die Kinder wollen weiter darüber nachdenken. Sie holen das Buch »Weltreligionen« und bitten die Erzieherin, ihnen daraus vorzulesen.

So bestimmt nicht nur die pädagogische Fachkraft, sondern auch das Kind die Inhalte des Bildungsprozesses. Es bringt sein Vorwissen, seine Vorstellungen, Meinungen und Haltungen ein. Werden diese nicht aufgenommen und gewürdigt, kommt es nur zu formaler Bildung. Daher ist es notwendig, dass Kinder Raum und Gelegenheit erhalten, ihre Wahrnehmungsbilder auszudrücken und auszutauschen. Erst wenn sie selbst nach Sinn und Bedeutung von Inhalten suchen können, entsteht Erfahrung aus erster Hand.

Im Verlauf der Längsschnitt-Fallstudie kristallisierten sich Themenfelder heraus, die alle Kinder der Studie auf die eine oder andere Weise, zu bestimmten Zeiten und über eine kürzere oder längere Zeitspanne hinweg einbrachten. Sowohl Kinder, die in ihrer Familie ohne religiösen Bezug aufwachsen, als auch Kinder, die christlich getauft und erzogen werden oder in islamischen Familien mit Religion in Kontakt kommen, beschäftigen große und kleine Fragen des Lebens.

Beziehung und Freundschaft

Was macht einen guten Freund, eine gute Freundin aus? Wann läuft eine Beziehung gut, wann nicht?

Für JH♂ (5, ev.) gehört zur Freundschaft, sich an Spielregeln und Regeln der KiTa zu halten: »Freunde machen das so!« Er weint, wenn sich seine Freunde nicht daran halten.

Mit der Feststellung »Du bist nicht mehr meine Freundin!« bringt GW♀ ihre Enttäuschung darüber zum Ausdruck, dass ihre Freundin sich nicht an die Abmachung zur Spielzeugnutzung hält. Freundschaft ist auch eine Frage des Aushandelns und lebt von der Frage, wie belastbar eine Freundschaft ist.

Freundschaft lebt vom Abwägen zwischen eigenen und fremden Bedürfnissen: Das Bügelbild von I♂ wird versehentlich zerstört. MN♂ (4, rk) überlegt, ob er I♂ als Ersatz sein Bild geben soll. Nach Beratung mit I♂ sagt er zur Beobachterin: »Ich habe ihn gefragt, und er wollte es auch. Aber dann wollte ich mein Bild behalten. Ich habe ihm gesagt, ich mache ihm morgen ein neues Bild.«

SA♀ (4, o. B.) bemerkt, dass ihr bester Freund J♂ heute traurig ist. Sie spielt leise auf dem Glockenspiel. Nach einer Weile steht sie auf und geht zu ihm. Sie streicht ihm über den Rücken und sagt: »Ich mache Musik.« Sie geht zurück zu den Instrumenten und musiziert weiter. Ihr Freund schaut ihr nach, beobachtet sie kurz und gesellt sich zur ihr. Gemeinsam machen sie Musik und singen dazu.

*

Die aus Erwachsenenperspektive als spontan und vielleicht gar aus einer Laune heraus getroffene Aussage eines Kindes: »Du bist nicht mehr mein Freund oder meine Freundin« hat aus dessen Perspektive meist einen tieferen Grund: Das Verhalten der anderen Person hat die Privat- oder Eigentumssphäre verletzt. Sie ist nicht bereit, sich auf Vorstellungen und Ideen anderer einzulassen, sie verfolgt andere Interessen oder vertritt andere Meinungen.

Es ist also jeweils zu ergründen, was mit der Aussage über die nicht mehr gegebene Freundschaft eigentlich mitgeteilt wird. Nicht immer benötigt das Kind dazu die erwachsene Person, die es manchmal selbst bittet, den Konflikt lösen zu helfen. Meist gelingt es den beteiligten Kindern, eigenständig eine Lösung auszuhandeln.

IA♀ (3;4, rk) war einige Tage krank. Ihre Freundin CH♀ (3;5) hat in der Zeit mit CE♀ (4) gespielt. Die beiden haben sich angefreundet. Nun ist IA♀ wieder da. Es kommt zu Eifersüchteleien zwischen den drei Mädchen. CE♀ möchte CH♀ für sich haben, IA♀ soll nicht mitspielen.

IA♀: »CH, bist du meine Freundin?« – CH♀: »Nein.« – CH♀ geht mit CE♀ nach oben in die Puppenecke. Sie stehen oben am Eingang, IA♀ unten an der Treppe. IA♀: »Macht die Türe auf!« CE♀: »Nein, die Türe ist zu. IA bleibt unten.«

CH♀ und CE♀ haben Spielhandys und sitzen auf der Treppe der zweiten Ebene. IA♀ sitzt unten auf einer Matte und beobachtet die beiden. Dann kriecht sie auf allen Vieren als Hund bellend zu den beiden. Diese reagieren nicht. IA♀ holt sich ebenfalls ein Spielzeughandy und fotografiert CE♀ und CH♀. Sie zeigt ihnen das Bild. CH♀ und CE♀ steigen zu IA♀ hinunter. Alle drei wenden sich dem Basteltisch zu und befühlen dort interessiert ein Kühlkissen.

Diese Beispiele zeigen, dass gelingende mitmenschliche Beziehungen für Kinder ausgesprochen wichtig sind (wie letztlich für Menschen jedes Alters). Sie belegen jedoch auch, dass Kinder dies nicht »nur« emotional wahrnehmen und ausdrücken. Sie suchen sehr wohl Anhaltspunkte und Kriterien, mit deren Hilfe sie die Art der Beziehung einordnen und bewerten. Dabei spielt sicherlich das augenblickliche und persönliche Wohlfühlen eine Rolle. Doch bedeutsam ist den Kindern darüber hinaus die Frage nach verbindenden Werten, nach gemeinsamen Anknüpfungspunkten und Sichtweisen auf die Wirklichkeit.

Gott und Jesus – mein Freund

Gern bezeichnen sich Kinder als Freundin oder Freund von Gott bzw. Jesus. Sie bringen es verbal zum Ausdruck: »Gott ist toll!«; »Jesus ist toll!«; »Ich mag Gott.« »Ich bin immer ganz aufgeregt, wenn du eine Jesusgeschichte erzählst.« Und sie zeigen es nonverbal: Sie klatschen freudig in die Hände, wenn die Namen fallen oder ein Ritual bevorsteht. Ihre Augen leuchten und sie zeigen mit ihrem ganzen Körper eine tiefe Zuneigung. Aber auch in dieser Beziehung kann es Krisen geben und wird Enttäuschung erfahren. Gott ist nicht nur und nicht immer »lieb«; manche Erfahrung mit ihm ist schwer zu verstehen.

FM♀ (3;7, o. B.) kann es einfach nicht verstehen, dass Jesus »genagelt« wurde. Er war doch so gut! Konnte sein Vater das nicht verhindern? – Diese Frage beschäftigt viele Kinder, so auch JE♀ (5;11, ev.): »Ich würde fragen – warum der Vater von Jesus ihn hat sterben lassen.«

Dass Gott »auch böse Menschen lieb hat«, beschäftigt ebenso wie die persönliche Erfahrung: »Wenn Gott auf einen böse ist, dann hat man Ärger und der ist im Kopf.« – so JN♂ (5;11, ev.).

Lässt sich die Freundschaft mit Gott dennoch aufrechterhalten? Das gemeinsame Nachdenken über dieses Problem – auch zusammen mit der pädagogischen Fachkraft – kann hier weiterhelfen (→ Pädagogische Fachkraft).

Sterben, Tod und Auferstehen

FH♀ (3;5) sitzt mit einem Mädchen am Tisch und bastelt. Eine Erzieherin (E) sitzt daneben und bastelt mit einem anderen Kind. Unvermittelt sagt FH♀: »Ich bin heute traurig, weil mein Uropa gestorben ist.« E: »Ja.« FH♀: »Da müssen wir jetzt mal den Mund halten. E: »Mhm.« FH♀: »Aber jetzt ist er bei Gott im Himmel, das macht mich wieder fröhlich.« E: »Ja.« FH♀: »Außerdem geht das Leben immer zu Ende. Das weiß jeder.«

Der Tod begegnet den Kindern ständig. Im Freigelände oder bei Spaziergängen finden sie ein totes Kleintier, das ihre Aufmerksamkeit fordert. Wie fühlt sich ein totes Tier an? Was passiert mit ihm? Ihre Neugier wird geweckt. Kommt es auch in den Himmel? Wie geht das, wenn der tote Vogel nicht fliegen kann?

Das geliebte Haustier stirbt und hinterlässt eine Lücke. Sterbefälle in den Familien, seien es die Mutter oder der Vater, Oma oder Opa bzw. Uroma oder Uropa, sind auch in der KiTa Thema. Dies alles sind Ereignisse, die das Kind auf unterschiedlichen Ebenen wahrnimmt und mit denen es auf ebenso unterschiedliche Weise umgeht.

MI♂ (2;5, rk) interessiert sich für das Thema Tod. Als der Hund eines anderen Kindergartenkindes (nicht in seiner Gruppe) stirbt, kommt die Mutter mit einem Foto in die KiTa. Darauf ist der Hund zu sehen, wie er friedlich im Körbchen liegt und zu schlafen scheint. Interessiert betrachtet MI♂ das Foto. Wieder und wieder fragt er im nächsten halben Jahr nach: »Warum Buffi torben?« oder »Wohin Buffy torben?« Er saugt alle Informationen auf und zeigt sich betroffen, obwohl er selbst weder »Buffi« kannte noch eine Trauererfahrung gemacht hat.

Kinder erleben, dass beim Tod eines Menschen Worte fehlen oder nicht angebracht sind. Sie erleben die Trauer der Erwachsenen ebenso wie die eigene Trauer, die sich durch die Traurigkeit der Erwachsenen verstärken kann. Sie erleben, dass die Trauer bleibt oder bei bestimmten Anlässen wieder kommt. Sie hören, dass der Tod etwas ganz Natürliches ist und zum Leben dazugehört. Oder sie spüren, dass Erwachsene den Tod von ihnen fernhalten möchten.

Kinder fragen nach und bilden sich selbst Vorstellungen vom Leben nach dem Tod. Sie hören, dass Tote »eingeschlafen« sind, dass sie bei Gott im Himmel sind. Das ist gut, denn dort geht es ihnen gut. Sie stellen sich vor, wie es dem oder der Verstorbenen jetzt wohl geht. Dennoch: Sie möchten – zumindest zeitweise – dorthin, wo der Opa oder die Oma jetzt ist.

Vor einigen Tagen ist der Opa von EW♀ (4;9, ev.) gestorben. EW♀ erzählt von sich aus: »Opa ist gestorben, aber das ist nicht so schlimm. Der ist ja jetzt bei Gott. Außerdem habe ich ja noch einen Opa. Ich habe Oma versprochen, dass wir zusammen Blumen pflanzen (auf dem Friedhof). Opa kommt nicht in einen Sarg, das wollte er nicht. Er kommt in eine Urne und die ist grün.«

E♂ (3:5) und NS♂ (4, rk) schaukeln in der Nestschaukel. Die Fachkraft stößt die Schaukel an. Auf ihre Frage, wie es dem (schon länger erkrankten) Opa geht, antwortet E♂: »Der ist gestorben, aber ich habe ein Bild von ihm in meinem Zimmer. Da kann ich mich immer an ihn erinnern. Jetzt muss ich Papa auch immer helfen, die Lichterketten aufzuhängen und die Rehe aufs Dach zu stellen. Das habe ich sonst immer mit meinem Opa gemacht.« Die Kinder legen sich tiefer in die Schaukel und lassen sich wieder Anschwung geben. Am Himmel ist der Kondensstreifen eines Flugzeugs zu sehen. E♂: »Sieh mal NS. Das ist eine Rakete, mit der fliegen wir zu deiner Oma und meinem Opa in den Himmel. Im Himmel ist es ganz schön. Da gibt es viel zu essen. Ich war da schon, als ich noch ganz klein war!«

Die Aussage, dass Gott die Menschen zu sich in den Himmel holt, kann für Kinder tröstlich sein. Doch die Tatsache, dass trauernde Menschen zurückbleiben, Kinder ohne Mutter oder Vater sind, macht dem Kind bewusst, dass Gott nicht nur »lieb«, sondern auch unbegreiflich ist. So beschäftigt Kinder auch die Frage: Wäre es nicht möglich und manchmal sogar notwendig, dass die Toten wieder zurück auf die Erde kommen dürften?

FW♂ (4, rk) hing sehr an seinem Opa. Seit dieser vor zwei Jahren verstorben ist, fragt er immer wieder nach ihm. Heute sitzt er zu Hause auf dem Boden und spielt mit Autos. Da sieht er ein Foto, das seinen Opa und seinen Vater zeigt. Er schaut es eine Weile an und fragt: »Ist Papa da bei Oma und Opa?« »Ja, das ist aber schon länger her«, sagt die Mutter. Nach ein paar Minuten fragt FW♂: »Wenn jemand tot ist und man will ihn noch haben ... [Pause] Wie geht das?«

LA♀ (5;10, musl.): »Gott nimmt die Toten zu ihm in den Himmel. Aber er lässt sie nicht runter. Wenn die kleine Kinder haben, dann sind sie traurig.«

Der Tod beendet nicht nur das Leben der oder des Verstorbenen, sondern verändert auch die Beziehungen – der Menschen untereinander und der Menschen zu Gott. Dies ist bereits jungen Kindern bewusst. Damit bringen sie auf ihre Weise zum Ausdruck, dass auch für sie der Tod etwas Endgültiges hat. Aber: Lässt sich diese Endgültigkeit nicht doch aufheben? Müsste sie in bestimmten Fällen nicht aufgehoben werden? Wird sie nicht zum Beispiel dadurch überbrückt, dass die Verstorbenen auf die Lebenden (vom Himmel her) aufpassen?

FL♂ (5;4, o. B.) erzählt unvermittelt beim Basteln, dass seine Schwester Geburtstag habe. Die erstaunte Fachkraft (sie kennt FL als Einzelkind) fragt nach. FL♂ erzählt weiter: »Sie war vor mir in Mamas Bauch. Sie ist in Mamas Bauch gestorben. Nach meiner Schwester war ich in Mamas Bauch. Meine Schwester C. ist jetzt im Himmel. Es geht ihr gut. Meine Schwester gibt auf mich Acht.«

Der oder die Verstorbene ist noch da – aber anders. Hier gewinnt das Thema Auferstehung Bedeutung: Jesus ist gestorben – und wieder auferstanden. Das heißt doch, dass auch die anderen Verstorbenen wieder aufstehen! Damit ist auch aus christlicher Perspektive keine Endgültigkeit des Todes gegeben.

PH♀ (4;4, rk): »Mama, stimmt's, das Leben hört nie auf. Erst auf der Erde, dann bei Gott. Und dann kann ich Jesus sehen und mit ihm sprechen. Und dann sehe ich endlich den Uropa.«

Darüber sprechen sie mit anderen Kindern, mit der pädagogischen Fachkraft und mit den Eltern oder Großeltern. Dabei verarbeiten sie die Erfahrungen, Vorstellungen und Meinungen der anderen individuell und auf ihre je ganz eigene Weise. Dies bedeutet letztlich, dass herkömmliche (Stufen-)Modelle der Entwicklung von Todesvorstellungen bei Kindern keine Allgemeingültigkeit beanspruchen können und lediglich mögliche Aspekte kindlicher Vorstellungen benennen.

Natur und Schöpfung

Insbesondere die belebte Natur übt auf junge Kinder eine große Anziehungskraft aus. Es gibt vieles zu entdecken und zu erforschen, vom kleinsten Insekt bis zu großen und wilden Tieren. Sie sind in Bilder- und Sachbüchern anzuschauen und finden sich als Stofftiere zu Hause und in der Spielecke der KiTa. Noch besser und schöner ist aber die Begegnung mit ihnen in der freien Natur.

MB♂ (4;5, rk) sammelt auf dem Außengelände Regenwürmer und bringt diese in den Waschraum. Dort legt er sie nebeneinander und ruft die (zunächst entsetzte) Fachkraft hinzu. »Schau mal wie viele unterschiedliche Regenwürmer es gibt. Die sind ganz anders.« Er zeigt auf einen kurzen und einen langen Wurm. »Du – warum hat Gott eigentlich die Regenwürmer hergestellt?«

Kinder spielen gern mit Naturmaterialien und in der Natur. Dabei können sie ganz und gar mit ihrer Umgebung verschmelzen. Der Wald, eine Wiese oder das Wasser bieten ihnen eine Fülle von Möglichkeiten, der beseelten Natur zu begegnen: Blumen, Gräser, Tannenzapfen, Käfer, Schnecken u. a. werden entdeckt, gefühlt, gerochen und gesammelt. Die Kinder tollen und toben, genießen aber auch die Stille und entwickeln so eine Beziehung zur Natur sowie Ehrfurcht vor dem Leben.

HH♀ (5;3, rk) ist an einem Waldtag der KiTa im Frühjahr damit beschäftigt, trockenes Laub anzuhäufen. Auf die Frage, was sie da tue, antwortet sie: »Da ist ein Marienkäfer, der friert doch bestimmt. Ich decke ihn mit Blättern zu, damit er nicht friert.«

Erlebnisse bei Wochenendausflügen, Zoobesuchen und im Urlaub mit der Familie sowie während Unternehmungen, Ausflügen und Waldtagen der KiTa sind daher beliebt und ergiebiger Gesprächsstoff im Morgenkreis oder im Freispiel der Kinder. Dabei verknüpfen Kinder ihre individuellen Wahrnehmungen und ihre persönliche Deutung mit vermitteltem naturkundlichem Wissen.

FN♂ (5, o. B.): »Wenn man die ganzen Bäume fällt, gibt es kein' Sauerstoff mehr.«

SF♂ (4, o. B.): »Wieso – äh – wieso machen Eulen sich denn im Baum 'ne Höhle ... mhm, also verstecken sich. Ich weiß, die wollen nicht tot werden.«

In ihrer zugewandten Beziehung zur Natur fühlen sich die Kinder in sie ein: Sie sprechen den Tieren Gedanken und Gefühle zu, ergreifen für sie Partei und übernehmen Anwaltschaft:

SA♀ (3;11, o. B.): »Wenn Kinder das Netz von der Spinne zerreißen, dann ist sie ganz traurig.«

MK♂ (4;9, o. B.): »Es ist ungerecht, dass Martins-Gänse geschlachtet werden. Es ist besser, wenn die Gänse am Leben bleiben und eine Krone bekommen.«

Gott und Jesus

Von klein auf machen sich Kinder Bilder von der Welt – und auch von Gott. Sie entwickeln ihre eigene Sicht auf die Wirklichkeit Gottes und machen sich eigene Bilder – aus dem, was sie über Gott erfahren und wahrnehmen.

FL♂ (5, o. B.): »K, ich glaube an Gott.« – »Der liebe Gott singt uns ein Lied vor und ist lieb.« – Drei Monate später erzählt er, dass er ein Buch gebastelt habe. »In dieses Buch habe ich alles geschrieben, was Gott gemacht hat.« – »Was macht Gott denn?« – »Gott macht alles, auch die Menschen, die lieben. Er passt auf.«

MN♂ (4;11, rk) glaubt fest: »Der liebe Gott lässt alles wachsen. Damit wir was zu essen haben!«

Auch LE♀ (4;3, musl.) ist davon überzeugt, dass das Essen von Gott kommt. Sie kuschelt sich nach dem Mittagessen an die Erzieherin und umarmt sie: »Weißt du was? Wenn ich traurig bin, dann rede ich mit Gott.« E: »Das ist aber schön. Was erzählst du ihm denn?« LE♀: »Ich sag: ›Hey, wie geht's dir?‹ Und dann bin ich nicht mehr traurig.« – Zwei Monate später: »Ich hab Gott letztens gesehen. Der war mit mir und meiner Oma spazieren.«

*

Diese und ähnliche Äußerungen beinhalten Vorstellungen von der Beziehung zwischen Gott und dem Menschen: Gott singt, Gott macht alles, ist überall und passt auf die (lieben) Menschen auf. Mit Gott kann man reden und spazieren gehen. Man trifft Gott auch in der Kirche.

PH♀ (4;4, rk): »Ich mag die Kirche, da kann man Lieder singen, und bei Gott sein und für Jesus beten, weil Jesus am Kreuz hängt.«

LB♀ (4, rk) nach einem lebendigen Kindergottesdienst, bei dem alle Kinder am Altar mit dem Pastor das Vaterunser getanzt haben: »Wo geht denn Gott jetzt hin?« Sie hatte beobachtet, dass der Pastor in die Sakristei ging.

Fachkraft: »Hast du eine Idee, was die Kirche mit Gott zu tun hat?« SW♀ (4, rk): »Ja, überall ist Gott drauf. Die wissen alles über Gott. Er ist auf allen Bildern!« Die Fachkraft erklärt den Kindern, dass die Kirche ein ganz besonderes Haus ist. Dort kann man Gott ganz nahe sein und kann mit anderen Menschen zu ihm beten. SW♀ staunt: »Wow! Wenn ich groß bin, will ich ein Haus haben mit vielen Kuscheltieren.«

Dass Gott im Himmel und in der Kirche wohnt, ist kein Problem: Gott ist überall! Es scheint auch selbstverständlich, dass Gott groß ist. Aber: Wie groß ist Gott? Welche Antwort lässt sich finden, wenn Gott unsichtbar ist?

G♂ (4;0): »Weißt du, Frau W., wenn ich jetzt eine lange Leiter hätte, dann könnte ich in den Himmel hinaufklettern bis zu den Wolken.«

PH♀ (3;11, rk): »Ja, da oben ist auch der Gott. Wenn man mit der Leiter zu den Wolken klettert, da ist dann Gott.«
G♂: »Aber Gott ist doch nicht bei den Wolken im Himmel. Der Himmel ist doch viel zu groß für Gott. Der Himmel ist doch dort oben überall und so groß ist Gott nicht wie der ganze Himmel.«
PH♀: »Doch, dort oben in dem Himmel ist Gott. Der ist nämlich ganz groß.«
SW♀ (4;4, rk) »Gott ist auch im Himmel. Und wenn Menschen sterben, gehen die Herzen hoch zu Gott.«

Jesus ist gleich Gott? Gott ist gleich Jesus?

VZ♀ (4;5, o. B.), ein sehr zurückhaltendes und sehr liebebedürftiges Kind, erzählt eine Woche nach dem Martinsfest die Legende vom Mantelteilen. Besonderen Wert legt sie dabei darauf, dass Jesus dem Martin in Gestalt des Bettlers erschienen ist. Sie überlegt: »Ist Jesus Gott?« – »Und Jesus – Gott – ist jetzt Martins Freund?«

JS♂ (3;10, ev.), ein begeisterter »Feuerwehrpilot«, ist aus dem Mittagsschlaf erwacht und erzählt der Erzieherin: »Ich hab von dem Gott geträumt, von dem Jesus, wie der in den Himmel fährt.« E: Wie fährt der denn in den Himmel?« JS♂: »Mit dem Flugzeug, oder mit der Rakete, ganz hoch in den Himmel.« Er zeigt aus dem Fenster zum Himmel: »Ganz weit da oben.«

FW♂ (3;10, rk) hat ein Bild für seine Mama gemalt. Er erläutert es so: »Das ist die Erde.« Er zeigt mit dem Finger darauf. »Und in der Mitte Jesus. Und da und da die beiden anderen!« (womit er Gott Vater und den Heiligen Geist meint).

Jesus ist gestorben

SW♀ (4, rk) erlebt in ihrer KiTa-Zeit die Ostergeschichte zum dritten Mal. Bisher zeigte sie sich nicht sonderlich berührt davon. In diesem Jahr ist dies anders. Die Thematik lässt sie nicht mehr los. Immer wieder (noch Wochen später) erzählt sie betroffen und verwundert zugleich Fachkräften, Eltern und auch anderen Kindern: »Jesus ist gestorben – in echt gestorben!«

I♀ (4, rk) zur Erzieherin: »Ich habe Jesus schon ganz oft gesehen, er hängt da am Kreuz! Hast du ihn auch schon gesehen?«
E: »Ja, ich habe Jesus auch schon am Kreuz gesehen. Weißt du denn, warum er dort hängt?«
I♀: »Das musst du ihn fragen, ich weiß es leider nicht. Ich muss jetzt turnen!«

PH♀ (4;5, rk) malt eine Kirche. Sie erläutert dies so: »Ich mag die Kirche, da kann man Lieder singen und bei Gott sein. Und für Jesus beten, weil Jesus am Kreuz hängt.«

Themen, die die pädagogische Fachkraft einbringt

»Die pädagogische Fachkraft nimmt … die Rolle der Expeditionsbegleiterin oder der Impulsgeberin ein. Sie beobachtet und begleitet das Kind auf seiner Spurensuche und in seiner religiösen Entfaltung, fördert und ermutigt es, wenn es Zuspruch, Rat oder Hilfe benötigt, und legt mitunter auch eine Fährte an spannende Orte.«
Aus: Ich bin da. Religiöse Entwicklung von Kindern in den ersten drei Lebensjahren in katholischen Kindertageseinrichtungen begleiten. Ein Impulspapier, hg. vom Verband Katholischer Kindertageseinrichtungen (KTK) – Bundesverband e.V., 2016.

Teilweise wird unter »religiöser Bildung« immer noch eine Art Vermittlungstechnologie verstanden. Damit ist die Vorstellung verbunden, es müsse bestimmtes Wissen an die nächste Generation »weitergegeben« werden. Diese Vorstellung kann zum einen aus dem religionspädagogischen Selbstverständnis und der religiösen Biographie der pädagogischen Fachkraft erwachsen, zum anderen kann sie an Trägererwartungen gebunden sein.

Pädagogische Fachkräfte, die diesem Anspruch gerecht werden möchten (oder sollen), sind leicht geneigt, vorrangig »Defizite« zu sehen: Die Kinder bringen »nichts« mehr mit – wobei mit »nichts« spezifisch christlich-konfessionelle Wissensbestände gemeint sind. Unter dieser Perspektive bewerten sie nicht nur das Kind, sondern auch die Herkunftsfamilie des Kindes und sprechen beiden Religiosität ab (→ Familienreligiosität). Zugleich geraten oder setzen sie sich evtl. selbst unter einen Druck, der sie in der Begleitung der religiösen Entwicklung des Kindes hindert und den Blick für das, was das Kind mitbringt, verstellt.

Wissen vermitteln reicht nicht aus

Sicherlich brauchen Kinder »Vermittlerinnen«, die ihnen helfen, sich in der Welt zurechtzufinden. Sie brauchen Erwachsene, die ihnen Geschichten erzählen, ihnen die Welt der Religion und Religionen eröffnen und diese mit ihnen zu verstehen suchen. Aber dies ist nur ein Teil dessen, was unter heutigen Lebensbedingungen und im Sinne des Selbstbildungsprozesses zur Entwicklung der Religiosität (→ religiöse Selbstbildung im Dialog) nötig ist.

Kinder machen sich von sich aus Bilder und Vorstellungen von Welt und Wirklichkeit. Sie haben sie sich von Anfang an mit ihren Möglichkeiten erschlossen und Deutungsmuster entwickelt, die für sie Sinn ergeben. Mit ihren Bildern und Vorstellungen bringen sie ihre familiären, sozialen, ethnischen und kulturellen Verstehensvoraussetzungen mit. Sie bringen Vorerfahrungen mit, die sie in ihrem bisherigen Leben gesammelt haben (auch wenn dessen Dauer erst einige Monate umfasst).

Dies belegen auch die Erkenntnisse der Längsschnitt-Fallstudie zur religiösen Entwicklung junger Kinder (→ Ausgangspunkt: eine Längsschnitt-Fallstudie). Kinder verfügen über Vorstellungen von Gott: Gehörtes, Gesehenes, Gedachtes und Gespürtes sind verwoben mit ihrer persönlichen und individuellen Lebenssituation und den Ereignissen des Alltags (→ Themen, die die Kinder selbst mitbringen).

MA♀ (1;4, ev.) kann es immer gar nicht erwarten, dass vor dem Mittagessen oder am Ende der Woche gebetet wird. Sie zeigt ihre

Vorfreude mit dem gesamten Körper, »hüpft« begeistert auf ihrem Stuhl, strahlt über das ganze Gesicht, klatscht in die Hände und gibt zu verstehen, dass ihr das Lied »Gottes Liebe« am besten gefällt.

SF♂ (4, o. B.) bringt in einem längeren Gespräch mit der Erzieherin unterschiedliche Gottesbilder zur Sprache: »Weil der Gott ist ja ganz groß.« – »Aber es gibt, in echt gibt's kein' Gott.« – »Nur den sieht man nicht, weil der ist ganz tief im Himmel verschwunden.« – »Aber der Gott ist ja unsichtbar.«

ES♀ (5, rk), die mit Begeisterung religiöse Lieder singt: »Wenn wir beten, denken wir an Gott.«

Religiöse Kinderäußerungen sind keineswegs eindeutig. Sie entstammen einem Suchprozess, in dem die Kinder ihre Wahrnehmungen, Erlebnisse und Gedanken zueinander in Beziehung bringen. Frühkindliche religiöse Bildung des Handelns und Denkens erfolgt mit Hilfe der Sinne, des Körpers und der Emotionen. Je vielfältiger ihre Umwelt, desto individueller sind ihre Erfahrungen – und desto individueller sind ihre Äußerungen. In diesen können die Kinder auch Widersprüchliches nebeneinander stehen lassen.

Kinder betrachten die Welt nicht nur vordergründig, sondern entdecken in ihr »mehr«, etwas Staunenswertes und Geheimnisvolles (religiös »Schöpfung«), was sie wiederum mit ihrem Leben und ihren Ideen darüber verknüpfen. Sie denken nach über den Menschen, sein Geborenwerden und sein Sterben und entwickeln dazu ihre Konzepte. Diese sind häufig überraschend originell – aber nie »falsch«; sie sind das Ergebnis der möglichen Antworten, die dem Kind jeweils zur Verfügung stehen.

Wann ist ein Mensch ein Mensch? Darüber denkt RG♀ (5;1, rk) mit anderen Kindern nach. Sie kommt zu folgendem Schluss: »Man ist Mensch, wenn man spielen kann.«

GK♂ (4;4, rk) spielt mit drei gleichaltrigen Jungen seit Tagen »Verbrecher«. Diese werden mit Holzautos gejagt und ins Gefängnis gebracht. GK♂ fragt in die Runde: »Ist ein Verbrecher ein Mensch?« F♂: »Nein.« GK♂: »Aber er gehörte mal zu den Menschen.« F♂: »Jetzt ist er ein Verbrecher und der ist kein Mensch mehr und der muss ins Gefängnis.« GK♂: »Aber der ist auch kein Tier, also so was Ähnliches wie ein Mensch und ein Tier.« Das Gespräch ist damit (vorerst) beendet und die Kinder spielen weiter.

Aufgabe der pädagogischen Fachkraft ist es, sich gemeinsam mit dem Kind und auf Augenhöhe auf die Suche nach Antwortversuchen zu begeben. Zugleich gilt es, den eigenen religiösen Erfahrungen und Vorstellungen auf die Spur zu kommen: Unterscheiden sie sich von denen des Kindes? Darüber hinaus ist entsprechendes Sachwissen gefragt: Von den Themen, die für Kinder interessant und wichtig sind bzw. sein können, sollte die pädagogische Fachkraft etwas verstehen (→ pädagogische Fachkraft).

Themen der Kinder wahr- und ernst nehmen: interessierte Resonanz

Die Themen der Kinder sind jedoch nicht immer klar erkennbar. Dies ist besonders dann gegeben, wenn Kinder sich (noch) nicht mit gesprochener Sprache äußern. Aber auch dann haben sie bereits ihre Themen, beschäftigen sich mit Phänomenen und Ereignissen in ihrer Wirklichkeit und bringen ihre Fragen, Deutungen und Folgerungen zum Ausdruck. Dies erfordert allerdings – in einem auf die gesprochene Sprache fokussierten Bildungsprozess –, körpersprachliche Äußerungen und Handlungen wahrnehmen und entschlüsseln zu können.

»Dass ich JT♂ ... als teilnahmslos und desinteressiert wahrnahm, war vollkommen fehlinterpretiert. Er hat nur auf seine Weise die Geschichte verfolgt und diese damit sehr gut verinnerlicht ... Jedes Kind hat seine eigene Art, einer Geschichte zuzuhören.« – So brachte es eine pädagogische Fachkraft – stellvertretend für zahlreiche andere – im Kontext der Auswertung einer Beobachtung auf den Punkt.

JT♂ (4;6, rk) spielt während der Erzählung einer Nikolauslegende mit seinen Füßen und schaut aus dem Fenster. Nach dem Inhalt des zuvor Erzählten befragt, sagt er: »Das hast du uns doch gerade erzählt!« In einer kurzen Gesprächsrunde im Erzählkreis bringt JT♂ jedoch von sich aus die Kernaussage der Legende ein und verknüpft sie mit einer persönlichen Alltagserfahrung.

KF♀ (2;1, o. B.) schaut und hört konzentriert zu, als die pädagogische Fachkraft mit der altersgemischten Gruppe die Erzählung vom Abendmahl wiederholt und dazu mit dem Kamishibai Bilder zeigt. KF♀s einzige verbale Äußerung dazu: »Beten« – als auf einem Bild Menschen mit erhobenen Händen zu sehen sind. Dazu macht sie die »Vaterunser-Geste«. Für KF♀ sind religiöse Handlungen etwas Neues und Faszinierendes – so auch das Beten. Dies entdeckt sie nun in Bildern und Erzählungen und lässt es zu ihrem persönlichen Erfahrungsschatz werden.

Es ist hilfreich, wenn die Einzelbeobachtung eines Kindes im Team ausgewertet und in den Kontext weiterer Beobachtungen gestellt wird. Auf diese Weise werden die wahrnehmende Beobachtung und das Verständnis für die Interessen und den Gestaltungsreichtum der Kinder geschult und gestärkt. Die alltäglich wahrgenommenen Themen und Fragen, die das Handeln und Nachdenken der Kinder bestimmen, verdienen die religionspädagogische Aufmerksamkeit und eine interessierte Resonanz.

Physikalisch betrachtet meint Resonanz, dass etwas mitschwingt: Resonanz nimmt einen vorgegebenen Ton in seiner Tonhöhe auf, gibt ihm jedoch eine eigene Färbung. Das trifft auch auf zwischenmenschliche Resonanz zu. Etwas wird aufgenommen und zurückgegeben. Im (religions-)pädagogischen Kontext werden das Erleben und die Äußerung des Kindes aufgenommen und es wird ihm zurückgegeben, was davon wahrgenommen und verstanden wurde. Dies erfolgt ebenso durch Gesten und Körperhaltung wie durch Aufgreifen der sprachlichen Botschaft – in gleicher »Tonhöhe«, aber mit anderer Färbung.

LP♀ (3;11, o. B.), die aufgrund der sie belastenden Familiensituation Sicherheit und Zuwendung sucht, beteiligt sich nicht am lebendigen Gespräch der anderen Kinder am Tisch. Sie bastelt mit höchster Konzentration einen Nikolaus und will ihn unbedingt fertigstellen. Es ist schon Abholzeit und die Mutter kommt dazu. LP♀ sagt: »Ich brauch noch was.« »Was brauchst du? Was braucht der Nikolaus?« Sie antwortet: »Ein Herz.« Die Mutter, die sonst im Umgang mit ihrer Tochter große Unsicherheit zeigt, gibt LP♀ noch die Zeit, die sie für die Fertigstellung des Nikolaus mit Herz benötigt.

Interessierte Resonanz stellt eine Form der Empathie dar, bei der Kind und erwachsene Person zugleich aktiv sind. Dabei ist zu bedenken, dass Erwachsene aufgrund ihres Wissens- und Erfahrungsvorsprungs den Kindern entgegenkommen müssen. Sie haben die Aufgabe, Situationen für Kinder zu schaffen, in die sie sich sinnvoll und nach ihren Möglichkeiten einbringen und entfalten können. Dazu müssen pädagogische Fachkräfte ihr professionelles Können, nicht aber besseres Wissen einsetzen, um die Ungleichheit auszugleichen. Sie sollen in der Lage sein, Kindern nicht nur etwas »beizubringen«, sondern Bildungsprozesse herauszufordern. Dazu benötigen Kinder interessierte Resonanzen auf ihre Aktionen und Reaktionen. Resonanzen sind Erfahrungsbausteine für den Auf- und Ausbau kindlichen Wissens.

Allerdings kann negative Resonanz Entwicklung auch be- oder verhindern. Wenn etwa Eltern sich nicht interessieren, weil sie selbst mit ihrer Lebenssituation überlastet sind, macht das Kind Erfahrungen, die seinen Selbstbildungsprozess vielleicht sogar nachhaltig negativ beeinflussen. Hier wächst den pädagogischen Fachkräften eine wichtige pädagogische Aufgabe zu (→ Eltern- und Familienarbeit).

AA♀ (o. B.) nässt mit 4 Jahren wieder ein, nachdem ihre Mutter im KiTa-Eingangsbereich in ihrem Beisein und in aller Öffentlichkeit über ihre Unfähigkeit aufzuräumen gesprochen hat.

Die eigentliche Ursache: Keine Struktur in der Familie und viel zu viel Kram im Kinderzimmer. AA♀ hatte die Mutter gefragt, ob sie ihr helfen könne Ordnung zu machen. Daraufhin war die Mutter ob der Inkompetenz ihrer Tochter, eigenständig etwas zu tun, ausgerastet. Als »Strafe« für eine solche »Unfähigkeit« bekam das Kind zu Weihnachten Kohle geschenkt.

Christlich-religiöse Themen: Fest-Zeiten

»Katholische Kindertageseinrichtungen sind Orte gelebten Glaubens ... Im Alltag lernen die Kinder die reiche Glaubenstradition der Kirche mit ihren Erzählungen, Festen, Ritualen, Symbolen, Gebeten und Liedern kennen und im täglichen Miteinander lernen sie die grundlegenden christlichen Werte und Normen ...

Zum katholischen Glauben gehört eine grundlegende Offenheit für andere ... Eine für religiöse Unterschiede sensible Religionspädagogik befähigt Kinder, zwischen dem Eigenen und dem Fremden zu unterscheiden, ohne das Fremde zu diskriminieren.«
Sekretariat der Deutschen Bischofskonferenz (Hg.): Welt entdecken, Glauben leben. Zum Bildungs- und Erziehungsauftrag katholischer Kindertageseinrichtungen, Bonn 2009, 37.39.

Fest-Zeiten im Jahr und → Kirchenjahr bieten eine Fülle von Anlässen, in denen sich die Themen der Kinder und die Vorstellungen der pädagogischen Fachkraft inhaltlich treffen. Das Feiern von Festen entlang des Jahreskreises und des Kirchenjahres schafft Halt und Sicherheit, provoziert aber auch Kinderfragen und regt dazu an, sich in den immer wiederkehrenden Zeitrhythmus hineinzugeben.

Kind und Zeit

»Ein Kind hat eine andere Uhr,
einen anderen Kalender,
es misst die Zeit anders.
Sein Tag teilt sich auf
in kurze Sekunden
und lange Jahrhunderte.
Kinder und Erwachsene
stören sich gegenseitig.
Es wäre schön,
wenn man abwechselnd klein
und groß sein könnte –
wie Sommer und Winter,

Tag und Nacht.
Dann würden sich Kinder
und Erwachsene verstehen.«
Janusz Korczak, zit. nach http://korczak.com/korczak/leben-20.htm

Junge Kinder haben ein anderes Zeitverständnis, ein anderes Zeitgefühl als Erwachsene. Allerdings vertritt die Kinderforschung heute die These, dass sich auch dies in den letzten Jahrzehnten stark verändert hat. Die Kindheit wird immer früher von der allgemeinen Beschleunigungskultur erfasst. Dies zieht zwangsläufig Auswirkungen auf die kindliche Entwicklung nach sich. Daher stellt das Angebot einer religiösen Perspektive auf die Zeit einen wichtigen Beitrag zur Persönlichkeitsentwicklung des Kindes dar.

Ritual und Fest

Eine das Kind ansprechende Rhythmisierung der Zeit erfolgt durch das Ritual. Rituale strukturieren die Zeit: die Tages-, Jahres-, Kirchenjahres- und Lebenszeiten. Alltagsrituale (z. B. der Morgenkreis), Fest- und Feiertagsrituale (z. B. religiöse Feste, staatliche Feiertage), Jahrestagsrituale (z. B. Geburts- und Namenstage), Gemeinschaftsrituale (z. B. Sommerfest der KiTa, Pfarrfest), Lebenskreisrituale (z. B. Eingewöhnung und Verlassen der KiTa als Schulkind, Taufe, Hochzeit, Beerdigung) stellen einen körperlichen und sinnlichen Bezug zu Zeit und Welt dar.

Feste gemeinsam zu gestalten und zu feiern gehört in den Alltag einer Kindertageseinrichtung, die sich als Lebens- und Erfahrungsraum und zugleich als »Ort gelebten Glaubens« versteht. Fest-Zeit wird als sinnvolle Zeit erfahren. Sie ist für die Menschen da, damit sie sich am Leben und am Schönen freuen können. So freuen sich Kinder auf → Weihnachten und → Ostern, auf ihren Geburtstag, Namenstag oder andere Festtage.

Aufgrund ihres kindlichen Umgangs mit Zeit ergeben sich jedoch – aus Erwachsenenperspektive betrachtet – interessante Zeitausdehnungen und Zeitverschiebungen.

CR♀ (4;6, rk) sitzt an einem heißen Julitag mit zwei Freunden im Hof. Als die Leiterin der KiTa hinzukommt, sagt CR♀: »Frau M., wir feiern heut ein Fest. Guck mal, mit Feuer.« (imaginär) J: »Und Würstchen. Wir haben drei Würstchen!« CR♀: N spielt Gitarre und J spielt die Flöte.« Sie singt: »Wir feiern heute Weihnachten.« Dann trägt sie ihren Pinguin Anton ins Haus: »Der geht jetzt ins Bett!« Frau M. sagt zu ihr: »Och, da kann er ja gar nicht mitfeiern!« CR♀ entgegnet: »Der muss jetzt schlafen, tja!« Dann feiern sie zu dritt weiter und musizieren ...

*

Weihnachten mitten im Hochsommer? Die drei Kinder haben kein Problem damit, ihr Fest als Weihnachtsfest zu bezeichnen. Bei genauerem Hinsehen fällt allerdings auf, dass die Kinder wesentliche Elemente einer Feier benennen: Feuer (Licht), gemeinsames Essen, Singen und Musizieren. Des Weiteren wird eine kindliche Erfahrung mit Feiern – speziell der Weihnachtsfeier? – thematisiert: Das Kind »muss ins Bett«, es »muss jetzt schlafen« – und kann daher nicht mit den Erwachsenen mitfeiern! Es fügen sich Wahrnehmungen, Erfahrungen und ihre Deutungen zu einem Bild zusammen, das mit »Weihnachten« bezeichnet wird. Somit ist eine Zeitverschiebung (vom Dezember in den Juli) gegeben, aber auch eine Ausweitung der Zeit: Wann immer Feuer (Licht) entzündet, gegessen, gesungen und musiziert wird, ist ein Fest »wie Weihnachten«.

Beobachtungen aus der Längsschnitt-Studie (→ Ausgangspunkt: eine Längsschnitt-Fallstudie) belegen jedoch auch, dass die Bearbeitung von Fest- und Feiererfahrungen und deren Bedeutungsgehalt durch junge Kinder Zeit braucht. Diese Zeit dient ebenso der Wiederholung wie der Verinnerlichung.

Neben ausgesprochenen Lieblingsliedern, die junge Kinder das ganze Jahr hindurch singen (»Gottes Liebe ist so wunderbar« oder »Wir sind die Kleinen in den Gemeinden«), haben bei ihnen einige Festlieder Konjunktur. Dazu zählt z. B. das Lied »Sankt Martin ritt durch Schnee und Wind«, das nicht selten bis in den Februar oder März hinein immer wieder gesungen oder gespielt wird: beim Basteln, beim Spazierengehen oder beim Freispiel. Vor allem jedoch bleibt Martin den Kindern als Vorbild präsent. Sowohl Jungen als auch Mädchen betonen, dass sie, wenn sie groß sind, »heiliger Martin« werden wollen.

ES♂ (2, ev.) verteilt noch bis Februar (sowohl in KiTa als auch zu Hause) im Spiel die Rollen: »Du Pferd, du Bettler, ich Martin!«

Während der Adventszeit verfolgt DK♂ (4;3, ev.) mit Neugier und innerer Beteiligung die Gestaltung des Krippenwegs und der Krippe sowie die Weihnachtserzählung. Während einer Abholzeit fragt die Mutter die Erzieherin: »Hat DK♂ eigentlich erzählt, dass er sich eine kleine Krippe gekauft hat?« Die Erzieherin verneint und befragt den Jungen zu seiner Krippe. Auch die Mutter fordert ihn auf, die Krippe zu beschreiben. DK♂ wirkt peinlich berührt und antwortet stockend: »Maria, Josef, das Jesuskind und ...« Die Mutter betont, dass ihr Sohn beim gemeinsamen Einkauf »auf einer eigenen kleinen Krippe« bestanden habe. Die Erzieherin lässt alles auf sich beruhen. DK♂ äußert sich nicht weiter.

Zwei Jahre später (6;3) erzählt er von sich aus im Advent: »Ich habe meine Krippe wieder aufgestellt. Sie war bei meiner Oma.«

Biblische Erzählungen

Kinder lieben Geschichten und Erzählungen – und auch biblische Erzählungen. Besonders beliebt sind die Erzählungen von der Arche Noah, vom Propheten Jona und natürlich jene von Jesus. Sie finden diese Erzählungen auch deshalb so »toll«, weil (wenn) in der Präsentation wie in der Verarbeitung alle Sinne angesprochen werden und handelndes Denken möglich ist. Dies bedeutet, dass auch biblische Erzählungen auf dem Hintergrund des individuellen Lebenskontextes umgearbeitet und angeeignet werden.

Die Kinder verknüpfen das, was ihnen in ihrer konkreten Lebenswirklichkeit wichtig und bedeutsam ist, mit den Angeboten der pädagogischen Fachkräfte oder anderer Personen, die ihnen biblische Erzählungen präsentieren. In den seltensten Fällen reproduzieren junge Kinder allerdings die Erzählung so, wie sie ihnen vorgetragen wird. Sie integrieren sie in ihre innere Welt – wenn und solange sie die Möglichkeit erhalten, sich in selbstgesteuerten Bildungsprozessen zu erproben.

Daher ist zu bedenken: Ein Kind, das für die biblische Erzählung (zumindest im Augenblick der Begegnung mit ihr) keine Verknüpfung mit seinem Leben herstellen kann, wird daher mit ihr wenig anfangen können. Damit ist jedoch keine Aussage über die Religiosität des Kindes getroffen!

MB♀ (3;5, o. B.) hört an einem Wochenende im Juli gemeinsam mit ihrem Bruder (5) ein Hörspiel. Darin fällt das Wort »romantisch«. Letzterer fragt: »Mama, was ist romantisch?« Mutter: »Romantisch ist, wenn man einen Freund oder eine Freundin einlädt, Kerzen anzündet, zusammen einen Wein trinkt und sich gemütlich auf das Sofa setzt und redet.« MB♀: »Ja, Mama, wie bei Jesus. Der hat sich auch seine Freunde eingeladen und Wein getrunken und Brot gegessen.«

FH♀ (3;4, o. B.), ganz und gar und über Jahre von Drachen und der »Sternenschweifwelt« fasziniert, verfolgt die Erzählung von der Verkündigung des Engels Gabriel an Maria. Ihre Erläuterung: »Der Engel kam bestimmt auf einem Pegasus geritten. Beide haben so tolle Flügel.«

LR♂ (3;9, ev.) sitzt Anfang Januar mit zwei weiteren Kindern und der Beobachterin (B) am Mittagstisch. Er sagt zu dieser: »Du, M., ich war in einer ganz großen Kirche.« B: »Ach, da warst du wohl Heiligabend in der Kirche?« LR♂: »Da haben sie die Geschichte [Anm.: Weihnachtserzählung] gespielt und die Hirten hatten ganz große Schwerter.« B: »Das waren vielleicht die Hirtenstöcke.« LR♂: »Nein, das waren Schwerter.« – LR♂ beschäftigt sich in dieser Zeit sehr intensiv mit Rollenspielen, in denen Schwerter eine Rolle spielen, und mit der Frage nach »mutig sein«.

Im Sinne der »Kindertheologie« (→ Kinder und die großen Fragen) können Kinder als Auslegerinnen und Ausleger biblischer Texte bezeichnet werden. Sie nutzen einen eigenständigen Zugang und schreiben den Texten intuitiv und auf ihnen eigene Weise Bedeutung zu. Dies geschieht in einem Wechselspiel zwischen ihren lebensweltlichen Erfahrungen, ihren Verstehensmöglichkeiten und ihrem Vorwissen.

Mit Kindern die Bibel verstehen

Für die pädagogische Fachkraft stellt dies eine große Herausforderung dar. Sie muss den subjektiven Umgang des Kindes mit der biblischen Erzählung sensibel wahrnehmen. Dies beinhaltet auch, dass sie die Kinder zu eigenständigen Entdeckungen ermutigt und unkonventionelle, aus ihrer Sicht evtl. »unrichtige« Deutungen ernstnimmt. Es kann sogar negativ wirken, wenn Kindern das »richtige« Ergebnis vorgegeben oder gar aufgezwungen wird.

Während einer biblischen Einheit zeigt sich ML♂ (3;10, Freie Christen) uninteressiert und abwehrend. Er ist unruhig und rutscht auf seinem Stuhl hin und her. Schließlich hält er sich die Ohren zu. Als schließlich das Aufräumen angesagt ist, beteiligt er sich mit größtem Eifer. – Es ist davon auszugehen, dass ML♂ durch die Großeltern und die Tatsache, dass diese ihren Enkel regelmäßig zu Angeboten der Gemeinde mitnehmen, religiös »überfüttert« ist und entsprechend beeinflusst wird.

PH♀ (3;9, rk) kennt als Tochter von Eltern mit theologischen Berufen eine Fülle biblischer Erzählungen. Sie besucht den sonntäglichen Gottesdienst regelmäßig und nimmt an der Kinderkatechese der Schönstattbewegung teil. Ihr Vorsatz für die Fastenzeit: »Nicht in der Kinderbibel lesen.«

Das Wahr- und Ernstnehmen der Kinder in ihrem Umgang mit biblischen Erzählungen schließt aber keineswegs aus, dass die pädagogische Fachkraft ihre persönlichen Erfahrungen mit der Bibel und ihre Sachkenntnis einbringt. Gerade dann, wenn Kinder genauso wie der biblische Text ernstgenommen werden, muss sie in der Lage sein, beide zu verstehen.

Auch in der wissenschaftlichen Auslegung biblischer Texte spielt die jeweilige Perspektive der Leserin und des Lesers eine wichtige Rolle. Jede Person ist aktiv am Herausarbeiten möglicher Deutungen des Textes und seiner Bedeutung(en) beteiligt. Ihre Biographie, ihr Alter, ihr Geschlecht und ihr kultureller Kontext sind (manchmal unbewusst und unreflektiert) ein wesentlicher Faktor für den Umgang mit Texten generell und auch mit biblischen Texten. Diese Aspekte kennzeichnen die Professionalität einer religionspädagogischen Fachkraft (→ Die pädagogische Fachkraft).

Heilige als Vorbilder

Besonders große Anziehungskraft üben der heilige Martin und der heilige Nikolaus auf junge Kinder aus. Sie begegnen ihnen im »heiligen Spiel«, sie bringen Geschenke und bieten vielfältige Gelegenheiten zu basteln und in ihre Rolle zu schlüpfen. Sie lassen Vergangenheit und Gegenwart, Phantasie und Realität verschmelzen (»Der lebt noch, der war gestern bei uns und hat Geschenke gebracht.«).

Zumeist werden → Heilige wie → Martin, → Nikolaus, → Barbara oder → Elisabeth im religionspädagogischen Kontext als Vorbilder angeboten. Sie stehen für Einander-helfen und Miteinander-teilen; die Auseinandersetzung mit ihnen wird Teil des sozialen Lernens. Die Kinder werden darauf aufmerksam (gemacht), dass es Menschen gibt, die ihre Hilfe brauchen – und dass sie helfen können. Sie können sich exemplarisch in Solidarität und Empathie üben. Sie gewinnen Freude an Aktionen, die ihre Zuwendung und Hilfsbereitschaft fordern und sie die Dankbarkeit der Beschenkten erfahren lassen.

Darüber hinaus erkennen Kinder von sich aus, dass sich → heilig sein nicht in praktizierter Nächstenliebe erschöpft. Sie erspüren, dass die Heiligen eine besondere Nähe zu Jesus oder Gott auszeichnet.

Zu Beginn des Kindergartenjahres studiert die Beobachterin (B) ein Bücherprospekt. Darin ist der heilige Martin abgebildet. JS♂ (5, ev.) summt ein Martinszug-Lied. Darauf angesprochen, singt er: »Sankt Martin, Sonne, Mond und Sterne …« Dann fällt ihm noch ein weiterer Liedanfang ein: »Als Martin ein Soldat noch war …«. Er fährt fort: »Dann wollte er kein Soldat mehr sein. Früher haben die noch ins Herz gestochen.« B: »Und warum wollte Martin kein Soldat mehr sein?« JS♂: »Er wollte nicht mehr die Menschen töten.« B: »Und warum nicht?« JS♂: »Weil er hatte die so lieb. Das hat er von Jesus gelernt.«

Die KiTa-Gruppe macht einen Spaziergang durch den Ort. Dabei kommt sie am »Adelheid-Brunnen« vorbei. CA♀ (3;6, rk) geht Hand in Hand mit L♀ (5). L♀ erklärt CA♀, dass die heilige Adelheid das Wasser im Brunnen gemacht hat. Die begleitende Erzieherin greift dies auf und erzählt kurz vom Leben der Heiligen. CA♀ kommentiert: »Das geht doch nur, weil sie die Freundin von Jesus war!«

Interreligiöse Themen

»Bildungsarbeit mit Kindern heißt Werte und Normen der Menschen kennen zu lernen und den Kindern zu helfen, eigene Standpunkte zu entwickeln.

Der Beitrag der religiösen Erziehung: Die Religionen formulieren begründete Werte und Normen, die den Menschen Halt und Orientierung für ein gelingendes Leben bieten. Kindern diese Werte und Normen bei ihrer Suche nach dem, woran sie sich halten und orientieren können, vorzuenthalten, würde bedeuten, ihnen den Zugang zu den ethischen Quellen und Kräften zu verwehren, die das humane Niveau unserer Gesellschaft bis heute bestimmen.«
Aus: Verband Katholischer Tageseinrichtungen für Kinder (KTK) – Bundesverband e.V.: Religiöse Erziehung als Bildung begreifen. Ein Argumentationspapier, Freiburg o. J.

Auch interreligiöse Themen ergeben sich primär durch die Kinder und werden von ihnen eingebracht. Sie erleben in der KiTa, aber auch in ihrem Lebensumfeld oder im Urlaub, dass es unterschiedliche Religionen gibt. Andererseits ist es Aufgabe der pädagogischen Fachkraft, damit verbundene Fragen und Inhalte zu thematisieren.

In unserer heutigen weltanschaulich, religiös und konfessionell pluralen Gesellschaft braucht es Orientierung. Die Wahrnehmung und das Zusammenleben mit Menschen unterschiedlicher religiöser Herkunft stellt eine große Herausforderung für religiöse Bildung dar. Auch hier ist vornehmlich Fachwissen der pädagogischen Fachkraft gefragt. Kinder nehmen nicht nur die Äußerlichkeiten anderer Religionen oder Konfessionen wahr. Sie möchten auch der Innerlichkeit von Religion und Religiosität »auf die Spur« kommen und diese auch religiös vielgestaltige Welt kennen und verstehen lernen. Etliches lernen jedoch die Kinder voneinander.

Im Morgenkreis fragt die Erzieherin: »Habt ihr eigentlich alle einen Adventskalender zu Hause?« LA♀ (5, musl.): »Nein.« – Erzieherin: »Mhm, weißt du, warum du keinen hast?« – LA♀: »Ja, weil ich kein Christkind bin.«

LA♀ unterhält sich auf dem Bauteppich mit M♂ und G♂. – M♂: »Feierst du auch Weihnachten?« – LA♀: »Ja.« – G♂: »Du bist von Gott.« – LA♀: »Nein, ich bin Albanerin.«

Beim Mittagessen: H♂ (4, musl.): »Danke für das Essen, lieber Gott.« – L♀ (5, rk): »Aber H. muss Allah sagen, das ist nämlich sein Gott. Und H. muss immer bismila, bismila, bismila sagen und sich durch's Gesicht streichen.« Sie führt die Bewegung aus. »Das heißt nämlich im Namen des Vaters und des Sohnes und des Heiligen Geistes.«

Zum Weiterlesen

- Bucher, Anton A. / Büttner, Gerhard / Freudenberger-Lötz, Petra / Schreiner, Martin (Hg.): Mittendrin ist Gott. Kinder denken nach über Gott, Leben und Tod. Jahrbuch für Kindertheologie, Band 1, Stuttgart ^{2}2008.
- Leinhäupl, Andreas: Wir entdecken die Bibel – biblische Geschichten gemeinsam erleben, in: Leinhäupl, Andreas / Grote, Bärbel (Hg.): miteinander glauben (er)leben. Religionspädagogik im Elementarbereich – Ein Lese- und Arbeitsbuch, Osnabrück 2012, 55–89.
- Winter, Stephan: Feste im Jahreskreis, in: Leinhäupl, Andreas / Grote, Bärbel (Hg.): miteinander glauben (er)leben. Religionspädagogik im Elementarbereich – Ein Lese- und Arbeitsbuch, Osnabrück 2012, 90–102.
- Schweitzer, Friedrich u. a.: Mein Gott – Dein Gott. Interkulturelle und interreligiöse Bildung in Kindertagesstätten, Weinheim 2008.

TEIL 3
DIE PÄDAGOGISCHE FACHKRAFT

Die Professionalisierung pädagogischer Fachkräfte

»Kompetentes pädagogisches Handeln ... setzt neben Fachkompetenzen vor allem personale Kompetenzen voraus. ... Dazu gehört auch die Entwicklung einer eigenen Spiritualität, die im alltäglichen Umgang mit Kindern, Jugendlichen und Erwachsenen berufliche Kompetenz mit der ›Zuwendung des Herzens‹ verbindet.«

Sekretariat der Deutschen Bischofskonferenz (Hg.): Qualifikationsrahmen für die religiöse Bildung von Erzieherinnen und Erziehern an katholischen Fachschulen und Fachakademien, Bonn ²2015, 22 f.

Kinder erschließen sich ihre natürliche, soziale, kulturelle und religiöse Umwelt selbstständig. Dies bedeutet nicht, dass die pädagogische Fachkraft und ihr Handeln nebensächlich sind. Im Gegenteil: Sie hat die wichtige pädagogische Aufgabe, die Rahmenbedingungen zu ermöglichen, unter denen sich das Kind selbst bilden kann. Ein dafür geeigneter Rahmen ist durch das bestimmt, was das Kind braucht: Freiräume und Gestaltungsräume, Rückhalt und Sicherheit in zwischenmenschlichen Beziehungen, Bindung und Loslösung, Resonanz und Reflexion sowie ein eigenes fachliches Profil und die spirituelle Haltung der pädagogischen Fachkraft.

Eine solche Professionalisierung des Denkens und Handelns unterliegt einem biographischen Entwicklungsprozess und erfolgt in lebenslangem Lernen. Erzieherinnen und Erzieher lernen täglich von Kindern, von den Eltern sowie im Team von- und miteinander – sofern Bedingungen geschaffen werden, die eine fachliche Reflexion ermöglichen. Die Teilnahme an Fort- und Weiterbildungsmaßnahmen und die Wahrnehmung religiös-spiritueller Angebote kann diesen Lernprozess unterstützen.

Professionalisierung als biographischer Entwicklungsprozess

Die Aneignung von professionellem Wissen und die Entwicklung von Können in Aus- und Fortbildung greifen nur dann, wenn sie biographisch verankert werden. Der biographische Entwicklungsprozess basiert auf den Erfahrungen, die die (künftige) pädagogische Fachkraft mitbringt. Es muss deshalb geklärt werden, welche Erfahrungen sie oder er in der eigenen Erziehung und Selbstbildung gemacht hat und welche »geheimen« pädagogischen Ziele sich daraus entwickelt haben.

»In meiner Kindheit gehörte Religion zum Alltag. Wir haben die Gebete auswendig gelernt. Das Vaterunser. Und das Gegrüßet seist du Maria. Wir wussten, was Weihnachten oder Ostern religiös bedeutet. Wir sind regelmäßig in die Kirche gegangen. Die christliche Religion wurde ganz normal und alltäglich erlebt. Diese Erfahrung trägt mich bis heute.«
Erzieherin MR., an der Längsschnitt-Fallstudie beteiligt

»Ich hatte als Kind und in meiner Jugend keine Möglichkeit, das Christentum kennen zu lernen. So ist mir etwas Wichtiges vorenthalten worden. Manchmal fühle ich mich richtig betrogen. Doch jetzt entdecke ich den Schatz des Glaubens. Ich bin sehr froh, dass ich mich mit meinen Kolleginnen darüber austauschen kann. Und ich lerne so viel von den Kindern.«
Erzieherin WG., an der Längsschnitt-Fallstudie beteiligt

Auswertungsgespräche zu dokumentierten Beobachtungen brachten nicht selten zutage, dass die pädagogischen Fachkräfte das Beobachtete (unbewusst) auf dem Hintergrund ihrer eigenen Biographie betrachteten und bewerteten. Dies wurde ihnen deutlich, wenn sie im Verlauf des Gesprächs begannen, von sich zu erzählen: Wie sie zum Glauben gekommen sind, was ihnen ihr Glaube bedeutet – und dass sie dies alles den Kindern gern mitgeben würden.

Lebensgeschichte(n) – Glaubensgeschichte(n) im pädagogischen Handeln

Jeder Glaube hat seine Geschichte. Wer von seinem Glauben erzählt, erzählt auch von seinem Leben. Mit ihren Erzählungen filtert die erzählende Person das heraus, was für sie in der Gegenwart von Bedeutung ist: »Diese Erfahrung trägt mich bis heute.« Das Erzählte sagt also mehr über die Gegenwart als über die Vergangenheit aus.

Die Biographieforschung macht darauf aufmerksam, dass heutige postmoderne Lebens- und Glaubensgeschichten individuellen Charakter haben. Sie sind in verschiedenste familien- und zeitgeschichtliche Schicksale verwoben sowie durch kulturelle und gesellschaftliche Kontexte geprägt. Ob und wie Religion und (christlicher) Glaube darin vorkommen, ist so unterschiedlich und einzigartig, wie Menschen und ihre Geschichten sind. Dies ist zu bedenken, wenn die eigene Geschichte und persönliche Erfahrungen als Ausgangspunkt religionspädagogischen Handelns betrachtet werden.

Professionelles Handeln zeichnet sich daher dadurch aus, dass diese persönlichen Erfahrungen reflektiert und weiterentwickelt werden: Welche Ein- und Vorstellungen erwachsen aus der eigenen Lebens- und Glaubensgeschichte? Sind diese mit dem heutigen Stand professionellen Wissens und Könnens vereinbar? Welche persönlichen Stärken und Schwächen lassen sich erkennen? Was bedeutet diese Erkenntnis für die Ausübung der pädagogischen Tätigkeit?

Gegenstand eines Auswertungsgesprächs von Beobachtungen waren gemalte Gottesbilder von Kindern. Es wurde besprochen, wie Gottesbilder entstehen und ob bzw. wie sich diese im Verlauf des Lebens verändern.

Daraufhin entstand der Wunsch, im Rahmen einer Inhouse-Schulung über die eigenen Gottesbilder nachzudenken, sich diese und ihren Ursprung bewusst zu machen. Der offene Austausch über innere Bilder und Erfahrungen führte zu einem tieferen Verständnis der eigenen biographischen Erfahrungen, aber auch jener der anderen Teammitglieder. Zugleich eröffnete er eine neue Perspektive auf die kindlichen Gottesbilder und den Umgang mit den Kinderäußerungen.

Biographisch verankerte Professionalisierungsprozesse kommen immer nur zu vorläufigen Ergebnissen. Da sich das Leben und auch die berufliche Realität stetig verändern, wird die Selbstbildung immer wieder neu angeregt und weiterentwickelt. Dies ist auch bei der Konzeption von Fort- und Weiterbildungsprozessen zu berücksichtigen.

Professionelle Wahrnehmung und Verlangsamung

Im Rahmen der Längsschnitt-Fallstudie (→ Ausgangspunkt: Eine Längsschnitt-Fallstudie) zeigte sich, dass die intensive und differenzierte Beobachtung des Kindes zu Veränderungen der religionspädagogischen Arbeit führt. Durch die wahrnehmende Beobachtung der Kinder kam deren Eigenständigkeit stärker in den Blick. Die pädagogischen Fachkräfte vertieften ihr Verständnis für die Interessen, die Kreativität und die Spiritualität der Kinder. Dies verlangsamte und veränderte das pädagogische Handeln; die Fachkraft richtete ihre Aufmerksamkeit auf die Alltagsthemen der Kinder und orientierte sich an diesen.

JH♂ (5;4–6, ev.) zeigt kontinuierlich ein ausgeprägtes Interesse an biblischen Erzählungen und an Bibeln. Von zu Hause bringt er seine Kinderbibel mit und vergleicht sie mit den Bibelausgaben, die in der KiTa verfügbar sind. Er bittet die Leiterin der KiTa, ihm die »große Bibel«, die bei Gottesdiensten genutzt wird, auszuleihen. Er bezieht seine Freunde in die Beschäftigung mit der Bibel, die auch im Freispiel ihren Ort hat, ein.

Die zuständige Erzieherin eröffnet JH♂ nicht nur die Möglichkeit, sein Wissen und seine Lieblingstexte in die Gruppe einzubringen. Sie installiert in der KiTa eine »Bibelecke«, die JH♂ mitgestaltet – und die auch von anderen Kindern aufgesucht wird. Gemeinsam mit interessierten und vom Jungen ausgewählten Kindern gehen JH♂ und die Erzieherin in die Stadtbibliothek, um dort noch weitere Bibelausgaben anzuschauen und auszuleihen. Die Kinder tragen die gefundenen »Schätze« stolz zurück in die KiTa.

Die Erzieherin und ihre Teamkolleginnen gewinnen selbst eine neue Perspektive auf die Bibel und biblisches Erzählen mit jungen Kindern.

Auf diese Weise führt die professionelle Wahrnehmung des Kindes zu Fragen an Theorien und Konzepte. Im Aufgreifen der Themen, die von Kindern eingebracht werden, wird auch die Gestaltung der Räume, die Auswahl von Inhalten und Materialien auf den Prüfstand gestellt. Andererseits kann die pädagogische Fachkraft auch nur da professionell beobachten, wo die Kinder bereits entsprechend zu eigenständigem Handeln und Denken angeregt werden.

Wahrnehmendes Beobachten als Alltagsaufgabe

In der Regel erfolgt wahrnehmendes Beobachten lediglich zu bestimmten Zeiten (wie des Übergangs) oder im Kontext von Aufgabenstellungen. Dann dient das Beobachten zumeist dem Sammeln vorstrukturierter Informationen über das Kind und seinen Entwicklungsstand.

Professionelles wahrnehmendes Beobachten im Alltag richtet zudem in aller Offenheit die Aufmerksamkeit auf die Vielfalt kindlicher Erlebnis- und Erfahrungsmuster. Dies entspricht der Erkenntnis, dass junge Kinder nicht einfach Wissen anhäufen, sondern Erfahrungen sammeln: Erfahrungen mit Dingen, mit lebendigen Wesen und mit anderen Menschen. Es geht also darum, Erfahrungszusammenhänge zu erschließen und daraus gezielte Angebote und Herausforderungen zu entwickeln.

JS♂ (3;7, ev.), der einen etwa 3 Jahre jüngeren Bruder hat, zeigt besonderes Interesse an den »Neuen«, die seit ein paar Wochen in der Einrichtung sind. Er nimmt sie an die Hand und erklärt ihnen alles – nicht besserwisserisch, sondern einfühlsam. Er »adoptiert« ein sog. entwicklungsverzögertes Kind, ohne dies zu thematisieren. Er handelt einfach, nimmt aufmerksam dessen Bedürfnisse wahr und überlegt, wie er diese befriedigen kann. Kann er das nicht selbst tun, erläutert er seine Beobachtungen der Erzieherin. Entdeckt er Ungerechtigkeiten, geht er engagiert dagegen vor. Mit zunehmendem Alter wächst seine empathische Fähigkeit.

Versteht JS♂ im Alter von 4;3 Jahren unter Teilen im Sinne des heiligen Martin »Weckmann und Spielzeug teilen«, so setzt er mit

5 Jahren seinen ganz persönlichen Akzent in der Beschäftigung mit dem Heiligen: »Martin hat das von Jesus gelernt.«

Als Konsequenz dieser wahrnehmenden Beobachtung der Denk- und Handlungsprozesse des Jungen kann er in seinem Selbstbildungsprozess gezielt herausgefordert werden.

Professionelles Wahrnehmen im Alltag braucht Übung und Selbstreflexion: Welche Verhaltensäußerungen eines Kindes werden bewusst wahrgenommen, welche ausgeschaltet? Welche Äußerungen werden als bedeutsam bewertet, welche übersehen? Welche Äußerungen werden erwartet?

Die oben genannten Beispiele machen deutlich, dass sprachliche Äußerungen eines Kindes eine nachgeordnete Rolle spielen. Häufig wird jedoch aus fehlenden Sprachäußerungen eines Kindes vorschnell der Schluss gezogen, das Kind sei sich der Bedeutung eines Inhalts »noch nicht bewusst«. Hilfreich ist hier zum einen die Selbstbefragung zur eigenen Beobachtungskompetenz. Zum anderen hilft der Austausch im Team. Jede pädagogische Fachkraft hat eine andere Perspektive auf das Beobachtete, jede wird pädagogisch unterschiedlich darauf antworten.

Verständigung und Kommunikation

Wahrnehmendes Beobachten fördert den Dialog zwischen Erwachsenen und Kindern. Dieser ist umso wichtiger, je weniger sich das Kind über Sprache verständigen kann oder will. Darüber hinaus spielt die Verständigung mit dem Kind dann eine bedeutsame Rolle, wenn etwas Unerwartetes oder Überraschendes beobachtet wird.

Das üblicherweise unkonzentriert wirkende bzw. draufgängerische »Schubskind« FM♀ (3;9, o. B.) beteiligt sich »andächtig« an Legearbeiten zu Legenden des heiligen Franziskus. Sie gestaltet mit großer Konzentration ein Mandala und auch das Tischgebet verrichtet sie mit »Inbrunst«.

Als FM♀ vom Tod der Oma eines anderen Kindes erfährt, verweist sie auf Jesu Auferstehung von den Toten: Die Beschäftigung mit Tod und Auferstehung Jesu liegt Monate zurück!

Die überraschte Erzieherin spricht FM♀ an und würdigt das zufällig Beobachtete.

Nicht immer fügen sich Beobachtungen so zusammen, dass sie ein Ganzes ergeben. Manchmal fehlt die Ein-Sicht in die Äußerungen des Kindes und der Zusammenhang des kindlichen Handelns, Denkens und Fühlens erschließt sich der erwachsenen Person nicht. Dies bedeutet, dass pädagogische Fachkräfte Unsicherheit aushalten und sich immer wieder vergewissern müssen, ob das eigene Handeln den Absichten und Zielen des Kindes wenigstens im Ansatz entspricht. Dabei ist Fehlerfreundlichkeit gefordert: Auch im professionellen Handeln unterlaufen Fehler.

Die Beziehungsebene gestalten

Beziehungen haben stets zwei Dimensionen, die Gegensätzliches beinhalten: den Bindungsaspekt und den Loslösungsaspekt. Beide Aspekte gehören zusammen und sind unverzichtbar. Kinder brauchen vertrauensvolle und sichere Bindungen zu Eltern, Erzieherinnen und Erziehern und anderen Erwachsenen. Sie sind, um sich selbst bilden zu können, aber auch auf die Möglichkeit und die Freiheit des sich Loslösens angewiesen. Sie müssen die Welt selbstständig erkunden und erforschen können. Dazu müssen die Erwachsenen Bindungen lösen und das Kind loslassen können. Damit ist zugleich die Frage nach Nähe und Distanz verbunden.

VZ♀ (3;9, o. B.) hat in den vorausgehenden Monaten etliche Veränderungen erlebt: Umzug der Familie in einen anderen Stadtteil, ein eigenes Kinderzimmer (zuvor teilte sie das Zimmer mit ihrer älteren Schwester), Gruppenwechsel in der KiTa. Sie wirkt oft müde und zeigt sich introvertiert. Sie spielt fast nur allein und konzentriert sich dabei ganz auf ihr Tun. Die Erzieherin nimmt es beobachtend zur Kenntnis.

Im Freigelände geht VZ♀ (4) auf die Erzieherin zu und bleibt bei ihr stehen. Die Erzieherin fragt: »Na, VZ, geht es dir gut?« Das Kind nimmt die Hand der Erzieherin und legt diese auf ihre Wange. Dabei lächelt sie die Erzieherin an.

> VZ♀ (4;2) hüpft auf die Erzieherin zu und hält ihr die Spieleschachtel entgegen: »Spielst du mit mir, Frau K.?« Diese bejaht und VZ♀ besteht darauf, das Spiel selbst aufzubauen: »Du darfst zugucken.« Während des Spiels lacht VZ♀ vergnügt. Sie gewinnt das Spiel und sagt zur Erzieherin: »Das nächste Mal darfst du gewinnen.«

Aus diesem Beispiel wird ersichtlich, dass auch das Kind seinen Beitrag zur Gestaltung der Beziehung leistet. Mit den Veränderungen des Bindungsgefüges sowohl in der Familie als auch in der KiTa muss es selbst zurechtkommen. In der KiTa gelingt ihm dies, weil die Erzieherin aufgrund professioneller Beobachtung notwendige Nähe und erforderliche Distanz auszuloten vermag.

Dazu braucht es Verständigung auf Augenhöhe: Zum Wahrnehmen und Zuhören der Erwachsenen gehört auch das Antworten auf das, was sie wahrgenommen haben. Eine gelingende Beziehung kommt dann zustande, wenn die Äußerungen des Kindes als bedeutsam und denen von Erwachsenen gleichwertig anerkannt werden.

Un-bedingt bejaht und anerkannt sein

> Die Kinder »machen die Erfahrung, unabhängig von ihren Fähigkeiten und Leistungen anerkannt zu werden, und lernen, auch andere mit ihren Stärken und Schwächen anzunehmen. Sie entwickeln Vertrauen in die Verlässlichkeit menschlicher Beziehungen. Zu einem vom christlichen Glauben geprägten Miteinander gehört eine Kultur des Verzeihens und Versöhnens ... So legt das tägliche Miteinander in einer katholischen Kindertageseinrichtung Zeugnis von der bedingungslosen Liebe Gottes zu uns Menschen ab.«
>
> *Sekretariat der Deutschen Bischofskonferenz (Hg.): Welt entdecken, Glauben leben. Zum Bildungs- und Erziehungsauftrag katholischer Kindertageseinrichtungen, Bonn 2009, 37.*

Wenn Kinder das Gefühl entwickeln »Es ist gut, dass ich bin und wie ich bin« – und erleben »Ich kann!«, »Ich bin Ursprung von Handlungen, mit mir beginnt etwas Neues«, hilft ihnen dies, Vertrauen in die Welt und die Menschen zu setzen und offen ins Leben zu gehen.

Nach christlichem Verständnis ist jeder Mensch als Geschöpf Gottes eine bedingungslos und unwiderruflich bejahte und anerkannte Person. Der erste Schritt, diese Überzeugung in der religionspädagogischen Arbeit fruchtbar werden zu lassen, besteht darin, sich selbst angenommen und bejaht zu wissen. Im zweiten Schritt kann dann den Kindern glaubwürdig und authentisch dieses unbedingte Erwünscht- und Anerkanntsein zugesagt und erfahrbar gemacht werden.

Erfahrungen von Selbstständigkeit, Vertrauen und Freiheit können so als religiöse Erfahrung und als Gotteserfahrung betrachtet werden.

MA♀ (1;5, ev.) bewegt sich nach kurzer Eingewöhnung frei in der KiTa und genießt dies offensichtlich. Ihre Bewegungsfreude findet besonderen Widerhall beim Beten und Singen. Das Lied »Gottes Liebe« soll immer wieder »noma« gesungen werden.

B♂ (4), Sohn einer alleinerziehenden Mutter, stellt beim Besuch einer Marienwallfahrtskirche fest: »Ich wusste schon immer, dass Gott viele Mamas ist!«

Begegnung mit Religion und Glaube

Der »religiöse Weltzugang versucht, den Blick auf das Ganze der Wirklichkeit zu richten und somit die Welt als Schöpfung und den Menschen als Geschöpf wahrzunehmen. Aufgabe von Fachkräften im pädagogischen Bereich ist es deshalb, Kindern und Jugendlichen die religiösen Dimensionen im Alltagsleben zu erschließen und sie bei der Deutung dieser zu unterstützen.«
Sekretariat der Deutschen Bischofskonferenz (Hg.): Qualifikationsrahmen für die religiöse Bildung von Erzieherinnen und Erziehern an katholischen Fachschulen und Fachakademien, Bonn [2]2015, 26.

Kinder bauen eine reiche innere Bilderwelt auf, eine Welt inneren Erlebens. In ihr gewinnen Wahrnehmungen und Erlebnisse Sinn und Bedeutung. Der Reichtum dieser inneren Welt ergibt sich aus dem Reichtum der Erfahrungsmöglichkeiten, die sich das Kind selbst erschließen kann. Zugleich besteht eine Wechselwirkung zu Menschen, die diese Erfahrungen mit den Kindern interessiert und engagiert teilen.

Religionspädagogisch betrachtet wird in diesem Zusammenhang davon gesprochen, dass das Kind »religiös ansprechbar« ist. Seine Innenwelt hat eine religiöse und spirituelle Dimension (→ Kindliche Religiosität und Spiritualität). Es bringt sie in Bildern zum Ausdruck und lässt sich von Bildern ansprechen. Kinder fühlen sich daher von Bildern angesprochen, die in ihnen ein Echo erzeugen. In dem Maße, in dem sie sich auf Bilder einlassen, gestalten sie diese zugleich um. So dienen sie ihnen als Resonanz-Boden für ihre eigenen Deutungen und Bedeutungen.

AN♂ (3;5, rk) ist von »Geschichten über Gott und Jesus« fasziniert und hört gebannt zu, wenn erzählt wird. Er selbst vertieft sich täglich in biblische Bilderbücher, die er intensiv für sich betrachtet. Verbal äußert er sich nicht.

Auch KM♀ (4, rk) schaut täglich ihr biblisches Lieblingsbuch an. Sie streichelt behutsam über bestimmte Bilder und wirkt dabei heiter und entspannt.

MB♀ (3;6, rk) liebt ihr »Ich-Buch« und blättert es immer wieder durch, verweilt an der einen oder anderen Seite. Gleiches gilt für MA♀ (2, ev.).

»Das ist nicht richtig ... aber das geht nicht ... das gehört da nicht hin!«, stellt S♀ (5) entrüstet fest. »Das ist der Platz für Gott!« Der Hintergrund: Während der Weihnachtszeit war das Elterncafé verkleinert worden, um Platz für die Krippe zu haben. Nun war die Krippe abgebaut und das Elterncafé wieder hergestellt.

DN♂ (4;2, rk) hat sein Morgenritual gefunden. Regelmäßig betrachtet er als Erstes ein Poster, auf dem Jesus mit Kindern abgebildet ist. Er tippt auf die abgebildeten Personen und benennt – neben Jesus – jedes Kind mit jeweils dem gleichen Namen, den der diesem gegeben hat. Er selbst befindet sich stets unter den Kindern auf dem Poster.

Themen wahrnehmen – Sachwissen anbieten

Aufgabe der pädagogischen Fachkraft ist es, Kindern Begegnungen mit der religiösen Bilder- und Symbolwelt zu ermöglichen. Die Anlässe dafür sind vielfältig und erwachsen aus der wahrnehmenden Beobachtung im Alltag und den Themen der Kinder. Darüber hinaus bieten der Jahreskreis und das → Kirchenjahr (→ Themen, die die pädagogische Fachkraft einbringt) oder das Aufgreifen aktueller Ereignisse Ansatzpunkte für Gespräch und Weiterarbeit mit den Interessen der Kinder. Da diese nicht immer gleichgeartet sind, bietet sich eine gemeinsame Themensuche und ggf. die Bearbeitung in Kleingruppen an.

CR♀ (5, rk) bekommt mit, dass ein Bestatter irrtümlich in der KiTa angerufen hat: »Was ist ein Bestatter?« Es entwickelt sich ein interessiertes Gespräch mit der pädagogischen Fachkraft. CR♀ möchte alles wissen, was die Tätigkeit eines Bestatters, Formen der Bestattung und der Beerdigung angeht.

HH♀ (5;2, rk) hat am Vorabend mit ihren Eltern das Ergebnis der Papstwahl im Fernsehen angeschaut. Sie hat die erste Seite der Tageszeitung mit dem Foto des Papstes mitgebracht. Das Thema des Morgenkreises der »Franziskus-Gruppe« ist auch daher »Papst Franziskus«. Die Kinder erzählen alles, was sie wissen, und fragen, was sie wissen wollen, z. B. warum er »nur weiß« ist.

In einer anderen KiTa-Gruppe ist der neue Papst beim Mittagstisch Thema. M♀ (4;3, o. B.) verkündet: »Wenn ich mal groß bin, werde ich Papstin.« C♂ (5, rk) erklärt: »Das geht nicht. Du bist ein Mädchen«. M♀ erwidert: »Wenn ich groß bin, bin ja kein Mädchen mehr.« C♂: »Das geht nicht!« M♂ blickt hilfesuchend zur Beobachterin.

Hier ist das Sachwissen der pädagogischen Fachkraft gefragt. Sie selbst sollte über Dinge, die in der Welt geschehen, nachgedacht haben. Nur dann kann sie mit den Kindern mitdenken und deren Suche nach Verstehen begleiten. Sie sollte im Bereich der eigenen Religion und anderer Religionen sowie des Glaubens auskunftsfähig sein. Kinder brauchen

Menschen, die etwas von der Sache, um die es jeweils geht, verstehen. Damit ist nicht Belehrung gemeint, sondern die Fähigkeit von Erwachsenen, mit Kindern zu lernen.

Zum fachlichen Profil gehört Sachwissen

Um christlich-religiöse Entwicklungs- und Bildungsprozesse unterstützen zu können, verfügen pädagogische Fachkräfte über Kenntnisse »über

- das christliche Verständnis Gottes und des Menschen,
- die Bibel als Urkunde des Glaubens und für die Erziehung von Kindern und Jugendlichen zentrale biblische Texte des Alten und Neuen Testaments,
- die Sprache des Glaubens (Gebete, Rituale, Symbole, Sakramente, Bekenntnisse),
- das Bekenntnis zu Jesus als dem Christus,
- Sendung und Dienst der Kirche heute,
- das Kirchenjahr,
- gegenwärtige Herausforderungen christlicher Existenz (religiöser Pluralismus, Säkularisierung, Glaube und Vernunft),
- andere Konfessionen und Religionen.«

Sekretariat der Deutschen Bischofskonferenz (Hg.): Qualifikationsrahmen für die religiöse Bildung von Erzieherinnen und Erziehern an katholischen Fachschulen und Fachakademien, Bonn ²2015, 26 f.

Religiöse Themen kommen im Elementarbereich jedoch weder systematisch noch abstrakt vor. Sie erscheinen in konkreten Zusammenhängen und kommen an den Kindern orientiert und elementar (→ Elementarisierung) zur Sprache. Dennoch – oder gerade deshalb – benötigt die pädagogische Fachkraft ein entsprechendes Sachwissen. Dieses muss sie mit den Grundfragen des Menschen und des Lebens verbinden können, zunächst für sich selbst und dann für die Kinder und mit den Kindern.

Erfahrungen aus der Längsschnitt-Fallstudie und Auswertungen von religionspädagogischen Aus-, Fort- und Weiterbildungsangeboten für pädagogische Fachkräfte zeigen, dass der Erwerb bzw. der Ausbau von Sachwissen weitgehend vernachlässigt wird. Dies wird in der Regel dann als Problem bewusst, wenn Kinder »schwierige« Fragen stellen.

A♂ (6) ist jetzt Grundschulkind und kommt zu Besuch in die KiTa. Der Tisch in seinem ehemaligen Gruppenraum ist festlich gedeckt. Es stehen Blumen auf dem Tisch und die »Jesuskerze« brennt. Ein Gedeck und ein Stuhl wurden zu viel bereitgestellt. A♂: »Der Stuhl dort ist leer, da könnte Jesus sitzen.« Erzieherin: »Oh ja, ich hätte viele Fragen an Jesus.« A♂: »Ich würde fragen – warum der Vater von Jesus ihn hat sterben lassen.« – Die übrigen Kinder der KiTa-Gruppe stellen ebenfalls »schwierige« Fragen. Erzieherin: »Ihr stellt Fragen, die sehr interessant sind und mich auch zum Nachdenken bringen.« Gemeinsam mit der Kindergruppe wird beschlossen, Pater E., dessen Besuch ansteht, um Mithilfe bei der Beantwortung der Fragen zu bitten.

Nach dem Morgenkreis am Aschermittwoch, bei dem die Erzieherin die Bedeutung der Fastenzeit erklärt, kommt ein Vorschulmädchen zu ihr, zupft sie am Ärmel und fragt flüsternd: »Warum wurde Jesus ans Kreuz genagelt?« E: »Das ist eine interessante Frage. Ich werde diese Geschichte bald erzählen.«

Ähnlich reagiert die Erzieherin von FM♀ (4, o. B.), als diese in einer Kapelle unter dem Kreuz steht: »Warum hat man ihn ans Kreuz genagelt?«

Während Kinder im Vorschulalter ihre »schweren« Fragen in der Regel versprachlichen, bringen jüngere Kinder sie häufig nonverbal, mit Mimik und Gestik oder malend und gestaltend zum Ausdruck. So findet sich auf vielen der Kinderzeichnungen, die im Rahmen der Längsschnitt-Fallstudie entstanden, mindestens ein Kreuz. Nach Lieblingsbildern in der Bibel befragt, zeigten oder nannten zahlreiche Kinder das Bild von der Kreuzigung Jesu. Insbesondere Mädchen hatten bei der Betrachtung nicht selten Tränen in den Augen.

Diese Beispiele zeigen, dass die pädagogische Fachkraft nicht nur positiv wahrnehmend, sondern auch sachkompetent reagieren muss: Kinder brauchen Hilfe und Unterstützung, damit sie diesem für den christlichen Glauben zentralen Bild und Symbol und anderen schwierigen religiösen Themen Sinn und Bedeutung geben können.

Pluralität als religionspädagogische Herausforderung

»Eine Herausforderung für die religionspädagogische Arbeit ist die religiöse Pluralität in den Kindertageseinrichtungen. Je nach der Region, dem Wohnumfeld und dem Angebot von Einrichtungen unterschiedlicher Träger besuchen neben katholischen Kindern auch Kinder anderer christlicher Konfessionen, anderer Religionen oder ohne religiöse Zugehörigkeit die katholischen Kindertageseinrichtungen. ... Auch die katholischen Kinder sind keine homogene Gruppe. Manche kommen aus Familien, die aktiv am Leben der Kirche teilnehmen. Viele wachsen in eher kirchendistanzierten Familien auf und machen kaum Erfahrungen mit dem Glauben der Kirche.«

Sekretariat der Deutschen Bischofskonferenz (Hg.): Welt entdecken, Glauben leben. Zum Bildungs- und Erziehungsauftrag katholischer Kindertageseinrichtungen, Bonn 2009, 37 f.

Ein genauerer Blick auf die Kinder und ihre Herkunft lässt erkennen, dass nahezu jedes Kind individuell erworbene Voraussetzungen mitbringt, mit denen es sich die religiöse Wirklichkeit erschließt. Die pädagogische Fachkraft muss respektvoll mit dieser Pluralität umgehen und selbst pluralitätsoffen sein. Auch aus diesem Grund ist ein biographisch orientierter Ansatz der Professionalisierung notwendig (→ Professionalisierung als biographischer Entwicklungsprozess).

Dies bedeutet, dass die religionspädagogische Arbeit in katholischen Kindertagesrichtungen nicht mehr (nur) dazu dienen kann, die Kinder mit der katholischen Konfession vertraut zu machen und in ihr zu beheimaten. Damit die Kinder ihre eigene Religiosität entfalten können (→ Kindliche Religiosität und Spiritualität), ist eine Umorientierung erforderlich.

Denn: Auch und gerade in einer religiös-pluralen Gesellschaft wie der unseren ist religiöse Bildung unersetzbar und ertragreich. Beginnend im Elementarbereich kann sie einen Beitrag zum Umgang mit der religiösen Vielfalt leisten. Es gilt, Wege für eine wechselseitige Toleranz zu eröffnen. Bereits junge Kinder nehmen die verschiedenen Formen gelebter Religion wahr und suchen auf ihre Weise mit ihnen umzugehen.

SM♀ (5; o. B.) unterhält sich während des Frühstücks mit der Beobachterin und erzählt ihr, dass die Gruppe an diesem Tag in die Kirche gehen wird. Unvermittelt sagt SM♀ dann: »Weißt du, meine Mama mag Gott nicht. Ich schon. ... Der Gott ist toll.« Dann isst sie weiter. – Nach Aussage der Beobachterin würde SM♀s Mutter dies von sich weisen. Wahrscheinlich kommt SM♀ zu ihrer Aussage, weil sie die Mutter als nicht religiös praktizierend erlebt.

ML♂ (4;5, o. B.) ist von Jesus begeistert und sieht sich gern als Freund Gottes, was er im KiTa-Alltag immer wieder artikuliert. Zu Hause erfährt er dafür jedoch nur Gegenwehr (die KiTa wurde wegen ihrer geographischen Lage ausgewählt; die Eltern bestehen auf ihrer Areligiosität). Nach einem Wochenende kommt MLs Vater wütend in die KiTa. Sein Sohn habe während einer Autofahrt den Sonnenuntergang bewundert und geäußert, dass Gott dies so toll gemacht habe. Dies könne er so nicht akzeptieren. ML♂ hört sich das Gespräch zwischen der KiTa-Leitung und seinem Vater ruhig an. Als dieser die KiTa verlassen hat, zieht ML♂ sein Fazit: »Ich glaube an Gott, aber nur im Kindergarten!«

Des Weiteren hilft die Begegnung mit Religion und Religiosität den Kindern, ihre Welt zu verstehen und sich selbst darin zu verorten. Wenn pädagogische Fachkräfte konfessionelle Inhalte und christlich-religiöse Praxis in den KiTa-Alltag integrieren, bieten sie dem Kind eine mögliche Ausprägung gelebten Christentums an. Sie müssen daher religiös kundig sein und auch zu interreligiös bedeutsamen Themen Auskunft geben können. Zugleich und vor allem muss die pädagogische Fachkraft aber als Person zeigen, was es heißt, religiös zu sein.

Dazu benötigt sie eine eigene religiöse und spirituelle Haltung, durch die sie Position bezieht – ohne die Offenheit für andere Formen von Religiosität und Spiritualität aufzugeben.

Spiritualität in Pluralität

Kinder entwickeln ihre ganz eigene Spiritualität (→ Kindliche Spiritualität). Sie entspringt dem, was sie erleben, sinnlich wahrnehmen, gedanklich ordnen, in innere Bilder und schließlich in Sprache fassen. Diese Erfahrungsprozesse verlaufen in Wechselwirkung zum sozialen Kontext. Die eigene Spiritualität entwickelt sich aus dem individuellen Wahrnehmen und Deuten dessen, was das religiöse Umfeld an sinnlich-körperlichen Erfahrungsmöglichkeiten und Möglichkeiten zum Nachdenken sowie zum Handeln bereitstellt und anbietet. In einem religiös pluralen Kontext begegnen Kinder einer Vielfalt von Spiritualitäten, aus denen sie individuell auswählen (→ Was ist Spiritualität?).

Allerdings: Eine Vermittlung von Wissen zu spirituellen Erfahrungen bleibt ohne Wirkung, wenn die Kinder mit ihr keine Sinneserfahrungen, Handlungen, Erlebnisse, eigenen Fragestellungen oder Denkversuche verbinden können.

In der Fastenzeit wird mit den Kindern der Einrichtung in der großen Runde eine »ruhige Minute« praktiziert. Eine große Sanduhr läuft eine Minute, in der alle still sind. Die Kinder werden angeregt, die Augen zu schließen und in ihrer Phantasie einen ruhigen Ort zu finden. Nach einer dieser Übungen fragt die Beobachterin JS♂ (3;6, ev.), ob er einen ruhigen Ort gefunden habe. Er antwortet: »Ja.« B: »Und wo war der Ort?« JS♂: »Ich hab's vergessen.« B: »Kann es sein, dass der Ort in deinem Kopf war?« JS♂: »Ja.« Danach zieht sich das Kind zurück.

Es ist zu bedenken, dass bei Stilleübungen dieser Art innere Bilder geweckt werden, die (auch von Erwachsenen) nicht zwingend in Worte gefasst werden können. Daher sollte überlegt werden, ob und wann es hilfreich ist, dem Kind Worte anzubieten.

Auf pädagogische Fachkräfte, die Kinder auf ihrem spirituellen Weg begleiten, kommt somit eine zweifache Aufgabe zu: sowohl im Blick auf das Kind sowie im Blick auf die eigene Spiritualität präsent, aufmerksam und achtsam zu sein.

Spiritualität bezieht sich nicht nur auf »Innerlichkeit«. Sie bestimmt als eine geistliche Denk- und Verhaltensweise das gesamte Leben in all seinen Äußerungen. Aus ihr heraus werden lebensbedeutsame Fragen beantwortet: Wer bin ich? Wie gestalte ich mein Leben sinnvoll – für mich und zusammen mit anderen? Wie gelingt mein Leben? Wie gehe ich mit möglichem Scheitern um?

In unserer pluralen Gesellschaft und auch innerhalb des Christentums findet sich keine einheitliche Form von Spiritualität. Das bedeutet, dass alle in ihren unterschiedlichen persönlichen und beruflichen Situationen ihre je eigene Spiritualität suchen (müssen).

Als pädagogische Fachkraft das Eigene finden

Diese Suche nach der eigenen Spiritualität ist zunächst eine persönliche Angelegenheit. In unserer pluralen Gesellschaft geht es dabei zum einen um die Frage nach dem Verhältnis zwischen autonomem Menschsein und gläubiger Existenz. Zum anderen stellt sich die Frage nach der Auseinandersetzung mit einer christlichen Spiritualität, die sich auf den Geist Gottes, den Geist Jesu Christi bezieht.

Dies »beschreibt ein Ziel, das nicht von allen Erzieherinnen und Erziehern zur gleichen Zeit und in gleichem Maße erreicht werden kann. ... Manche sind eng mit dem Glauben und Leben der Kirche verbunden, andere sind eher distanziert, aber am Glauben interessiert. ... [Es] wechseln bisweilen Phasen einer engen Verbundenheit mit der Kirche mit Phasen einer inneren Distanz oder des Zweifels. Um Erzieherinnen und Erzieher im Glauben zu stärken, ist es wichtig, dass die Aus- und Fortbildung neben fachlichen auch spirituelle Angebote umfasst, die es Erzieherinnen und Erziehern ermöglichen, ihren Standort als Christinnen und Christen sowie ihr Verhältnis zur Kirche zu klären und weiterzuentwickeln. ...

Diese Unterstützung ... muss vor allem die (religions-)pädagogische Arbeit und die spirituelle Begleitung der Erzieherinnen und Erzieher einbeziehen.«

Sekretariat der Deutschen Bischofskonferenz (Hg.): Welt entdecken, Glauben leben. Zum Bildungs- und Erziehungsauftrag katholischer Kindertageseinrichtungen, Bonn 2009, 43 f.

Für eine pädagogisch tätige Person bleibt die Frage der Spiritualität jedoch keine Privatsache. Sie teilt in der Einrichtung sowohl mit den Kindern als auch mit ihren Kolleginnen und Kollegen den Alltag. Darin muss ihre eigene Spiritualität sichtbar werden.

»In der Aus- und Fortbildung und in der Begleitung von Erzieherinnen sollten Möglichkeiten der Entwicklung und Vertiefung einer eigenen Spiritualität geboten werden. Dabei ist eine ›Spiritualität von unten‹ zu bevorzugen, die bei dem ansetzt, was die lebensbestimmenden Bereiche von Erzieherinnen als Frauen ausmachen – bei ihren Träumen und Sehnsüchten, ihren Ängsten, Hoffnungen, Visionen, ihren Lebensentwürfen, ihren Selbst- und Fremdbildern –, und die alle diese Bereiche zur Welt des christlichen Glaubens in Beziehung setzt.«
Hugoth, Matthias: Handbuch religiöse Bildung in Kita und Kindergarten, Freiburg 2012, 247.

Spiritualität geschlechtsspezifisch

Die Mehrheit der pädagogischen Fachkräfte ist weiblich – daher ist es sinnvoll, Spiritualität unter geschlechtsspezifischem Aspekt zu beleuchten. Lebens- und Glaubensgeschichten von Mädchen und Frauen sind zwar äußerst vielfältig und uneinheitlich, sie weisen jedoch übergreifende Merkmale auf.

Ein Blick in religiöse Biographien belegt, dass Glaube, Religiosität und Spiritualität von Mädchen und Frauen eng mit dem Alltag verwoben sind. Hohe Bedeutung hat hier die Gestaltung von Beziehungen und ihre Qualität. Der gemeinschaftliche Austausch über die innere Gedankenwelt auf Augenhöhe wird als hilfreich für die Entwicklung der eigenen Religiosität und Spiritualität erlebt und praktiziert. Ebenso spielt das Körperliche eine bedeutsame Rolle: Berührung und Nähe finden ebenso wie die Beziehung zu anderen und die innere Befindlichkeit Ausdruck in religiösen Gesten (z. B. Segnen) wie in Bewegung und Tanz.

In der Beschäftigung mit der Bibel wird entdeckt, dass es neben Abraham auch Sara gibt und dass Maria von Magdala die Verkünderin der Osterbotschaft ist. So wird nach Erzählungen von starken Frauen gesucht. Auch Symbolbildungen und Symbolverständnis unterscheiden sich bei den Geschlechtern. Die konkreten Lebenserfahrungen sind in unserer Gesellschaft immer zweigeschlechtlich geprägt – und diese stellen die Basis für den Umgang mit Symbolen dar.

Diese Erkenntnisse sind sowohl für die Suche nach der eigenen Spiritualität und Religiosität von Bedeutung als auch für die religionspädagogische Arbeit. Es ist zu diskutieren, dass gerade im Elementarbereich wie auch in der Grundschule vor allem Frauen die pädagogischen Ansprechpartnerinnen von Kindern sind. Insbesondere Jungen werden auf diese Weise benachteiligt, weil ihnen eine männliche Perspektive auf das Leben und auf Religion vorenthalten wird (→ Religiöse Entwicklung geschlechtsspezifisch betrachtet).

Tipps zur Reflexion

Rahmenbedingungen:

- Was lernen Kinder aus der Tatsache, dass »Erzieher*in« offensichtlich ein Frauenberuf ist?
- Welche Rollenverteilung erleben die Kinder bei den Eltern und Großeltern?

Medien:

- Welche Geschlechtsstereotypen transportieren die Geschichten, Märchen, Lieder etc., die im KiTa-Alltag verwendet werden?
- Haben Jungen und Mädchen die gleichen Identifikationsmöglichkeiten?

Spiele:

- Spielen Jungen und Mädchen sowohl in der Bau- als auch in der Puppenecke?
- In welche Rollen schlüpfen Mädchen und Jungen im Freispiel?

Bewegung:

- Wer misst in der KiTa die Kräfte? Wer ist wild und raumgreifend?
- Stehen Mädchen und Jungen die gleichen räumlichen Erfahrungsmöglichkeiten offen?

Selbstvergewisserung:

- Mit welchem Verhalten identifiziere ich mich eher: mit »jungentypischen« oder mit »mädchentypischen« Verhaltensweisen?

- Welche Auswirkungen hat mein eigenes Rollenverständnis auf meine Begleitung der Kinder?
- Welche Auswirkungen hat mein eigenes Rollenverständnis auf die Auswahl und Präsentation religiöser Inhalte?

Zum Weiterlesen

- Caritasverband für das Bistum Magdeburg / Bischöfliches Ordinariat Magdeburg (Hg.): Die Welt des Glaubens entdecken – erleben – verstehen und als Christ handeln. QM-Handbuch Religion. Dialogorientierte Qualitätsentwicklung für Kindertageseinrichtungen im Bistum Magdeburg, Magdeburg 2013.
- Hugoth, Matthias / Kaupp, Angela (Hg.): Katholische Religionspädagogik für sozialpädagogische Berufe, Köln 2015.
- Schäfer, Gerd E.: Welche Professionalität braucht eine Kultur des Lernens?, in: Ders.: Was ist frühkindliche Bildung? Kindlicher Anfängergeist in einer Kultur des Lernens, Weinheim-Basel [2]2014, 255–311.
- Wuckelt, Agnes: Erzieherinnen im Dienst der Kirche, in: Leinhäupl, Andreas / Grote, Bärbel (Hg.): miteinander glauben (er)leben. Religionspädagogik im Elementarbereich – Ein Lese- und Arbeitsbuch, Osnabrück 2012, 40–51.

Konzepte frühkindlicher religiöser Bildung

Pädagogik besteht in der Gestaltung von Beziehungen zwischen Kindern und Erwachsenen. Ziel ist es, Kinder an ihren Entwicklungs- und Beteiligungsprozessen zu beteiligen. Daher stellt sich die Frage nach professionellen Beziehungsformen, Ansätzen und Konzepten, die diesem Ziel dienen.

Die Kindertageseinrichtung ist ein Ort frühkindlicher Bildung, basierend auf dem Verständnis von Bildung als Selbstbildung. Dieser zentrale Gedanke wurde bereits von Friedrich Fröbel (1782–1852) vertreten und in einem Konzept umgesetzt. Maria Montessori dachte diese Vorstellung von der Selbsttätigkeit des Kindes weiter und stellte diesen pädagogischen Ansatz auf eine empirische Basis.

Die Bildungsreform in Deutschland in den 1970er-Jahren setzte auf frühzeitige Förderung von – vor allem benachteiligten – Kindern. Pädagogik und Entwicklungspsychologie führten zur Entwicklung wissenschafts- und entwicklungsorientierter Konzepte. Auch die Religionspädagogik entdeckte in diesen Jahren den heranwachsenden Menschen als Individuum und entwickelte Modelle und Konzepte religiöser Vermittlung und Aneignung, die das Kind »in die Mitte« stellten. Diese Konzepte wurden zwar zunächst für den schulischen Religionsunterricht entwickelt, fanden aber im Nachgang auch Eingang in die religionspädagogische Elementarpädagogik.

Der Situationsansatz

Im Mittelpunkt des Situationsansatzes steht das soziale, kulturelle und religiöse Leben mit all seinen Herausforderungen, wie es Kindern und Familien heute begegnet. Bereits die jüngsten Mädchen und Jungen können sich mit ihren unterschiedlichen Lebenserfahrungen und individuellen Möglichkeiten gleichberechtigt einbringen und sich aktiv beteiligen.

Der sog. Situationsansatz wird in den 1970er-Jahren entwickelt. Er stellt das soziale Lernen über sachbezogenes Lernen. Die Lebenssituationen werden bewusst wahrgenommen und analysiert. Aus dieser Situationsanalyse ergeben sich die Ziele für die Bildungs- und Lernprozesse. Es wird gefragt: Welche Fähigkeiten der Kinder sollen gefördert werden, an welche Erfahrungen kann angeknüpft werden?

Die Religionspädagogik nahm den zunächst sozialpädagogischen Ansatz in seinem Grundanliegen auf. Allerdings hatte dieser die religiöse Dimension nicht berücksichtigt. So machte die Religionspädagogik darauf aufmerksam, dass Religiosität zum Menschsein gehört. Zugleich betonte sie, dass Religiosität nicht mit kirchlicher Sozialisation zu verwechseln sei.

Bedeutung von Grunderfahrungen

Zugleich wurde der Situationsansatz weitergeführt. In der Situationsanalyse wurde der Blick auf sog. Grunderfahrungen oder elementare Erfahrungen gerichtet:

Grund- oder elementare Erfahrungen machen alle Menschen, beispielsweise die Erfahrung

- von Tag und Nacht, Licht und Dunkel;
- vom Ablauf der Jahreszeiten;
- von Saat und Ernte;
- von Geburt und Tod;
- von Gemeinschaft und Trennung;
- von Liebe und Hass;
- von Mühe und Arbeit;
- von Werktag und Feiertag;
- Heimat und Fremde.

Um solche Erfahrungen geht es auch in Religion und Glaube, sie lassen sich religiös erleben und deuten. Sie finden sich in religiösen Erzählungen und finden in religiösen Ritualen eine Antwort. Dies ist zu vermitteln; zugleich soll jedes Kind in seiner Einzigartigkeit und Einmaligkeit ernstgenommen werden. Dabei wird davon ausgegangen, dass Kinder ihre eigenen individuellen Erfahrungen in den bewusst und gezielt ausgewählten Inhalten entdecken und sie erweitern. Dass dies gelingt, wird etwa an nonverbalen und verbalen Äußerungen von Kindern deutlich, mit denen sie sich in Erzählungen einbringen:

MK♂ (3;8, o. B.) greift aus der Weihnachtserzählung das Verhalten des heiligen Josef auf und setzt es zum Verhalten seines Vaters in Beziehung: »Papa muss auch helfen.«

CA♀ (3;10, rk) vergleicht den heiligen Franziskus, der Kranke pflegt, mit ihrer Erzieherin: »Der ist wie du, der kümmert sich eben drum.«

NB♂ (5;3, ev.) hat gesundheitliche Probleme mit seinem Penis. Beim Betrachten eines Kreuzigungsbildes meint er: »Seinen Pimmel kann man nicht sehen.«

Der Familie von KF♀ (2;7, o. B.) gelingt es nur schwer, die Trauer über die verstorbene Mutter/Schwiegermutter/Oma zu bearbeiten. Bei der Bilderbuchbetrachtung »Leb wohl kleiner Dachs« bricht KF♀ in Tränen aus. Anschließend fertigt sie von sich aus eine Zeichnung an.

Darüber hinaus wird betont, dass Kinder nicht zu Objekten erzieherischen Handelns gemacht werden dürfen. Sie sollen Subjekte ihrer eigenen Entwicklung sein dürfen und mit ihren Fähigkeiten und Bedürfnissen ernst genommen werden. Damit sie sich aktiv einbringen, braucht es die Anerkennung durch die Bezugspersonen.

Kritische Würdigung

Der Situationsansatz hat bis heute seine Bedeutung für die Bildungsarbeit mit jungen Kindern behalten. Er bietet den Blick auf das sich selbst bildende Kind und plädiert dafür, es in seiner Individualität und Einzigartigkeit zu sehen. Zu bedenken ist allerdings, dass die Auswahl von Inhalten und Methoden eher einseitig durch die pädagogische Fachkraft erfolgt. Zwar stehen formal nicht mehr zu vermittelnde Inhalte im Vordergrund, sondern die sog. Grunderfahrungen. Es wird davon ausgegangen, dass alle Menschen, auch bereits junge Kinder, diese Erfahrungen machen und damit eine gemeinsame Grundvoraussetzung aller für religiöses Lernen gegeben sei.

Dem ist grundsätzlich zuzustimmen. Allerdings kommt nicht zum Tragen, dass diese sog. Grunderfahrungen jeweils auch individuellen und zeit- wie kulturbedingt unterschiedlichen Charakter haben. Jedes Mädchen und jeder Junge wächst in anderen Lebenskontexten auf, nimmt Wirklichkeit anders wahr und entwickelt seine ganz persönlichen Vorstellungen. So kann etwa die elementare Erfahrung von Licht und Dunkel bei jedem Kind andere Vorstellungen und Bilder wachrufen: Empfindet beispielsweise das eine Kind einen abgedunkelten Raum als »gemütlich«, entwickelt ein anderes Furcht. Erlebt das eine Kind »Liebe« als respektvolle und zärtliche Zuneigung zueinander, wird das andere Kind über eine Fülle von Spielzeuggeschenken »geliebt«.

Bei der Umsetzung des Situationsansatzes sollte dies entsprechende Berücksichtigung finden – was auch zur Folge hat, dass nicht alle Erzählungen, die eine der sogenannten Grunderfahrungen ansprechen, für alle Kinder gleich geeignet sind. Dem kann dadurch entgegengewirkt werden, dass Kinder ein klares Mitspracherecht bei der Auswahl und Ausgestaltung von Inhalten erhalten.

Der Ansatz der Elementarisierung

Eine »Sache« ist elementar, wenn

- sie auf das Wesentliche konzentriert und sowohl sachlich korrekt als auch einfach dargestellt wird;
- sie in ihrer Bedeutung für das (persönliche) Leben erschlossen werden kann;
- sie zum richtigen Zeitpunkt (für das Individuum und für die Gesellschaft) vermittelt wird;
- sie »wahr« ist, das heißt das Individuum anspricht, das »Herz« anrührt und auch andere (Gemeinschaft; Tradition) ihr »Wahrheit« zusprechen.

Auch der Ansatz der Elementarisierung stellt die Frage, wie religiöse Inhalte so aufbereitet werden können, dass sie von Kindern (und theologischen Laien und Laiinnen) aufgenommen und verstanden werden. Erste Versuche finden sich bereits in der Bibel: Hier finden sich kurze und prägnante Texte, die man sich gut einprägen konnte, so etwa die Kurzformeln des Glaubens »Jesus (ist der) Christus«, »Komm, Herr Jesus« oder die noch heute verwendete Rede von »Glaube, Hoffnung und Liebe«. Auch die Herausgabe eines Katechismus in beiden christlichen Kirchen war ein Versuch der Elementarisierung.

Ebenfalls seit den 1970er-Jahren wurde in der Religionspädagogik nach zentralen religiösen Begriffen und Inhalten in einer einfachen Sprache gesucht. Die Grundfrage lautet: Was ist wesentlich, was ist so wichtig, dass es auf jeden Fall vermittelt werden muss? Damit geht die Frage einher, wie und ob sich dieser an sich wichtige Inhalt mit dem Leben und der Lebensgeschichte der Lernenden verbinden lässt.

Der Ansatz der Elementarisierung hilft der pädagogischen Fachkraft bei der Vorbereitung religiöser Angebote sowie in Situationen, in denen Kinder mit ihren Fragen die religiöse Wirklichkeit erkunden und religiöse Inhalte verstehen möchten. Er fordert heraus und gehört zur religionspädagogischen Aus- und Fortbildung pädagogischer Fachkräfte (→ Die Professionalisierung pädagogischer Fachkräfte).

Elementarisierung kann jedoch auch gemeinsam mit den Kindern gelernt werden. Nicht selten elementarisieren Kinder selbst, indem sie ein komplexes Problem mit wenigen Worten »auf den Punkt« bringen.

Auf die Frage, was »Segen« ist, antwortet VZ♀ (3;10, o. B.): »Hochheben und lieb haben.« Die »Auferweckung« Jesu ist für JT♂ (4) »vom Tod heilen«.

Somit hat Elementarisierung auch mit Kreativität und Phantasie zu tun, die wechselseitig entfaltet und eingesetzt werden. Dies lässt auch deutlich werden, dass Elementarisierungsprozesse immer vorläufigen Charakter haben; einmal gefundene Lösungen müssen immer wieder überprüft werden.

Kinder und die großen Fragen

Kinder fragen nach Sinn: Wo komme ich her? Wer bin ich? Was ist meine Aufgabe hier und wo gehe ich nachher hin? Der kindertheologische Ansatz setzt bei diesen Fragen an. Er eröffnet gemeinsam mit dem Kind Wege philosophischen und theologischen Suchens.

»Kindertheologie« betrachtet kindliche Theologie als gleichwertig mit der Theologie Erwachsener.

Wenn Kinder die Welt erforschen, stellen sie unweigerlich Fragen nach dem, was ihnen begegnet, was sie fasziniert oder auch ängstigt. Sie möchten diese Fragen mit anderen, auch mit Erwachsenen, teilen – und erwarten dabei nicht immer eine Antwort. Nicht selten haben sie bereits die Vorstellung einer Antwort, über die sie sich verständigen möchten.

Erwachsene können von den Kindern das Fragenstellen (wieder) lernen und mit ihnen geduldig nach möglichen Antworten suchen. Dies bedeutet, Kinder als »Experten« im Fragen und Antworten wahr- und ernst zu nehmen.

Kindertheologie

Diese Einstellung führte zum Ansatz der sog. Kindertheologie. »Theologie« meint hier die gedankliche Durchdringung des christlichen Glaubens. Sie muss nicht zwingend wissenschaftlich fundiert erfolgen. Jeder denkende Mensch, der sich mit religiösen und Glaubensfragen beschäftigt, denkt theologisch. Es wird davon ausgegangen, dass dies auch junge Kinder können. Sie sind auch in Sachen Religion kleine »Forscher und Entdecker«.

Der Ansatz der Kindertheologie greift verschiedene Forschungsrichtungen auf: vor allem das Philosophieren mit Kindern und Impulse der aktuellen Entwicklungspsychologie (→ Religiöse Entwicklung junger Kinder) sowie Erkenntnisse der Kindheitsforschung. Das Kind ist zu eigenständigem Denken fähig und hat eine eigene Wahrnehmung von Wirklichkeit. Es ist nicht nur Objekt der Vermittlung religiöser Inhalte, sondern kann sich diese selbst erschließen.

Im Kontext eines Trauerfalls in der KiTa fragen die Kinder: »Wo ist das Kind jetzt?« Eine pädagogische Fachkraft antwortet: »Manche Erwachsene sagen: Bei Gott gibt es viele Wohnungen. Was glaubt ihr?«

Die Kinder greifen diese Frage auf und erzählen von ihren Himmelsbildern: »Ich glaube, dort gibt es Schlösser.« »Ich denke, da ist ein tolles Fußballfeld.«

Allerdings gilt auch hier: Das Kind braucht für diese Welterschließung die soziale Umwelt, ihre Impulse und Anregungen. Daher wird in der wissenschaftlichen Diskussion darauf verwiesen, dass der kindertheologische Ansatz drei Dimensionen beinhaltet:

Kindertheologie ist

- eine Theologie der Kinder, die das eigenständige Theologisieren von Kindern betont und diese als aktive Subjekte theologischer Interaktion sieht.
- eine Theologie mit Kindern: ein gemeinsames Fragen und Suchen von Erwachsenen und Kindern nach Antwortmöglichkeiten auf theologische Fragen.
- eine Theologie für Kinder: inhaltliche und sprachliche Impulse sollen das kindliche Denken anregen. Auf dieser Basis kann sich das gemeinsame wie auch das individuelle Suchen weiterentwickeln.

Vgl. Schweitzer, Friedrich: Was ist und wozu Kindertheologie?, 2003.

Kindertheologie macht darauf aufmerksam, dass auch die kindliche Lebenswelt wie die Gedankenwelt des Kindes ein Ort theologischer Erkenntnis ist. Sie zeigt, dass Kinder die Anstrengung unternehmen Fragen zu stellen und mit Vorstellungen zu experimentieren. Sie geben der Phantasie unbefangen Raum und eröffnen so Blicke in eine Wirklichkeit, die Erwachsenen nicht selten verstellt ist.

Kindertheologie in der KiTa-Praxis

Während der Ansatz der Kindertheologie wissenschaftlich schon vielfach durchdacht und bearbeitet wurde (seit 2002 erscheint jährlich ein Jahrbuch) und in den Religionsunterricht Einzug gehalten hat, hat dieser Prozess im Elementarbereich gerade erst begonnen. Der Weg von der Glaubensvermittlung hin zu einer wertschätzenden Interaktion zwischen Kindern und Erwachsenen wird vielerorts bereits beschritten. Dennoch stellt der Umgang mit der Kinderfrage, die keine vorschnelle Antwort, sondern ein gemeinsames Forschen wünscht, noch immer eine Hürde dar.

Kindertheologie stellt Anfragen an eine Praxis, nach der im Alltag allzu schnelle Antworten auf die kindliche Suchbewegung gegeben werden. Sie macht darauf aufmerksam, dass das Kind Möglichkeiten und Räume braucht, um seine Fragen zu entfalten und sich darüber auszutauschen. Wird dies wahr- und ernst genommen, kann es sogar der Idealfall sein, wenn das Kind auf ein erwachsenes Gegenüber trifft, das die Antwort nicht kennt und sich daher gemeinsam mit dem Kind auf die Suche nach ihr begibt.

Das Kind konstruiert seine religiösen Vorstellungen aus dem zur Verfügung stehenden »Material«: die Familie, die Person der Erzieherin, die Peers, das Personal in der KiTa, Bilderbücher, Anschauungsmaterial, Bastelmaterialien usw. Das Theologisieren mit Hilfe der daraus gewonnenen Vorstellungen ermöglicht dem Kind, etwas Neues zu schaffen und ohne Druck offen über eigene Ideen zu sprechen.

AR♀ (3;5, rk) fragt ihre religiös nicht sozialisierte Mutter: »Wo wohnt eigentlich Jesus?«
Der Mutter bricht der Schweiß aus, weil sie keine Ahnung hat, wie sie die Frage beantworten soll. Sie entgegnet: »Du, das weiß ich nicht so genau!«
Das Mädchen reagiert prompt: »Ich aber – im Heilland! Dort, wo man keine Heilsalbe braucht, wenn man sich wehgetan hat!«
AR♀s Mutter geht am nächsten Tag mit ihrer Tochter in die Stadtbücherei und leiht eine Kinderbibel aus, um gemeinsam mit ihrer Tochter darin zu lesen.

*

Dieses Beispiel verdeutlicht zwei Aspekte. Zum einen hat das fragende Kind sehr wohl eine Antwort parat. Diese Antwort setzt sich aus der Verarbeitung und Übersetzung schwieriger theologischer Begriffe zusammen. »Heiland« – in der Vorstellung des Mädchens ein »Land«, aber eines, in dem es »Heil« gibt. Heil sein ist für das Kind mit dem Heilen einer Wunde verbunden – wofür die Heilsalbe steht. Das Kind hat intuitiv eine Konkretion dessen herausgefunden, was Heil und Erlösung bedeutet – und versteht beides ganzheitlich, also auch körperlich (vgl. die Heilungen Jesu). Zum anderen sieht sich die Mutter herausgefordert. Sie antwortet ehrlich: »Das weiß ich nicht so genau!« Dann macht sie sich selbst auf die Suche und geht gemeinsam mit dem Kind der Frage nach Jesus und seinem Wirken nach.

Im KiTa-Alltag kann das geduldige Warten, das Wahrnehmen und Erkennen des religiösen Konzeptes des Kindes der Ausgangspunkt sein, um die Angebotsgestaltung nach den Bedürfnissen, Interessen und Themen des Kindes auszurichten. Doch nicht nur Impulse von Erwachsenen nehmen Einfluss auf die Konstruktion der religiösen Vorstellungen und die Entwicklung seiner Religiosität und Identität. Bedeutsam ist auch und vor allem die Interaktion mit anderen Kindern.

Bereits im ersten Lebensjahr verhalten sich junge Kinder gegenüber Peers anders als gegenüber materiellen Objekten. Sie entwickeln zunehmend prosoziale und altruistische Verhaltensweisen, die darauf abzielen, dem bzw. der Anderen zu nützen, ohne dass ein direkter Vorteil erkennbar ist (→ Die Bedeutung der sozial-emotionalen Entwicklung). Sie helfen und trösten einander, teilen Besitz, arbeiten gemeinsam an Problemstellungen und erweitern auf diese Weise ihre kognitive Kompetenz. So theologisieren Kinder auch ohne Anstoß oder Anleitung durch Erwachsene. Die gemeinsame Auseinandersetzung mit selbstgewählten Themen in Spiel und Gesprächen bringt meist nachhaltigere (Denk-)Fortschritte als die Anleitung durch eine erwachsene Person. Vielfach beanspruchen Kinder dazu Freiräume und entziehen sich der Beobachtung durch Erwachsene.

FM♀ (3;7, o. B.) verfolgt – entgegen sonstigem Verhalten – äußerst still und aufmerksam die von Bildern unterstützte Erzählung der Passion Jesu. Anschließend fragt sie: „Können wir das nochmal anschauen?“ Die Erzieherin geht auf den Wunsch ein und zeigt die Bilder noch einmal. Dazu lässt sie die Kinder die Geschichte der Passion selbst erzählen. FM♀ betrachtet die Bilder wiederum konzentriert und „in der ersten Reihe“ sitzend – ohne sich selbst an der Nacherzählung zu beteiligen. Im Anschluss daran zieht sie sich ruhig an einen Einzelplatz zurück – ohne sich irgendwie verbal zu äußern.

Einige Wochen später unternimmt FM♀ (3;9) mit der Gruppe einen längeren Spaziergang. Die Kinder gehen mit Begleitpersonen, darunter FM♀s Mutter, einen Weg, an dem sich Kreuzwegstationen befinden. (Der Spaziergang ist jedoch nicht auf die Auseinandersetzung mit dem Kreuzweg Jesu angelegt.) Als FM♀ an der Kreuzigungsgruppe vorbeigeht, bleibt sie stehen. Sie beginnt, den mit ihr gehenden Kindern – mit Tränen in den Augen – voller Betroffenheit und Empathie von der Kreuzigung Jesu zu erzählen. So regt sie einen lebendigen Austausch unter den Kindern über die Grausamkeit und das Schmerzhafte der Kreuzigung an – auf eine Art und Weise, wie sie in der Präsentation der Leidenserzählung durch die Erzieherin nicht gegeben war. Sowohl die Beobachterin als auch die Mutter sind erstaunt über die Äußerungen des Kindes bzw. der Tochter.

Leiblich-sinnlich orientierte Ansätze

Diese Ansätze nehmen die Kinder in besonderer Weise in ihrer Leiblichkeit und Sinnlichkeit ernst. Sie schulen die Wahrnehmungsfähigkeit des Kindes und unterstützen es darin, das alltägliche Leben interessiert und aktiv wahrzunehmen. Ermöglicht wird dies etwa durch Spielen, Malen, Singen, Musizieren, Erzählen, Bewegung. Darüber hinaus werden diese Ansätze der Vieldimensionalität der religiösen Wirklichkeit gerecht.

Der ganzheitlich-sinnorientierte Ansatz

Der ganzheitlich-sinnorientierte Ansatz ist im deutschsprachigen Raum weit verbreitet. Gängig als »Kett-Methode« bezeichnet, ist er auch (benannt nach der gleichnamigen Zeitschrift) als »Religionspädagogische Praxis (RPP)« bekannt.

Der in den 1970er-Jahren von Franz Kett in Zusammenarbeit mit Sr. Esther Kaufmann in München begründete Ansatz wird stetig weiterentwickelt. Er beansprucht, eine eigenständige Konzeption religiöser Erziehung und Bildung zu sein. Somit versteht er sich nicht als Methode, sondern vielmehr als eine ganzheitliche Sinnsuche und Glaubensfindung, die Kinder und Erwachsene gemeinsam mit »Herz, Hand und Verstand« unternehmen und anstreben.

Sein wichtigstes Element stellt das prozesshafte Entstehen von Bodenbildern zu einer Erzählung mit Hilfe von Naturmaterialien dar. Die Bedeutung der Bodenbilder liegt in ihrer Funktion als Ort des Gestaltens und des Schauens. Der Ansatz orientiert sich am Jahreskreis und lässt die Kinder biblische Erzählungen sowie Feste und Feiern im Zuhören, Zuschauen und Mit-Gestalten erleben.

Während der Erzählung von der Berufung der ersten Jünger (Lk 5,1–11) entsteht das Bodenbild: Ein blaues Tuch symbolisiert den See Gennesaret. Nach und nach begeben sich die Kinder mit ihrem Symbol, das sie aus einem Angebot auswählen, an den See. Zu ihnen gesellen sich Fischer – und schließlich Jesus (in Gestalt der »Jesus-Kerze«), der Freunde sucht, hinzu. Er ruft alle – die Fischer und jedes einzelne Kind – beim Namen. Als EM♀ (4;5, rk) gerufen wird, lacht sie freudig, steht auf und legt ihr Symbol, ein rotes Herz, ganz nah an die brennende Kerze. JE (4;2, rk), ihre Freundin, legt mit großem Ernst ihr rotes Herz dicht neben die Kerze und das Herz von EM♀. Anschließend singen alle das Lied »Einfach spitze, dass du da bist!«

*

Die Mädchen reagieren nicht nur auf ihr Gerufensein (durch Jesus) und antworten darauf. Sie bringen zugleich zum Ausdruck, dass ihre Bereitschaft, eine Freundin Jesu zu sein, etwas mit ihrer Freundschaft miteinander zu tun hat. Verstärkt wird dieses Erleben durch das Singen des Liedes »Einfach spitze, dass du da bist«.

Die Kinder erfahren sich als angenommen und gewollt: In Bild und Erzählung entdecken sie ihr eigenes Leben. Sie erleben sich eingebun-

den in die reale wie in die religiöse Welt und erfahren in ihr Begegnungen – als Impulse, sich selbst als Person und in Beziehung zu erleben und auszudrücken. Darüber hinaus entwickeln sie Symbolsprache und Symbolverstehen.

Da die Anregungen für diese Form religionspädagogischer Arbeit primär christlich-religiöse Themen beinhalten, wird mit diesem Ansatz zugleich betont, dass Erziehung immer eine religiöse Dimension beinhaltet.

Kritische Würdigung

Eine gemeinschaftlich von Kindern und Erwachsenen entwickelte Arbeit nach dem ganzheitlich-sinnorientierten Ansatz bietet durchaus eine Möglichkeit, religiöse Inhalte lebendig und anschaulich werden zu lassen. Mit Hilfe einfacher Symbole können diese zu inneren Bildern werden, die nachhaltig wirken.

In etlichen Einrichtungen werden die Geburtstage der Kinder besonders gefeiert. So werden beispielsweise dem Kind zu seinem Geburtstag nicht nur schöne Worte und kleine Gaben geschenkt, sondern auch ein besonderer Platz eingeräumt, der für das Kind von den anderen Kindern der Gruppe liebevoll gestaltet wird.

Die Beobachtung und Auswertung ganzheitlich-sinnorientierter Einheiten in Kindertageseinrichtungen macht jedoch deutlich, dass häufig die Vermittlung des biblischen Textes im Vordergrund steht. Das in den »Religionspädagogischen Arbeitshilfen« angebotene Material ist kleinschrittig aufbereitet und mit konkreten Anweisungen versehen.

Diese beziehen sich sowohl auf den biblischen Erzähltext als auch auf die Art und Weise der Gestaltung des zugehörigen Bodenbildes. Orientiert sich die pädagogische Fachkraft stark an diesen Vorlagen, lässt bereits das Erzählen, aber vornehmlich die Arbeit mit den Bodenbildern wenig oder gar keinen Raum für die Selbsttätigkeit des Kindes.

Dies übersehen pädagogische Fachkräfte, die nur nach Vorlage arbeiten. In ihrer Wahrnehmung vollziehen die Kinder ein »schönes, ruhiges

Gestalten«. Aus dieser Perspektive beurteilen sie den Ansatz positiv – und sind erstaunt, wenn Kinder nicht mitmachen oder gar opponieren.

Während einer (aus RPP-Perspektive so bezeichneten) Anschauung bittet die Fachkraft die im Kreis versammelten Kinder unter anderem, mit »Muggelsteinen« aus einem Korb eine Sonne auf einem vorbereiteten gelben Tuch zu legen. L♂ (3;5), dem an jedem Abend von seiner Mutter ein »Muggelstein« mit der Frage »Was war das Schöne an deinem Tag?« in die Hand gelegt wird, ist entsetzt. Für ihn haben Muggelsteine eine besondere und persönliche Funktion und gehören in das abendliche religiöse Familienritual. Er kann seine Emotionen nicht in Worte fassen und zertritt das Bodenbild.

Des Weiteren ist zu bedenken, dass der schnelle Abschied von einem Bild, das das Kind mit Freude und Bedacht gestaltet hat und das ihm damit ans Herz gewachsen ist, verletzen und als Missachtung seiner Arbeit verstanden werden kann. Insbesondere junge Kinder können nur schwer nachvollziehen, dass ein Bild, in das sie sich intensiv und mit allen Sinnen hineingegeben haben, direkt nach der Einheit wieder zerstört wird und die Einzelteile »aufgeräumt« werden sollen. Haben sie doch dem Material eine neue Ordnung gegeben, die ihren eigenen und besonderen Sinn hat.

JH♂ (5, ev.) holt mit seinem Freund im Frühjahr Krippenfiguren, Naturmaterialien, Holzbausteine etc. Gemeinsam stellen sie eine Krippenlandschaft auf und spielen die Herbergssuche nach. Schließlich erbitten sie von der Erzieherin den »goldenen Stern«. Als sie das Spiel beendet haben, gehen sie zur Erzieherin und JH♂ fragt: »Können wir unser Gebautes stehen lassen?«

Grundsätzlich sollte das Bodenbild – vor allem, wenn die Kinder an seiner Erstellung beteiligt waren oder es selbst erstellt haben – (zumindest für eine bestimmte Zeit) im Raum verbleiben können. Das Kind sollte es noch einmal betrachten und weiter gestalten, eigene Ideen hinzufügen können. Kinder nutzen gern und benötigen Zeit, um Eindrücke und Erfahrungen zu verarbeiten.

Ist ein Aufbewahren nicht möglich, bzw. muss das Bodenbild schließlich einem anderen weichen, gilt es Möglichkeiten des Abschieds zu schaffen. Gemeinsam mit den Kindern kann den einzelnen Teilen des Bildes liebevolle Aufmerksamkeit geschenkt und können seine Bestandteile mit Bedacht eingesammelt werden. Zuvor kann das Bodenbild noch für die Infowand der Einrichtung und für das Portfolio des Kindes fotografiert werden.

Aufmerksamkeit und Achtsamkeit lernen

Wenn Kinder sich mit Kopf, Herz und Hand mit ihrer Lebenswelt auseinandersetzen, entwickeln sie Aufmerksamkeit und Achtsamkeit. Gerade in einer Zeit der Überflutung durch Konsum und vielfältige Reize drohen bereits junge Kinder kontakt- und gefühllos zu werden. Um dem entgegenzuwirken, ist zunächst eine Schulung der Sinne hilfreich. Dabei geht es darum, in Achtsamkeit mit allen Sinnen Welt und Leben wahrzunehmen, zu bestaunen und daraus Folgerungen für das eigene Leben und das Zusammenleben zu ziehen.

Die Gruppe unternimmt ihren wöchentlichen Gang in den Wald. FM♀ (4;6, o. B.) sitzt etwas abseits. Sie hat eine Pflanze entdeckt, die sie nun in ihrem heißgeliebten, schon ganz »zerlesenen« Pflanzen-Bestimmungsbuch (sie trägt es immer bei sich) sucht. Sie ist ganz konzentriert, lässt sich durch nichts ablenken. Leise und in meditativer Stimmung singt sie »An Tagen wie diesen wünscht man sich Unendlichkeit ...«.

FM♀ hat generell einen Blick für Details. Bei religiösen Angeboten sitzt sie ganz vorn, beobachtet das Geschehen gebannt. Häufig, etwa bei Bildbetrachtungen, bittet sie um eine Wiederholung: »Können wir das nochmal anschauen?« Es fällt auch auf, dass sie das Tischgebet, das sie erst in der KiTa kennengelernt hat, in aller »Andacht« spricht.

Produktive Verlangsamung

Achtsame Wahrnehmung braucht nicht nur Anregung – sofern sie nicht bereits von den Kindern selbst geübt wird. Sie braucht auch das Verweilen, Ruhezonen und Innehalten im Alltag. Das sinnenhaft-leibliche Wahrnehmen gibt dem Augenblick Sinn und ist offen für die Sinnlichkeit von Religion und Religiosität.

In mehreren Einrichtungen wurde die Advents- und die Fastenzeit mit meditativen Elementen gestaltet: Eine Minute der Stille, eine Phantasiereise, ein Kirchgang und eine kleine Andacht – all diese Angebote wurden von den Kindern geschätzt und geliebt. Sie fragten nach, wenn das Angebot aus zeitlichen oder organisatorischen Gründen verschoben oder entfallen musste.

Leiblichkeit und Achtsamkeit: Aspekte einer inklusiven Religionspädagogik

In jedem Selbstbildungsprozess, aber auch in inklusiven religiösen Prozessen, können gemeinsame Sinneserfahrungen verbinden. Jede und jeder kann einbezogen werden durch Fühlen, gleichberechtigten Austausch und im Entdecken von Erfahrungen, die jedem Menschen zugänglich sind. Sinnliche und leibliche Erfahrungen sind individuell, aber im wechselseitigen achtsamen Geltenlassen und Anerkennen profitieren alle voneinander.

Gerade für Kinder, deren verbale Ausdrucksmöglichkeiten nur eingeschränkt gegeben sind, ist dieser Ansatz eine unverzichtbare Voraussetzung und Grundlage. Leiblich-sinnliche Eindrücke und Ausdrucksformen sind allerdings auch in diesem Kontext kein Ausgleich von Defiziten: Sie eröffnen Partizipation und Gestaltung des alltäglichen und sozialen Lebens, ermöglichen gegenseitiges Verstehen, kommunikatives Handeln und gemeinsames Feiern.

GodlyPlay – »Gott im Spiel«

»GodlyPlay«, im Deutschen als »Gott im Spiel« bezeichnet, möchte Kindern ein spielerisches Entdecken von Bibel und Glauben und eine individuelle Auseinandersetzung im Sinne einer »Theologie der Kindheit« ermöglichen. Dabei sollen die Eigentätigkeit und Individualität des Kindes respektiert und gefördert und den Kindern Raum, Beziehung und Zeit angeboten werden. Das in der US-amerikanischen Episkopalkirche entwickelte ökumenische religiöse Lernkonzept wird seit 2003 auch in Deutschland umgesetzt.

Ablauf und Phasen einer Einheit

1. Willkommen sein in der Gemeinschaft: Die Kinder werden namentlich begrüßt.
2. Das Geschenk der Geschichte: Die Erzählperson präsentiert die biblische Erzählung in Wort und Spiel.
3. Die Phase des Ergründens und Fragens: Die Kinder können sich in der Erzählung verorten und ihre Erfahrungen mit ihr kreativ umsetzen.
4. Den Abschluss bildet ein gemeinschaftlicher Ritus mit Essen und Trinken.

In der ersten Phase werden die Kinder einzeln mit Namen begrüßt und in den vorbereiteten Raum eingeladen, wo ein Platz auf sie wartet. Dieses Willkommenheißen übernimmt in der Regel die sogenannte »Türperson«, die auch während der Einheit die Bedürfnisse der Kinder wahrnimmt und für die Rahmenatmosphäre des Geschehens zuständig ist. Im Raum befindet sich die »Erzählperson«; auch sie begrüßt die Kinder und zeigt ihnen damit, dass sie wahr- und ernst genommen sind.

Die zweite Phase wird von der Erzählperson gestaltet: Sie erzählt und spielt nach entsprechenden Vorgaben eine biblische Geschichte. Diese Phase lebt von der Konzentration aller Beteiligten auf die Mitte des Kreises. Die Erzählperson tritt mit den Kindern nicht in Interaktion. An die Präsentation des biblischen Inhaltes schließt die Phase des

»Wondering«, des Ergründens und sich Fragens an. Die Kinder erhalten die Möglichkeit, zur Geschichte Stellung zu beziehen und sich in ihr zu verorten. Ihre Antworten werden durch erneutes Vorspielen wertschätzend aufgegriffen, bleiben jedoch unbewertet. Auch bietet die Erzählperson keine inhaltlichen Erläuterungen an.

Darauf folgt als zentrales Geschehen die freie Auseinandersetzung. Die Kinder haben die Möglichkeit, mit dem für die Erzählung verwendeten Material bzw. weiterem Kreativmaterial zu spielen. Sie können dabei die biblischen Erzählungen mit ihren persönlichen Vorstellungen und Themen verknüpfen. Während der Spielphase agieren die Erwachsenen wertschätzend beobachtend; ggf. lassen sie sich von Kindern einladen.

Nach der Phase des intensiven Spiels und Gestaltens kommen die Kinder erneut im Kreis zusammen, um ein Fest der Gemeinschaft zu feiern. Sie essen und trinken gemeinsam und genießen es, zusammen zu sein. Ein Gespräch über die vorherige Phase oder gar eine Ergebnissicherung ist nicht vorgesehen. Die Erfahrungen des Kindes sollen bei ihm verbleiben.

Kritische Würdigung

Nach dem Verständnis von GodlyPlay ist der Raum, den das Kind mit besonderem Ritual betritt, ein besonderer, ein »heiliger« Raum. Hier ereignet sich die Begegnung mit der Bibel. Dieser Vorstellung ist einiges abzugewinnen. Sie ist allerdings eher mit der der »Kinderkirche« zu verbinden. So stellt sich die Frage, ob und in welchem Umfang religiöse Bildung und Selbstbildung im Alltag der KiTa als eine gesonderte Veranstaltung praktiziert werden kann. Darüber hinaus birgt sich die Gefahr, aus diesem besonderen Raum die »Welt« auszublenden und sich nicht mit der weltanschaulichen Pluralität auseinanderzusetzen. Dies könnte auch dadurch (unbewusst) verstärkt werden, dass das Kind am Ende der Einheit diesen Raum wieder »feierlich« verlässt.

Erzählen ist eine wichtige und unverzichtbare Methode religiöser Bildung (→ Erzählen). Erzählen ist sowohl eine Form der Alltagskommunikation als auch eine Form religiöser, besonders christlich motivierter Kommunikation. Erzählen schafft Gemeinschaft. Es ist lebendige Wechselbeziehung, die von allen aktiv mitgestaltet wird. Im Ansatz des Godly Play soll die Erzählperson nicht in Kontakt zu den Kindern treten. Das die Erzählung begleitende und illustrierende Spiel gestaltet sie »für sich«. So wird die Chance vergeben, die das Erzählen als dialogische Kommunikationsform bietet.

Godly Play beansprucht, vom Kind auszugehen: Es ist jedoch vorgesehen, dass die Erzählperson eine wörtlich vorformulierte Erzählung vorträgt. Dazu setzt sie eine perfekt inszenierte Gestik und Mimik ein, plant wirkungsvolle Pausen und gezieltes Hantieren mit Materialien ein. Es stellt sich die Frage, ob ein freiheitliches Aufnehmen des biblischen Inhalts und die Chance, eigene Vorstellungen und Bilder zu entwickeln, dadurch eröffnet werden kann.

Auch ist zu prüfen, ob die in der »Wondering«-Phase zu stellenden Fragen nicht die Gefahr der Engführung beinhalten. Es erweckt den Anschein, dass die kindlichen Reflexionsbedürfnisse und -ressourcen unterschätzt und nicht ausreichend ernst genommen werden. Überdies stellt sich die Frage, ob die Kinder nicht das Recht haben, bei Bedarf mehr zu erfahren (gegen die Forderung, die Erzählperson solle keine weiteren Informationen geben).

Positiv zu bewerten ist zum einen die durch den ritualisierten Ablauf entstehende ruhige und konzentrierte Atmosphäre, zum anderen die Freispielphase, in der die Kinder das Gesehene und Gehörte auf ihre Weise wiederholen, ausdrücken und bearbeiten können. Dies zeigt das folgende Beispiel:

Nachdem FN♂ (2, o. B.) an der Hand von E♀ (4) zögerlich den Raum betreten und sich einen Platz gesucht hat, blickt er gebannt auf das Spiel der Erzählerin. Sie trägt die Erzählung von Noah und der Arche vor. Obwohl die anderen Kinder mit ihren Händen Regen schicken, das Besteigen der Arche mit Tiergeräuschen begleiten und später helfen, das Wasser der Sintflut wegzupusten, sitzt er da und rührt sich nicht. In der Freispielphase greift er sich die Arche, öffnet sie und führt liebevoll alle Tiere hinein, verschließt sie und hält das Holzschiff fest in seinen Armen.

An diesem Tag spielte er zum ersten Mal seit Einritt in die KiTa nicht dekonstruktiv und nahm etwas mit Ruhe und Bedacht in Augenschein.

Im offenen Lernraum der dritten Phase wird das Freispiel der Kinder durch das Angebot von Materialien angeregt. In diesem individuellen und kreativen Prozess der Auseinandersetzung mit den zuvor präsentierten Inhalten werden sie eingeladen, ihre Eindrücke zu bearbeiten und Bezüge zu sich und ihrem Leben herzustellen. Die erwachsene Person im Raum initiiert auf Augenhöhe – sie sitzt wie die Kinder auf dem Boden im Kreis – einen spirituellen Suchprozess. So nimmt sie das Kind mit hinein in das Geschehen und beachtet sein religiöses Potenzial. Das Kind kann selbst zum Ausdruck bringen, was es ganz persönlich denkt und fühlt, nachdem es in der Gruppe die Erzählung und das Spiel wahrgenommen hat.

Allerdings: Diese Form der kreativen Bearbeitung von Eindrücken findet sich auch in anderen religionspädagogischen Konzepten: Kreativphasen, in denen die Kinder nicht Vorgegebenes reproduzieren, sondern selbst Erdachtes oder Entdecktes anfertigen, gehören zum religionspädagogischen Alltag. Auch bietet gerade die Religionspädagogik (im Vergleich zu anderen Bildungsbereichen) Lernräume an, in denen auf die Wertung von Kinderäußerungen verzichtet wird.

Zum Weiterlesen

- Habringer-Hagleitner, Silvia: Zusammenleben im Kindergarten. Modelle religionspädagogischer Praxis, Stuttgart 2006.
- Kett, Franz: Jahrbuch 2012. Ganzheitlich-sinnorientiert Erziehen und Bilden, Gröbenzell 2012.
- Berg, Horst Klaus: »Godly Play« – ein freiheitliches religionspädagogisches Konzept? Eine Einladung zur Diskussion, in: http://www.theo-web.de/zeitschrift/ausgabe-2008-02/13.pdf
- Mette, Norbert: Das Kind als Geheimnis. Godly Play im Kontext katholisch-religionspädagogischer bzw. katechetischer Ansätze der Gegenwart, in: Steinhäuser, Martin (Hg.): Godly Play. Das Konzept zum spielerischen Entdecken von Bibel und Glauben, Bd. 5: Analysen, Handlungsfelder, Praxis, Leipzig 2008, 92–102.
- Schulz, Petra: Sich etwas von sich selbst her zeigen lassen. Ein Beitrag zur didaktischen Theorie phänomenologisch orientierter Religionspädagogik, Münster 2005.

- Schweitzer, Friedrich: Kindertheologie und Elementarisierung. Wie religiöses Lernen mit Kindern gelingen kann. Gütersloher Verlagshaus, Gütersloh 2011.
- Schweitzer, Friedrich: Was ist und wozu Kindertheologie?, in: Bucher, Anton A. u. a. (Hg.): »Im Himmelreich ist keiner sauer«. Kinder als Exegeten. Jahrbuch der Kindertheologie, Band 2, Stuttgart 2003, 9–18.
- Steinhäuser, Martin (Hg.), Berryman, Jerome W. (Autor): Godly play. Das Konzept zum spielerischen Entdecken von Bibel und Glauben, Bd. 1: Einführung in Theorie und Praxis, Leipzig 2006.

TEIL 4
KONKRETIONEN

Religiöse Lernprozesse begleiten

Kinder bilden sich, indem sie Erfahrungen sammeln. Daraus gewinnen sie Erfahrungswissen, mit dessen Hilfe sie den Alltag bewältigen.

Vieles von dem, was Kinder entdecken, erleben, hören oder sehen, wird unbewusst übernommen – es entsteht sogenanntes implizites Wissen. Kinder beteiligen sich an dem, was ihnen ihre soziokulturelle Umwelt an Möglichkeiten anbietet. Sie lassen sich Fragen beantworten und Dinge erklären, übernehmen Sprache. Dieses fremde Wissen wird bewusst erworben – es handelt sich um explizites Wissen.

Implizites und explizites Erfahrungswissen bilden die Grundlage für alle weiteren Bildungsprozesse. Doch: Nicht alles, was Menschen wissen, integrieren sie in ihren Alltag. Damit fremdes Wissen, das andere dem Kind vermitteln, ihm auch im Alltag zur Verfügung steht, muss es in Alltagszusammenhänge gebracht, verinnerlicht und zum eigenen Wissen werden.

Dies ist vor allem für religiöse Bildungsprozesse zu berücksichtigen. Die pädagogische Fachkraft muss wissen, ob bzw. wann sie mit religiösem Wissen zugleich fremdes Wissen vermittelt. Kann das Kind dieses in sein selbst erworbenes, eigenes Erfahrungswissen einordnen? Zur Unterstützung dieses Prozesses bieten sich vielfältige Lernwege an.

Religion mit allen Sinnen

Am Anfang kindlicher Bildungsprozesse steht das sinnliche Handeln (→ Eine sinnliche Religiosität). Die Zuwendung zur Welt erfolgt zunächst über die Sinne; über die Sinne gelangt das Kind zur Erkenntnis.

FH♀ (3;5, o. B.) beim Lichtmess-Gottesdienst in der Kirche: Sie schaut mit groß geöffneten Augen zu, wie Kerzen auf den Altar gestellt werden. Es wird gefragt, welches Kind eine Kerze zur Segnung haben möchte. Auch FH♀ meldet sich, wird aber nicht aufgerufen. Ihr läuft eine Träne die Wange hinunter. Als die Kinder eingeladen werden, sich persönlich segnen zu lassen, ist auf FH♀s Gesicht ein Lächeln zu sehen. Sie läuft stürmisch zum Altar. Als sie vom Segnen zurückkommt, wirkt sie sehr erfüllt.

Für den Morgenkreis der KiTa-Gruppe soll die sog. Jesuskerze in die Mitte gestellt werden. Zwei Kinder (3) werden gebeten, die Kerze zu holen. Sie kommen mit einer dicken roten Kerze zurück. Die Erzieherin meint: »Das ist aber nicht die Jesuskerze!« Die Kinder antworten: »Ja. Aber die ist so schön rot! Die ist viel schöner.«

Nach den Herbstferien räumen einige Vorschulkinder mit der Erzieherin den Gruppenraum auf. Sie unterhalten sich darüber, dass drei Kinder noch fehlen. Wann sie wohl wiederkommen? Ein Kind schlägt vor, für die Abwesenden eine Kerze anzuzünden. Die Erzieherin zündet die Kerze an. Da kommt E♀ (3) und fragt: »Machen wir jetzt Gott?«

Gelebte Religion ist nicht ohne sinnliche Wahrnehmung und Erfahrung zu denken. Der Zugang zu religiösen Zeichen, Symbolen und Symbolhandlungen erfolgt über die Sinne. Der Duft der Kerze, der Schein der Kerze oder Farben wecken Gefühle und Erinnerungen. Das Segnen oder das Auflegen des Aschenkreuzes berühren nicht nur oberflächlich, sondern auch innerlich. Lernen mit allen Sinnen zielt nicht auf eindeutige Begriffe; es regt jedoch zum Nachdenken an.

SF♂ (3;4, o. B.) sitzt während des Gottesdienstes am Aschermittwoch im Mehrzweckraum der KiTa auf dem Schoß der Erzieherin. Er betrachtet den indischen Priester genau und hört ihm gespannt zu. Der Priester sagt: »Das Aschenkreuz ist ein Zeichen, dass Gott uns lieb hat.«

Zum Auflegen des Aschenkreuzes geht SF♂ mit der Erzieherin nach vorn. Er hält deren Hand ganz fest. Vom Priester nach seinem Namen gefragt, antwortet er sehr leise. Als er das Aschenkreuz erhalten hat, geht er ein wenig stolz mit der Erzieherin zurück an seinen Platz. Zwei Kinder schauen ihn an und sagen: »Du hast aber ein großes Kreuz. Gott hat dich besonders lieb.« Andere Kinder betrachten das Aschenkreuz auf der Stirn der Erzieherin und stellen fest, dass dieses sehr klein ist. Sie meinen, dass Gott sie nur ein wenig lieb habe. SF♂, der eine sehr enge Beziehung zur Erzieherin entwickelt hat, schaut verunsichert hin und her. Als die Erzieherin sagt: »Es kommt nicht auf die Größe an, ob Gott einen lieb hat oder nicht. Er hat jeden gleich lieb«, ist er sichtlich erleichtert und lächelt zufrieden.

*

Beim Erkennen mit allen Sinnen ist immer auch das Gefühl beteiligt. Die Beobachtung zeigt, wie sich das Kind zunächst mit Augen und Ohren auf das Neue einlässt. An der Hand der geliebten Erzieherin kann der Junge sicher in ein fremdes Terrain und zu einer ihm fremden und fremd aussehenden Person gehen. Er kann sich berühren lassen und das Aschenkreuz empfangen. Dies erfüllt ihn mit Stolz: dass er es geschafft hat, dies zu wagen, dass er nun auch das Aschenkreuz trägt. Die anderen Kinder denken über die Bedeutung der Größe des aufgezeichneten Kreuzes nach und kommen zu dem Schluss, dass sie zur Größe der Liebe Gottes im Verhältnis steht. Die damit verbundene Aussage, dass Gott die geliebte Erzieherin weniger lieb habe, verunsichert den Jungen stark. Er sucht mit seinen Blicken nach Klärung. Die Erzieherin versteht: »Gott hat jeden gleich lieb.« Die Erleichterung ist dem Kind deutlich anzusehen.

Das Zusammenspiel von Körper, Geist und Seele

»Katholische Kindertageseinrichtungen orientieren die Gestaltung von Raum und Zeit sowohl an den Bedürfnissen des Kindes als auch am Glauben der Kirche. Die christliche Symbolik und das christliche Brauchtum bieten hier einen großen Schatz, aus dem eine pädagogisch sinnvolle Auswahl getroffen werden kann. Eine gelungene Gestaltung von Raum und Zeit veranschaulicht den christlichen Glauben und erschließt damit den Kindern und Eltern einen sinnlichen und erlebnisorientierten Zugang zum Glauben.«
Sekretariat der Deutschen Bischofskonferenz (Hg.): Welt entdecken, Glauben leben. Zum Bildungs- und Erziehungsauftrag katholischer Kindertageseinrichtungen, Bonn 2009, 35.

(Die christliche) Religion zeigt sich in vielen körperlich-sinnlichen Erscheinungsformen in Raum und Zeit: Hören und Schauen, Riechen und Schmecken, Gesten und Riten, Brauchtum und vieles mehr. Daher kommt religiöse Bildung dem Kind in besonderer Weise entgegen und entspricht ihm. Religiöse Bildung fördert und unterstützt im Zusammenspiel von Körper, Geist und Seele die Entwicklung des Kindes.

Die dauerhaft bestehende oder punktuell gestaltete »religiöse Ecke« ist für Kinder ein beliebter Aufenthaltsort. Sie bietet die Möglichkeit zum Schauen und Gestalten und zur inneren Aneignung. Häufig laden Kinder ihre Eltern oder Großeltern ein, mit ihnen das Dargestellte und Gestaltete anzuschauen. Sie zeigen oder erklären stolz, wo und was sie selbst beigetragen haben. Gern nutzen sie auch die Gelegenheit, mit den Figuren oder Materialien frei umzugehen und sie neu zu ordnen.

MB♀ (3;11, noch nicht getauft, ev. Eltern) wächst mit drei Geschwistern in einer liebevollen Atmosphäre auf. Gern erzählt sie von ihrem Zuhause. – Am Morgen nach den Weihnachtsferien war das Jesuskind in einer kleinen Feier in die noch leere Krippe der KiTa gelegt worden. Als die Beobachterin am Nachmittag in die Einrichtung kommt, zieht MB♀ sie aufgeregt am Ärmel: »Du musst mal mit rüberkommen, da ist Gott geboren.« Sie führt die Beobachterin zur Krippe im Eingangsbereich und zeigt ihr stolz das Jesuskind in der Krippe. Einige Minuten steht sie still und »andächtig« vor der Krippe. Dann nimmt sie Josef und das Jesuskind und trägt es zurück in das Haus des Josef, das etwas abseits von der Krippe steht. Beobachterin: »MB, wo willst du denn mit den beiden hin?« MB♀: »Na, nach Hause.« Sie legt das Jesuskind in Josefs Haus und stellt Josef daneben. Dann geht sie zurück ins Gruppenzimmer.

Dieses Beispiel steht wiederum stellvertretend für ähnliche Beobachtungen. Kinder suchen den Krippenweg, die Osterkrippe, den Maialtar, die Präsentation von selbst Gebasteltem bzw. Gemaltem auf. Sie betrachten still, sie erzählen sich selbst oder anderen, was sie damit verbinden, sie berühren Gegenstände sanft, beziehen sie in ihr Spiel ein und verändern sie. Auf diese Weise verbinden sie das Dargestellte sinnenhaft mit ihren Erfahrungen, vertiefen diese und verinnerlichen den Inhalt auf ihre persönliche Weise.

Eine besondere Faszination üben Kerzen aus – sei es die sog. Jesuskerze beim Morgenkreis oder die Osterkerze, seien es Geburtstags- oder Namenstagskerzen oder Kerzen in der Kirche.

JH♂ (4;6, ev.) spielt mit L♂ in der Puppenecke. Er fragt die Beobachterin: »Darf ich die Jesuskerze auf den Esstisch stellen?« Beobachterin: »Na klar.« Die beiden Jungen decken den Tisch mit Tellern, Gläsern, Besteck und Apfelschorle. L♂: »Jetzt essen wir.« JH♂ fragt: »Darf ich noch die Osterkerze auf den Tisch stellen?« Beobachterin: »Gern.« Gemeinsam mit L♂ schmückt er die Kerzen mit Perlenketten. Dann beginnen sie mit dem »Essen«.

EJ♂ (3;11, ev.) hat mit der KiTa-Gruppe die benachbarte katholische Kirche besucht. Er zeigte sich fasziniert und konnte sich nicht sattsehen. Seine Oma erzählt, dass er, sobald er beim Stadtbummel eine Kirche sieht, hineingehen möchte: »Oma, in die Kirche gehen!« Zu jedem Kirchgang gehört es für ihn, eine Kerze anzuzünden und davor zu verweilen.

Auch SA♀ (4; o. B.) besucht in Eigeninitiative die ihrer Wohnung nahegelegene Kirche und bittet, dass eine Kerze angezündet wird. Gleiches gilt für FW♂ (4;6, rk): Er besteht darauf, in der Kirche eine Kerze anzünden zu dürfen. Er betont, dass er das für seinen verstorbenen Opa tun möchte.

Den Kirchenraum erkunden

Beim Besuch einer (katholischen) Kirche werden alle Sinne angesprochen: Gleich am Eingang das Weihwasser, in das man die Finger eintauchen kann. Beim Weitergehen tut sich ein imposanter Raum auf. An Decken und Wänden gibt es bunte Bilder zu betrachten. Es sind Bilder oder Statuen von Heiligen zu entdecken, davor brennende Kerzen und Kerzen zum Verkauf. Der abgegrenzte Altarraum mit dem Hochaltar, das ewige Licht, die Glöckchen auf den Altarstufen locken zum Erkunden: Kirche ist etwas für die Sinne.

Kirchen unterscheiden sich von Räumen, in denen wir uns im Alltag aufhalten. Durch ihre Bauweise, ihre Größe und die Andersartigkeit der Einrichtung verweisen sie auf eine andere Welt. Zum anderen entdecken auch junge Kinder in der Kirche Bekanntes oder etwas, was sie besonders interessiert und fasziniert.

SA♀ (4, o. B.) erzählt während eines Gesprächs über den Maialtar in der Einrichtung: »Ich hab Maria auch in der Kirche gesehen. Da war ich mit meinen Freunden.« Die Erzieherin schlägt vor, dass SA♀ am nächsten Tag den anderen Kindern die Maria in der Kirche zeigt. Das Mädchen stimmt freudig zu.

Am folgenden Tag betritt sie als Erste die Kirche. Sie geht zielstrebig auf die Marienstatue, eine Pieta, zu. SM♀ beschreibt die Wundmale an Jesu Händen und streichelt darüber. Sie sagt: »Das tut weh.« Wie es Maria wohl geht? SM♀: »Die ist traurig. Ich glaub die hat auch Tränen.« – Sie schaut sich weiter in der Kirche um und führt die Gruppe zur zweiten Marienstatue, die die Gottesmutter mit dem Kind auf dem Arm darstellt. Sie strahlt und sagt: »Das ist aber schön. So schön gold und Jesus ist noch ein Baby.«

*

Das Mädchen, die Kindergruppe und die Erzieherin begegnen Maria in der Kirche. Zuvor hatten sie in der Einrichtung das Marienbild – Maria mit dem Kind – mit Blumen geschmückt und eine Eglifigur dazugestellt. Die Kinder haben darüber hinaus mit Unterstützung der Bilder im Kamishibai von Maria gehört und sich an Weihnachten erinnert. Nun entdecken sie Maria und Jesus in zwei unterschiedlichen Bildern im Kirchenraum. Die kleine Kirchenführerin muss sich aufgrund einer schwierigen Familiensituation immer wieder mit dem Thema »Mutter und Kind« auseinandersetzen. In der KiTa und im Kirchenraum findet sie Bilder, mit denen sie sich identifizieren kann (»Ich glaub, die hat auch Tränen.«) und die in ihr Freude und Hoffnung wecken. Die beteiligten Kinder wie auch die beobachtende Erzieherin gehen im wahrsten Sinne des Wortes mit.

Spielen und Gestalten

»... Wenn man genügend spielt, solange man klein ist, dann trägt man Schätze mit sich herum, aus denen man später sein ganzes Leben lang schöpfen kann. Dann weiß man, was es heißt, in sich eine warme, geheime Welt zu haben, die einem Kraft gibt, wenn das Leben schwer wird.«

Astrid Lindgren in einem Interview der Münchner Abendzeitung, 1979

Kinder spielen freiwillig und selbstverständlich, mit Lust und mit Ernsthaftigkeit. In kindlichen Selbstbildungsprozessen hat das Spiel eine hohe Bedeutung. Es kann als eine Form der Beziehung des Kindes zu seiner Welt betrachtet werden. Spielend setzen sich die Kinder bereits in ihren ersten Lebensmonaten intensiv und konzentriert mit Ereignissen und Menschen auseinander. Sie beobachten ihr soziales Umfeld und treten in Austausch. Sie erkennen, dass sie ihr inneres Erleben mit anderen teilen können und sich in andere hineinversetzen können.

KF♀ (1;7, o. B.) beobachtet, dass sich zwei Kinder um ein Spielzeug streiten. Das unterlegene Kind weint. KF♀ tritt hinzu, bückt sich und schaut das weinende Kind an. Sie fragt: »Aua? Du Aua?« Sie streichelt das Kind, küsst ihm das Haar.

Ein Monat später: Ein Säugling (0;6, ♀) liegt auf der Spieldecke und beginnt unzufrieden zu meckern. KF♀ (1;8) setzt sich zu ihm und singt ihm ein Lied vor: »Kleine Igel schlafen gern.« Sie macht ein besorgtes Gesicht, nickt dem Säugling zu und versucht, dessen Blick einzufangen.

*

Das Kind kennt das Gefühl, traurig oder unzufrieden zu sein. Es kennt Reaktionen anderer auf solche Gefühlsäußerungen und hat erfahren, wie diese auf es selbst wirken. Im nachahmenden Spiel kann es nun erproben, ob es selbst bei anderen eine solche Wirkung erzeugen kann. Dies wird besonders daran deutlich, dass das Kind jeweils den Augenkontakt zum anderen Kind sucht.

Im Spiel kann das Kind dem nachspüren, was in anderen vorgeht. Im Spiel werden die Gefühle der anderen im eigenen Selbst lebendig. Im

Spiel kann dies gespiegelt und entsprechender Umgang geübt werden. Auf diese Weise wird die bereits vorhandene Fähigkeit zur Empathie spielerisch ausgebaut. Die Auswertung der Längsschnitt-Fallstudie zeigt, dass dies vor allem bei Mädchen beobachtet werden kann. Sie können sich offenbar besonders gut sowohl in Gleichaltrige als auch in alte Menschen hineinversetzen.

AN♀ (2;5, o. B.) beobachtet sehr aufmerksam, wie zwei Kinder (2;2 und 2;7) versuchen, ein Steckpuzzle zusammenzustecken. Dies gelingt ihnen nur zum Teil. AN♀ schaut eines der Kinder an und sagt: »Na komm, ich helf dir!« Sie nickt verständnisvoll. Das Kind möchte aber die Hilfe nicht annehmen: »Nein!« Es lässt sich das Puzzleteil nicht nehmen. Als AN♀ bemerkt, dass die Erzieherin die Szene beobachtet, wendet sie sich wieder an das Kind und sagt: »AN will helfen. Na komm. Gib mal her.« Das Kind gibt AN♀ nun das Puzzleteil; die platziert es auf Anhieb an der richtigen Stelle. Sie schaut das Kind an: »Das gehört da hin.« Dieses nickt. Die beiden puzzeln zu zweit weiter.

IH♀ (4, rk) denkt über das Martinssingen im Altenheim nach: »Sie freuen sich über unsere Laternen und das Licht – und die Lieder. Und wenn wir später an den Türen mit unseren Laternen das Schnörzlied singen, machen wir den Menschen eine Freude – und bekommen Süßes dafür.«

Im Spiel gehen innere und äußere Wirklichkeit eine Verbindung ein und beeinflussen sich gegenseitig.

PH♀ (3;9, rk) ist von der Taufe ihrer kleinen Schwester stark beeindruckt. Sie spielt allein in der Puppenecke und erzählt sich selbst: »Ich gehe mit mein Baby in die Kirche. Ich hab die ganz dick angezogen, dass sie nicht krank wird.« Sie geht ins Bad: »Ich hol Wasser für die Taufe.« Als sie aus dem Bad kommt, singt sie: »Segne das Kind, die freuen sich, die Kinder werden getauft.« Nach einem kurzen Gespräch mit der Beobachterin über den Namen ihres Kindes – »Baby« – sagt sie: »Jetzt gehen wir wieder nach Hause.« In dem großen Korb, den sie mit sich trägt, »ist ein

Tuch zum Abtrocknen drin und eine Mütze.« – Dieses Spiel wiederholt PH♀ in den folgenden Wochen etliche Male.

FH♀ (5;2, o. B.) spielt im Herbst mit einem Jungen in der Bauecke. Sie holen sich Material und fragen nach den »Männchen im Erzieherschrank« (Holzfiguren, die bei religiösen Angeboten verwendet werden). Sie gestalten eine Stadt, die an die Stadt Tours erinnert, wie sie im Vorjahr beim Martinsfest aufgebaut wurde. Dabei unterhalten sie sich über den Bettler. FH♀ sagt: »Dem würde ich von mir zu Hause etwas abgeben.«

*

Im Spiel verknüpft das Kind seine innere Wirklichkeit mit der äußeren – oder umgekehrt. Da wird – über Wochen – das Erleben der → Taufe der kleinen Schwester nach-gespielt: Vorrangige Perspektive ist das Wohlergehen des Babys: Es soll nicht krank werden (warme Kleidung, Mütze, Handtuch zum Abtrocknen). Darüber hinaus kommen Elemente der Taufe an sich zum Tragen: Es wird Wasser benötigt, das Kind wird gesegnet und die Gemeinde freut sich. Das Kind verinnerlicht eine äußere Erfahrung. Im zweiten Beispiel wird inneren Bildern eine äußere Gestalt gegeben: Indem sie im Spiel äußere Bilder rekonstruieren, erinnern sie sich an die → Martinslegende und bringen zum Ausdruck, was ihnen daran wichtig ist.

Wahrnehmungen werden in einem dynamischen Kommunikationsprozess zwischen Kind und Wirklichkeit verarbeitet. Im Spiel werden Vorstellungen zusammengesetzt. Diese Verknüpfung von äußerer und innerer Wirklichkeit im Spiel stellt einen wesentlichen Bereich kindlichen Denkens dar. Spiel ist somit konkretes Denken. Diese imaginäre Wirklichkeit wird mit Hilfe von Gegenständen oder Materialien gestaltet. Dadurch werden Vorstellungen konkret und real, können erweitert oder neu zusammengestellt werden.

GK♂ (3;5, rk) spielt liebend gern mit Holzautos. An diesem Tag ist keines frei. Eine Weile schaut er den anderen Kindern beim Spielen zu. Dann geht er zum Bücherregal und schaut sich dort um. Nach einiger Zeit entdeckt er zwei Bücher mit bildlichen Gebärdenbeschreibungen für Kinder. Er nimmt sich beide Bücher und geht zum Tisch. Dort schlägt er sie auf und blättert sie durch. An einigen Abbildungen bleibt er hängen und probiert die Gesten aus, jede zwei- oder dreimal. Dann ist er zufrieden und sagt zu sich: »Okay.« Schließlich räumt er die Bücher wieder auf. Etwas später am Tag geht er zu G♀, einem Kind mit Sprachbehinderung. Er zeigt ihr die Gesten, die er sich angeeignet hat – gespannt, ob und wie sie darauf reagiert. Sie lacht ihn an, er lacht zurück. Dann gehen die Kinder auseinander.

*

Die Wahrnehmung der Andersartigkeit von Kindern mit Einschränkungen gehört in Einrichtungen, die inklusiv arbeiten oder in denen Kinder mit erkennbarem Migrationshintergrund integriert werden, zum Alltag. Kinder suchen zu verstehen, worin und warum diese Andersartigkeit besteht, und lernen mit ihr »normal« umzugehen. Zugleich sind sie – wie in diesem Beispiel – fasziniert, dass Sprache sehr vielfältig sein kann. Es war zu beobachten, dass Kinder sich häufig als Übersetzerinnen und Übersetzer für die Erwachsenen betätigten.

In dem Maße, in dem Kinder im Spiel ihre Wirkmächtigkeit entdecken, setzen sie diese Erkenntnis und Fähigkeit auch gezielt ein – um die aktuelle Wirklichkeit zu verändern. Sie versuchen, die konkrete Situation anders zu gestalten, oder steigen im Spiel zumindest zeitweise aus der Realität aus.

RG♀ (3;9, rk) spielt (im April) mit zwei anderen Mädchen in der Puppenküche. Zwei Jungen spielen mit Tier-Handpuppen und machen laute Brüllgeräusche. RG♀ und die beiden anderen Mädchen schimpfen: »Hört auf!« Einer der Jungen bedrängt RG♀ mit seiner Krokodil-Handpuppe: »Spielst du mit Puppentheater?« RG♀ fragt: »Wollen wir nicht lieber Maria und Josef spielen?« Die Jungen ignorieren den Vorschlag und toben weiter durch den Gruppenraum. RG♀ geht mit den beiden Mädchen nach oben auf den Balkon und sie bauen dort eine »Butze«.

GW♀ (3;6, rk) ist bereits seit einem Jahr mit M♂ (4;4, musl.) befreundet. M♂ wird zu Hause nach herkömmlichem Rollenmuster zum »Mann« erzogen. GW♀ trägt wesentlich zu seiner Integration in der KiTa bei. Heute verkleiden sich die beiden. Sie ziehen Tutus an, gehen kichernd zur Puppenwohnung. GW♀: »M., ich bin Maria und du bist Jesus.« M♂: »Ja.« Beide gehen zum Spiegel und begucken sich ausgiebig. GW♀: »M., du bist jetzt Jesus und ich bin Maria.« Beide kichern, spielen – ohne weiter miteinander zu reden – mit dem Puppenwagen.

Phantasie

Wahrnehmungen, Erlebnisse, Handlungen und Ereignisse bilden innere Bilder, die bei entsprechenden Anlässen erinnert werden. Aus ihnen werden Geschichten: Wahrgenommenes und Imaginiertes wird zusammengefügt. Bei jungen Kindern erfolgt diese Zusammenfügung in Beziehung zum eigenen Ich.

Das Kind (und letztlich auch der erwachsene Mensch) sieht die Wirklichkeit nicht an sich, sondern nimmt sie so wahr, wie sie ihm bedeutungsvoll erscheint. Es geht auch immer um Gefühle, Gedanken und Vorstellungen, die durch die Wahrnehmung wachgerufen werden. Dies äußert sich in den Phantasien des Kindes: Sie sind Wahrnehmungen der Wirklichkeit und zugleich Ausdruck der persönlichen Bedeutung dessen, was das Kind bewegt und beschäftigt.

FH♀ (3;4, o. B.) erzählt: »Im Wald haben wir ein Reh gesehen. Daneben stand ein echtes Pegasus.«

GS♂ (3;10, ev.) lebt zeitweise ganz in einer Welt voller Fabelwesen. Unvermittelt erzählt er von Drachen und dass diese Wasser spucken. Auf die Frage, woher er das wisse, sagt er: »Das weiß ich aus meiner Phantasie.«

OR♀ (4, o. B.) erzählt ganz nebenbei: »Ich hab heute geträumt, meine Eltern sind tot.« Erzieherin: »Bist du da traurig gewesen?« OR♀: »Nein, ich bin auf einem Einhorn geritten.«

Beim Turnen sollen die Kinder ihren Ball wie einen Welpen führen: »Eure Reifen sind ein Korb. Setzt eure Welpen ganz vorsichtig und liebevoll ins Körbchen!« Ein Mädchen trampelt laut und kichert herum. RG♀ (4;2, rk) ermahnt sie: »Sei leise, sonst wachen die Welpen auf. Die haben doch keine Mutter!«

*

Kinder suchen Gelegenheit, ihre Welt- und Selbsterfahrungen mit ihren eigenen Phantasien zu verbinden. Sie betten sie in erlebte Szenen (der Begegnung mit einem Reh in der Natur), weiten sie in persönlichen Träumen aus (ein trauriges Traumerlebnis wird durch den Ritt auf dem Einhorn aufgehoben) und spielen mit diesen Erfahrungen (Welpen schlafen und haben keine Mutter). Schließlich ist den Kindern selbst bewusst, dass manches »aus meiner Phantasie« ist.

Daher brauchen Kinder das Phantasieren, um Ereignissen und Dingen eine ganz persönliche Bedeutung geben zu können. Phantasie darf nicht von den Wahrnehmungen der Wirklichkeit getrennt werden. Auch dürfen Kinder nicht frühzeitig auf ein sog. realistisches Bild von der Wirklichkeit festgelegt werden. Im Gegenteil: Kinder brauchen eine vielfältige Wirklichkeit, die ihren Phantasien und Vorstellungen Nahrung gibt.

Auch die Entwicklung von Religiosität braucht Phantasie, braucht die Verknüpfung von realer Wirklichkeit und ihrer religiösen Tiefendimension in der Bedeutung für das persönliche Erleben und Leben.

Die Mama von OS♂ (3;2, ev.) ist schwanger. OS♂ hat sich aus Magnetsteinen eine Halskette gebastelt. Er sagt: »Ich bin eine Mama, ich bin eine Tänzerin. – OS♂ (3;3) fragt jeden Tag nach: »Kommt das Baby heute?« – Anlässlich des Festes Mariä Verkündigung schaut er (4;2) sich im Morgenkreis eine Marienfigur an. Auf die Frage, woran sie ihn erinnere, antwortet er: »Ich hab einen Bruder. Mama hält ihn auch im Arm.«

MK♂ (4;9, o. B.) kommt aus einer Familie, die Partnerschaft sehr positiv gestaltet. Er verfolgt staunend die mit Figuren gestaltete Erzählung von Maria und Josef auf dem Weg nach Betlehem. Er zeigt auf die Figur »Maria«: »Die hat aber einen dicken Bauch.

Jetzt muss die so weit laufen. Gut, dass Josef einen Esel hat. Da kann die da mit draufsitzen.« – Beim Mittagstisch kommt darüber ein Gespräch auf. MK♂ sagt zu einem andren Kind: »Gut, dass Josef sich um Maria kümmert. Ist nicht gut, dass die Maria allein ist. Papa muss auch helfen.«

CA♀ (3;10, rk) ist ein Kind, das sich liebevoll um ihre junge Katze kümmert und sorgt. Sie wird gefragt, wie ihr die Bibelwoche »Der heilige Franziskus« gefalle und welches Angebot ihr bisher am besten gefallen habe. CA♀ antwortet, dass ihr Franziskus gefalle: »Ich mag den. Besonders wie er sich um den Kranken gekümmert hat. Dass er den anfassen konnte.« Nach kurzer Pause sagt sie: »H., weißt du, der ist wie du. Er kümmert sich eben drum.« Sie lacht und läuft zur Schaukel.

*

Diese Kinder verbinden – wie andere auch – eigene Lebenserfahrungen mit religiösen Inhalten: die eigene Mama und den kleinen Bruder auf ihrem Arm mit Maria, und Maria mit der eigenen Mama. Den besorgten und fürsorglichen Josef mit seinem Papa, und den Papa mit Josef. Franziskus mit der Erzieherin, die beide für das Kind Vorbild sind und umgekehrt. Auf diese Weise bleiben die biblischen Erzählungen oder die Heiligenlegenden nicht leere Worte, sondern werden zu lebendigen und bedeutsamen Ereignissen und Situationen. Sie werden zur persönlichen Wahrheit und Teil der persönlichen Religiosität.

Erzählen

Erzählen ist etwas ganz Alltägliches und eine der gebräuchlichsten Formen der Kommunikation. Erzählen erfolgt auf vielfältige Art: berichten, mitteilen, schildern, beschreiben, wiedergeben, darstellen usw. Erzählen schafft eine gemeinsame Welt, sei es im Austausch über Erlebtes oder im Erfinden einer fiktiven Geschichte. Wenn Menschen einander erzählen und einander zuhören, verstehen sie Zusammenhänge und sie verstehen einander besser. Sie teilen ihren Alltag miteinander. Im Erzählen besteht aber auch die Möglichkeit, sich voneinander abzugrenzen und sich zu distanzieren.

Menschen brauchen Erzählungen, um sich in der Welt zurechtzufinden. Menschen entdecken sich selbst und das eigene Leben in Geschichten und teilen etwas von sich selbst mit, wenn sie anderen ihre Geschichte(n) erzählen. Erzählen und Zuhören ist ein wesentlicher Bestandteil von Bildung.

In der kindlichen Sprachentwicklung hat das Erzählen eine wichtige Funktion. Mit der »Warum-Frage« bringt das Kind sein Bedürfnis nach Zusammenhängen und einer erzählenden Antwort zum Ausdruck.

Auch Religionen sind auf Erzählungen angewiesen. Das Erzählen hat in den religiösen Traditionen einen festen Platz. Die überlieferten Erzählungen haben für den Glauben eine grundlegende Bedeutung. Sie vermitteln nicht nur vordergründige Erfahrungen, sondern bringen stets ein »Mehr«.

Erzählen hat mit dem Leben zu tun

Kinder wie Erwachsene hören gern Erzählungen – vor allem dann, wenn die erzählende Person sie mit hineinnimmt in das Erzählte. Eine gute Erzählung weckt Bilder in den Zuhörenden, macht »betroffen«: Das, was erzählt wird, hat etwas mit mir und mit meinem Leben zu tun!

AN♀ (4, o. B.) hört ruhig und konzentriert am Tag nach der Nikolausfeier in der KiTa der Erzählung einer Nikolauslegende zu. Ihr ist anzusehen, dass sie auf den Ausgang der Erzählung gespannt ist – denn: »Der Bischof Nikolaus war auch gestern bei uns!«

EJ♂ (3, ev.), ein von der Mutter emotional vernachlässigtes Kind, lässt sich immer wieder und ganzjährig die Weihnachtserzählung aus seinem geliebten Weihnachtsbuch vorlesen.

MK♂ (4;1, o. B.), ein empathisches Kind, das engagiert für Gerechtigkeit eintritt, verfolgt konzentriert die Bildgeschichte »Fastenzeit und Ostern den Kindern erklärt.« Er blickt gebannt zur Erzählerin und auf die Bilder im Buch. Sein Sitznachbar versucht wiederholt, ihn abzulenken und mit ihm zu sprechen. Doch MK♂

schiebt den Störenfried immer wieder weg. Schließlich sagt er zu ihm: »Hör mal auf. Weil es geht um Jesus. Dem ist was ganz Schlimmes passiert.« Daraufhin hören die Störungen auf. Als von Jesu Dornenkrone erzählt wird, zeigt sich MK♂ äußerst verständnislos: »Warum bekommt Jesus so eine schlimme Krone? Der ist doch so gut. Eigentlich muss er eine Krone bekommen, die nicht weh tut.«

*

Diese Beispiele zeigen, dass Kinder bei der Rezeption von Erzählungen ihre Schwerpunkte setzen. Eine Nikolauslegende erhält Bedeutung und Aktualität, indem das Kind sie auf seinem Erfahrungshintergrund hört: Der Bischof Nikolaus war zu Besuch! Und es möchte mehr über ihn erfahren. Ein Kind, das in seiner emotionalen Entwicklung behindert wird, versetzt sich mit Hilfe der Weihnachtserzählung in eine positive Gefühlslage. Sein sonst eher starrer Gesichtsausdruck löst sich und das Kind wirkt entspannt. Das empathische Kind protestiert gegen das Leiden Jesu, der »doch so gut ist«. Jedes Beispiel belegt, dass und auf welche Weise Erzählungen wirken und das Kind in der Entwicklung seiner Religiosität und Spiritualität fördern können.

Wenn Kinder erzählen

Kinder erzählen auch selbst. Sie erzählen, was sie im Alltag, im Traum oder bei besonderen Ereignissen erlebt haben. Häufig erzählen sie Gleichaltrigen, nicht immer erwachsenen Personen. Im Rahmen der Längsschnitt-Fallstudie berichteten pädagogische Fachkräfte häufig, dass Kinder ihr Gespräch unterbrachen oder beendeten, wenn Erwachsene in Hörweite kamen.

Kinder erzählen zu vorgegebenen oder selbst gemalten Bildern und erzählen Geschichten nach Bilderbüchern. Zudem überraschen sie Erwachsene damit, dass sie sich vieles sehr genau gemerkt haben oder den Inhalt ganz anders wiedergeben als erwartet.

LP♀ (2;6, o. B.) verfolgt mit zwei gleichaltrigen Jungen die Wiederholung der Erzählung von der Arche Noah. Die Erzählung wird mit einer Holzarche veranschaulicht, in die viele unterschiedliche Tiere hineinlaufen, -hoppeln, -kriechen oder -springen. Die Kinder begleiten die Tiere in die Arche und untermalen dies mit den passenden Tierlauten. LP♀ beteiligt sich zunächst. Dann fragt sie: »Noah?« – Die Erzählerin hatte versehentlich vergessen, die Noah-Figur mitzubringen.

AN♀ (3, o. B.) schaut sich die Bilder ihres Lieblingsbuchs »Ich will meine Mami« an. Sie zeigt auf die Bilder und erzählt dazu: »Der Flo sagt: ›Ich will meine Mama.‹« – »Da heult der Flo.« – »Das ist die Mama.« – »Da kommt die Mama endlich.« – »Da freun sie sich.«

SH♀ (4;1, rk) hört gespannt zu, was die anderen Kinder der Gruppe mit Advent und Weihnachten verbinden. Unterstützt durch die Wahl eines Symbols erzählen sie einander, was ihnen zum Thema einfällt. SH♀ verfolgt die Erzählungen, nickt bestätigend mit dem Kopf. Dann wählt sie ein Päckchen: »Auch Geschenke gibt es Weihnachten. Es ist Geburtstag.« – Über Weihnachten als Geburtsfest Jesu war in einer zeitlich weit vorausliegenden Erzählrunde gesprochen worden.

*

Die beobachteten Kinder bringen eigene Erinnerungen aus zurückliegenden Erzählrunden ein und belegen damit, dass sie wesentliche Elemente erfasst haben: Die Tiere in der Arche kommen nicht ohne Noah zurecht und das Schenken an Weihnachten hat mit der Geburt Jesu zu tun. Bilder, Bilderbücher und Symbole können Erzählungen und ihre Wiederholung unterstützen. Sie dienen dem Kind auch zur eigenen Auseinandersetzung mit dem Erzählten.

Daher bietet es sich an, neben der gut vorbereiteten und authentisch vorgetragenen Erzählung entsprechende Medien zu nutzen: Erzählfiguren unterschiedlicher Art, das Kamishibai-Erzähltheater, Bilderbücher oder Poster. Gemeinsam mit den Kindern erschlossen, können sie Unbekanntes oder Fremdes veranschaulichen, wirken sie durch Farben und Symbole oder ermöglichen sie Identifikation.

Tipps für gutes Erzählen

Erzählatmosphäre schaffen:

- Erzählkreis, Erzählzelt oder ähnliches für einen guten Blickkontakt aller nutzen.

Authentisch erzählen:

- Sich selbst in Bezug zur Erzählung bringen und etwas von sich selbst mitteilen. Nur das erzählen, was persönlich selbst bedeutungsvoll ist.
- Die richtige Sprache finden: kurze Sätze, direkte Rede, Adjektive sparsam verwenden.

Vorstellungen wecken:

- Mit sparsamen und präzisen Mitteln erzählen: Gesten, Bilder, Figuren oder Symbole gezielt auswählen und einsetzen.
- Leerstellen für die Phantasie der Zuhörenden lassen.

Bewegung – körperlicher Ausdruck

Das gesamte Leben vollzieht sich in Bewegung. Daher gehört Bewegung ganz natürlich zur Bildung dazu. Bewegung dient dem Wahrnehmen und dem Erkennen von Welt und Wirklichkeit mit dem ganzen Körper. Bewegung ist nötig, um mit anderen in Kontakt zu treten, sich mit ihnen zu verständigen. Haltung und Körpersprache stellen wichtige Wege der Kommunikation dar. Zugleich ist körperliche Bewegung der Weg zum eigenen Selbst.

JN♂ (2;8, rk) hat zum Fest der Heiligen Drei Könige freiwillig eine Krone gebastelt. Sie liegt seitdem in seiner Ablage. Täglich setzt er sie auf und trägt sie durchgängig. Heute setzt sich JN♂ zur Erzieherin an den Spieltisch. E: »Hallo, JN, ich sehe, du hast deine Krone auf.« JN♂ grinst und nickt. E: »Warum magst du deine Krone so sehr?« JN♂: »Weil sie stark macht.«

MB♀ (3;4, rk) bittet die Erzieherin, ihr die Garage aufzuschließen, denn: »Die [anderen] teilen nicht die Fahrzeuge.« Sie benötige aber eines für E♀ (2) und eines für sich selbst. MB♀ geht als Erste hinein. Sie schiebt ein Dreirad zur Seite und sagt zu E♀: »Hier, das darfst du.« E♀ nimmt das Rad. Dann sucht MB♀ ein zweites Fahrzeug. Sie hat Mühe, das Dreirad ihrer Wahl aus der Garage zu schieben. Zuerst muss sie Spielzeug wegräumen und ein weiteres Dreirad aus dem Weg schaffen, um an ihr Wunschfahrzeug zu gelangen. Die Lenkbewegungen fallen ihr etwas schwer. Als sie das Dreirad befreit hat, sagt sie: »Jetzt habe ich es geschafft.« Sie setzt sich auf das Dreirad, tritt in die Pedale und sagt: »Ich bin stark.«

Körperliche Bewegung, Gesten und Gebärden sind eine Sprache ganz besonderer Art. In ihr drücken Menschen jeden Alters ihre Beziehung zu sich selbst und anderen aus. Mit ihr können sie auch ihre Beziehung zu Gott ausdrücken.

RG♀ (3;6, rk) beobachtet, dass zwei Kinder beim Fangenspielen zusammenstoßen, eines hinfällt und weint. Der Unfallverursacher: »Das wollte ich nicht!« Die Beobachterin meint, er könne sich trotzdem entschuldigen. Das tut er denn auch. RG♀ steht neben der Beobachterin und sagt: »Wenn jemand weint, muss man ihn auch streicheln und drücken!« Sie geht zum immer noch weinenden Kind und streichelt es.

AJ♂ (5, rk) nimmt an einer Bibelwoche zum Propheten Jona teil. Mit einer Klanggeschichte und einem Jona-Rap haben die Kinder die Erzählung vertieft. Seitdem rappt AJ♂ voller Begeisterung mit Jona durch die KiTa, rappt für sich allein und auch zu Hause. Als die Erzählung in ein Wandbild mit den einzelnen Szenen der Jona-Erzählung gestaltet werden soll, ist AJ♂ ebenfalls mit Ausdauer dabei – obwohl er eigentlich nicht gern malt. Als die Erzählung schließlich in Bewegung umgesetzt wird – die Kinder laufen, fahren mit dem Schiff, klettern auf einen Berg oder kriechen durch den Bauch des Wals –, ist der Junge mit Begeisterung dabei. Er bittet dreimal um Wiederholung der einzelnen Szenen.

*

Gesten und Gebärden sowie spielerische Bewegung sprechen Kinder an. Sie kommen sowohl ihrem Bewegungsdrang entgegen als auch dem Inhalt. Die Dynamik einer Erzählung und die Geschichte des Handlungsträgers werden körperlich nachempfunden und zugleich verinnerlicht. Neben dem Spaß, den diese »Aktion« auslöst, prägen sich Inhalt und Bedeutung der Erzählung in das Körpergedächtnis ein. Gesten wirken umfassender als Worte. Daher muss auch das Trösten oder das Beruhigen über das Wort hinausgehen.

Gebets- und Segensgesten

Kinder ahmen Gebets- und Segensgesten nach – ebenso wie sie andere Gesten imitieren. Es fällt jedoch auf, dass sie die tiefere Bedeutung dieser Gesten im Vergleich zu jener von Alltagsgesten intuitiv erahnen.

ZA♀ (2;8, musl.), noch arabisch sprechend, übernimmt das Gebetsritual vor dem Mittagessen. Sie hebt ihre Hände und dreht sie zum Lied »1,2,3 unsere Hände, die sind frei«. Direkt danach faltet sie ihre Hände zum Gebet. Sie spricht es mit, so gut sie kann. Sie streckt beide Hände aus, um den Kindern einen »guten Appetit« zu wünschen.

MA♀ (1;9, ev.) kann das Tischgebet kaum erwarten. Schon bevor alle bereit sind, hat sie die Hände gefaltet. – Mit zunehmender Begeisterung singt sie das Lied »Gottes Liebe«, macht die Bewegungen dazu und fordert wieder und wieder: »Nomal!«

AN♀ (2;5, o. B.) lernt am Vormittag in einer Kleingruppe das Kreuzzeichen mit dem Körper zu machen. Kinder und Erzieherin stehen und breiten die Arme aus, sind »Kreuzmenschen«. – Das Gebet vor dem Mittagessen in der Gruppe beginnt immer mit dem Kreuzzeichen. Die Kinder am Tisch bekreuzigen sich dann mit den Händen. Heute tut AN♀ dies nicht: Sie betet den »Kreuzmenschen«. Sie schaut zur Erzieherin und strahlt. Diese Form des Kreuzzeichens wählt sie auch weiterhin.

IK♀ (4, rk) zeigt ebenfalls eine Vorliebe für religiöse Gesten und Rituale: »Ich mache gerne das Kreuzzeichen.« Dies betont sie auch im Blick auf den Gottesdienstbesuch: »Aber ich gehe nicht gerne, weil es so lange dauert. Ich mach aber gerne das Kreuzzeichen.«

Auch das Gesegnetwerden hat für junge Kinder eine besondere Bedeutung. Sie verbinden es häufig mit der biblischen Erzählung »Jesus segnet die Kinder« (→ Gott und Jesus). Zudem versuchen sie, die Worte »Segen« und »segnen« in ihre Sprache zu übersetzen. Allerdings ist auch zu bedenken, dass Segnen mit körperlicher Nähe verbunden ist. Nicht alle Kinder suchen oder akzeptieren die körperliche Berührung, vor allem dann, wenn sie durch ihnen fremde Personen erfolgt.

VZ♀ (3;9, o. B.) stellt fest: »Segnen ist hochheben und lieb haben«.

FH♀ (3;5, o. B.) folgt der Einladung, sich im Gottesdienst zu Maria Lichtmess segnen zu lassen, stürmisch. Sie kann es gar nicht erwarten, dass sie an der Reihe ist. Als sie gesegnet zurückgeht, wirkt sie ruhig und erfüllt.

LR♂ (3;10, ev.): Am Ende des Gottesdienstes zum Fest Maria Lichtmess werden die Kinder eingeladen, sich segnen zu lassen. Während alle anderen Kinder gern nach vorn gehen, zögert LR♂. Der katholische Priester ist ihm nicht bekannt; zudem ist dieser körperbehindert und sitzt im Rollstuhl. LR♂ ringt sichtlich mit sich. Er flüstert mit seinem Freund, ob er wohl mutig genug sei. Schließlich geht er als Vorletzter nach vorn und lässt sich segnen. Erleichtert und entspannt geht er auf seinen Platz in der Kirche zurück.

Tipps für Segnen und Segensfeier
Segnen kann jeder Mensch. Im Segnen und Gesegnetwerden schenken wir einander Zuwendung und Vertrauen. Wir vertrauen darauf, dass Gott jeden Menschen zuerst segnet: Gott schenkt Leben und Lebensfreude, Hoffnung und Mut, Freundschaft und Frieden.

Segnen ohne Worte

- Hand auflegen, z. B. zur Begrüßung oder zum Abschied
- Kreuz auf die Stirn zeichnen

Segnen mit Worten

- einfaches Gebet mit entsprechender Geste, z. B. Ausbreiten der Hände über die Köpfe der Kinder

Segensfeier

- eine Segnung besteht aus dem Segensgebet und der Segensgeste

- Beispiel für ein Segensgebet:
  Jesus, du bist der gute Hirte. Du bist bei uns und beschützt uns. Wir bitten dich: Sei immer bei uns, wenn wir Hilfe brauchen. Beschütze uns. Dann fühlen wir uns gut. Amen
- Beispiel für eine Segensgeste:
  Ich werde nun zu allen von euch hingehen. Dann werde ich jedem Kind einen Segenswunsch sagen. *Die pädagogische Fachkraft umfasst die Hände eines jeden Kindes und spricht:* NN, Jesus ist immer bei dir.

Stille und Meditation

»Innere Erfahrung ist etwas, das einem geschieht, nicht etwas, das man jemandem geben kann, und schon gar nichts, das man durch Lesen erreicht.«

Hubertus Halbfas (aus: Der Sprung in den Brunnen, Ostfildern [19]2016)

Der Alltag von Kindern ist häufig laut, voller Reize, Stress und Hektik. Seltener begegnen ihnen Stille, die Möglichkeit des Nachdenkens in aller Ruhe oder Gelegenheit zur Meditation. Dennoch: Die Längsschnitt-Fallstudie brachte zutage, dass junge Kinder sehr wohl Ruhe und Stille suchen, Rückzugsorte brauchen.

Zum Menschen gehören Alltag und Feiertag, Betriebsamkeit und Stille. Stille meint nicht nur Abwesenheit des Lauten, sondern hat ihre

Bedeutung in sich. Ebenso wie Erwachsene eine »Auszeit« aus dem Alltag benötigen, brauchen auch Kinder Zeiten des Ausruhens und Entspannens, des Verweilens und der Begegnung mit sich selbst.

Die KiTa-Gruppe hat in der Fastenzeit das Thema »Suchen und Finden – der gute Hirte« erarbeitet. Dabei haben die Kinder der KiTa eine Schafherde und einen Schäfer auf einem Bauernhof im Nachbarort besucht. Zuvor hatten sie sich mit dem Gleichnis vom Guten Hirten beschäftigt. JR♀ (3;6, rk) sitzt auf dem Teppich und fädelt Perlen auf. Dabei singt sie leise das Lied »Mein Schaf hat sich verlaufen …«. Sie ist ganz in ihr Tun vertieft und nimmt die Umgebung nicht wahr.

Zum Erntedankfest haben sich die Kinder auf der Wiese zu einem Gottesdienst versammelt. MB♀ (3;6, rk), zur Zeit in einer schwierigen Lebensphase, ist während des Gottesdienstes ganz im Hier und Jetzt. Anschließend wird auf der »Segensdecke« gemeinsam gefrühstückt. MB♀ betrachtet das dafür liebevoll angerichtete Obst, Gemüse und Brot. Sie staunt. Beim gemeinsamen Sprechen des Dankgebetes ist sie ganz dabei. Nach dem Gebet entsteht eine kurze Stille, die sie sichtlich genießt. MB♀ frühstückt an diesem Tag viel länger als sonst und nimmt das Essen intensiver wahr.

JL♂ (4, rk) ist ein ruhiges und zurückhaltendes Kind. Er nimmt sich Zeit für Dinge, die ihm wichtig sind. Er entwickelt Rituale, die er »besinnlich« und »andächtig« vollzieht. Dazu gehört auch ein Essensritual. – Heute sitzt er mit anderen Kindern am Frühstückstisch im Gruppenraum. Ein Mädchen hat selbst gebackene Plätzchen mitgebracht. Sie fragt, wer Plätzchen haben möchte, und verteilt sie. JL♂ nimmt eines und legt es vorsichtig mitten auf seinen Teller. Dann legt er sein Obst, Gemüse und Brot um das Plätzchen. Er beginnt, Obst, Gemüse und das Brot zu essen; das Plätzchen genießt er andächtig ganz zum Schluss.

*

Die beobachteten Kinder – sie stehen exemplarisch für andere – nehmen sich selbst Zeit für das Innehalten und Staunen. So verarbeiten sie neue Eindrücke wie den Besuch der Schafherde oder die Erntedankfeier. Sie entwickeln eigene Rituale, die sie konsequent praktizieren. Nicht selten beziehen sich diese auf das Essen, häufig angeregt durch liebevoll gefüllte Frühstücksdosen, die sie von zu Hause mitbringen. Dann braucht es nur noch Möglichkeiten und Gelegenheiten, ihre Rituale oder das für sie nötige Innehalten umzusetzen.

Stille-Übungen und Stille-Erfahrungen

Stille spüren und sinnenfällig erleben ist ein elementarer Teil religiöser Selbstbildung. Stille, Meditation und Gebet gehören zum Wesen von Religion und des Christentums. Glaube ist nicht abstrakt oder etwas rein Geistiges, sondern kommt im Nach-Sinnen, im Sich-Konzentrieren und schließlich im Gebet zum Ausdruck. Kinder, die dies noch nicht kennengelernt oder selbst für sich entdeckt haben, brauchen dafür Übungsfelder und die Möglichkeit zum Mittun. Darüber hinaus brauchen sie einen Ort, an dem sie sich in Stille üben können. Meist ist dies der Gruppenraum, in dem sich die Kinder auch sonst aufhalten, in dem sie essen, spielen, basteln, miteinander sprechen und auch feiern. Soweit es die räumlichen Gegebenheiten zulassen, bietet sich die Einrichtung eines speziellen Raums an. In ihm sollten die Kinder zur Ruhe kommen können, sich entspannen und einfach da sein können.

Im etwas abgedunkelten Schlafraum ist ein grünes, rundes Tuch auf dem Boden drapiert, in der Mitte ein Windlicht mit Zweig und Kerze. Um das Tuch sind Stühle gestellt. Im Hintergrund läuft leise Meditationsmusik. AN♀ (2;5, o. B.) kommt ganz leise in den Raum. Sie läuft fast auf Zehenspitzen. Ihr Blick wandert zum CD-Player, dann zur Mitte mit dem Tuch. Mehrfach hält sie sich den Finger an den Mund und macht »Schhhhh«. – Die folgende Phantasiereise führt die Kinder auf eine grüne Wiese mit blühenden Blumen.

Die Einrichtung, in die JS♂ (3;7, ev.) geht, besitzt einen eigenen Meditationsraum. In ihm steht eine Jesusfigur, die die Kinder auch gern von sich aus aufsuchen – wenn sie Ruhe brauchen. In der Fastenzeit findet dort regelmäßig die »Ruhige Minute« statt. Die Kinder schließen für eine Minute – gemessen mit einer Sanduhr – ihre Augen und suchen in ihrer Phantasie einen ruhigen Ort. Nach einiger Übung gelingt es allen, für diese Minute still zu werden. Da die Sanduhr im Raum bleibt, können die Kinder diese Übung auch für sich allein machen.

Eine angenehme Raumatmosphäre trägt dazu bei, dass die Kinder der Einladung zur Stille folgen bzw. sie selbst für sich wählen. Dazu reicht manchmal bereits das Entzünden einer Kerze; meditative Musik lässt die Kinder ebenfalls still werden. Bei entsprechender Übung lernen Kinder sogar die Stille als solche schätzen. Auch wenn die Vorbereitung aufwendig ist, etwa weil zu wenig Raum zur Verfügung steht: Es lohnt sich.

FA♂ (3;10, o. B.) verfolgt ruhig und aufmerksam die meditative Umsetzung des Sonnengesangs des heiligen Franziskus: Meditationsmusik, die brennende Jesuskerze, die Darstellung von Wind, Luft, Wasser und Regenwolken mit Chiffontüchern und Orff-Instrumenten. Er ruht ganz in sich, wirkt »andächtig«. Den Abschluss der Meditation bildet der »Tanz der Schöpfung«. FA♂ bewegt sich ruhig zur Musik und tanzt mit den Tüchern. Als die Musik verklingt, möchte er gleich eine zweite Runde tanzen.

Zum Weiterlesen

- Bücken-Schaal, Monika: Die 50 besten Spiele in unruhigen Situationen, München 2013.
- Güntner, Diana: Segensfeiern mit Kindern. Vorschläge für Kindergarten und Gemeinde, Freiburg i. Br. 2005.
- Heimlich, Ulrich: Einführung in die Spielpädagogik, Stuttgart ³2014.
- Kalff, Michael / Hergesell, Jessica / Hergesell, Ina: Kinder erfahren die Stille. Naturmeditationen für Kinder, Eltern und Pädagogen, Battweiler 2008.
- Schmitt, Inga / Steinkamp, Herrmann / Tigges, Martin / Wittstruck, Birgit: Workshop: Kirchen Öffnen Glauben. – Einführung in die Kir-

chenraumpädagogik, in: Leinhäupl, Andreas / Grote, Bärbel (Hg.): miteinander glauben (er)leben. Religionspädagogik im Elementarbereich – Ein Lese- und Arbeitsbuch, Osnabrück 2012, 136–145.
- Westhoff, Jochem: Biblische Geschichten lebendig erzählen: Anregungen – Beispiele – Übungen, Gütersloh 2011.

TEIL 5
VERNETZUNGEN

Netzwerken im Sozialraum

»Katholische Kindertageseinrichtungen stehen im Spannungsfeld unterschiedlicher Erwartungen von Eltern, Schule, Kirche und Öffentlichkeit.

Eltern erwarten ..., dass ihr Kind sowohl gut betreut als auch in seiner körperlichen, seelischen und geistigen Entwicklung optimal unterstützt wird ... Zudem sollen die Grundlagen für eine erfolgreiche Schullaufbahn gelegt werden. ...

Die Schule erwartet, dass Kindertageseinrichtungen Wissen und Kompetenzen vermitteln, die beim Eintritt in die Grundschule vorausgesetzt werden, damit diese ihren Erziehungs- und Bildungsauftrag erfüllen kann. ...

Die Kirche betrachtet die Tageseinrichtungen für Kinder als Teil des Gemeindelebens. Durch ihre Einrichtungen verwirklicht die Gemeinde ihren pastoral-diakonischen Auftrag ...«

Sekretariat der Deutschen Bischofskonferenz (Hg.): Welt entdecken, Glauben leben. Zum Bildungsauftrag katholischer Kindertageseinrichtungen, Bonn 2009, 10–12.

»Vernetzung« ist zum Zauberwort geworden. Soziologisch betrachtet hat eine gut vernetzte Person ein Geflecht von Beziehungen zu anderen Personen. Diese helfen ihr, rasch an Informationen oder Hilfe zu kommen. Durch Vernetzung werden Ressourcen aktiviert und entstehen Synergien. Im Bereich einer lebensweltlichen bzw. sozialräumlichen Orientierung gehört Vernetzung zur professionellen Arbeitshaltung.

Kindertageseinrichtungen sind Teil des Sozialraums. Sozialraum meint ein regional eingrenzbares Gebiet, in dem die darin lebenden Menschen ihre sozialen Beziehungen pflegen. Sie finden hier eine Infrastruktur vor, die es ermöglicht, alles zum Leben Notwendige vorzufinden.

Eine Öffnung in die sozialräumlichen Zusammenhänge sowie der Blick auf die Lebenssituationen der Familien gehört heute notwendigerweise zur KiTa-Arbeit. Die Orientierung am Kind, die Erziehungspartnerschaft, eine Teilhabe an den Grundvollzügen der Kirche (Diakonie, Liturgie, Verkündigung) sowie die Sorge für anschlussfähige Bildungsprozesse sind ohne Vernetzung und Kooperationen nicht möglich. Der Begriff der Familienzentren steht in besonderer Form für diese Orientierung am Sozialraum und für die Kindertagesstätte als Netzwerk.

Die Umsetzung der sozialräumlichen Ausrichtung bedeutet für die KiTa eine Kulturveränderung. Sie arbeitet ressourcenorientiert, bezieht die Stärken der Familien sowie die der Einrichtungen vor Ort mit ein.

Eltern- und Familienarbeit

»Eltern erwarten von Kindertageseinrichtungen, dass ihr Kind sowohl gut betreut als auch in seiner körperlichen, seelischen und geistigen Entwicklung optimal unterstützt wird. ... Viele Eltern erkennen den Wert religiöser Erziehung und Bildung für die Entwicklung ihrer Kinder. Aufgrund eigener Glaubensunsicherheit und religiöser Sprachlosigkeit neigen nicht wenige jedoch dazu, die religiöse Erziehung den ›Fachleuten‹ in Kindertageseinrichtungen und Gemeinden zu überlassen. ... Oft werden Eltern durch die religiösen Fragen ihrer Kinder angeregt, sich selbst wieder neu mit dem Glauben auseinanderzusetzen. Erzieherinnen und Erzieher werden für Eltern und Kinder zu Ansprechpartnern in Glaubensfragen. ...

Katholische Kindertageseinrichtungen verstehen sich als familienunterstützende Bildungseinrichtung und orientieren ihre Arbeit am Prinzip der Bildungs- und Erziehungspartnerschaft mit den Eltern. Sie sehen Eltern als Kooperationspartner und wollen deren Erziehungsverantwortung stärken.«

Sekretariat der Deutschen Bischofskonferenz (Hg.): Welt entdecken. Glauben leben. Zum Bildungs- und Erziehungsauftrag katholischer Kindertageseinrichtungen, Bonn 2009, 10–11.

Eltern wollen stets das Beste für ihr Kind tun. Dennoch: Selbst bei allem guten Willen stoßen sie an Grenzen. Diese bestehen vor allem darin, dass Kinder von Geburt an individuelle Menschen mit eigenem Willen und eigenen Vorstellungen sind. Als sich selbst bildende Personen (→ Bildung als Selbstbildung) entwickeln sie sich mit zunehmendem Alter weiter. Elternsein bedeutet, für das Kind und mit ihm Tag für Tag möglichst »richtige« Entscheidungen zu treffen. Dabei suchen und brauchen Eltern Unterstützung. Sie möchten die Anforderungen bewältigen, die sie selbst an sich stellen und die von gesellschaftlicher Seite gestellt werden.

Dies betrifft auch Fragen von Religion und Religiosität. Christliche Eltern stehen vor der Frage, ob sie ihr Kind taufen lassen und es christlich religiös bzw. konfessionell erziehen möchten. Dies fordert in unserer Gesellschaft eine bewusste Entscheidung. Einige Eltern von an der Längsschnitt-Fallstudie beteiligten Kindern sind selbst noch christlich getauft worden; sie haben sich jedoch entschieden, ihr(e) Kind(er) nicht bzw. noch nicht taufen zu lassen. Sie wählten aber eine katholische bzw. christliche Kindertagesstätte, damit das Kind mit dem christlichen Glauben in Berührung kommt und sich später selbst für oder gegen die Taufe entscheiden kann.

»Wenn beide Eltern einer christlichen Kirche angehören, entscheiden sie sich meistens für die Taufe ihres Kindes. Gleiches gilt, wenn wenigstens ein Elternteil katholisch ist: Auf vier Geborene mit wenigstens einem katholischen Elternteil kommen jährlich nahezu drei katholische Taufen. Diese Zahl ist seit fast drei Jahrzehnten stabil.«
Sekretariat der Deutschen Bischofskonferenz (Hg.): Katholische Kirche in Deutschland. Zahlen und Fakten 2015/2016, Bonn 2016, 44.

»Kinder, deren Eltern beide einer christlichen Kirche angehören, werden auch heute noch fast ausnahmslos getauft. Manche Eltern möchten ihr Kind selbst entscheiden lassen, ob es sich zum christlichen Glauben bekennen will.«
http://www.ekd.de/statistik/amtshandlungen.html (Stand: Dezember 2016)

Eltern, die selbst ohne religiöse Bindung aufgewachsen sind und ihr Kind in eine katholische bzw. christliche Einrichtung geben, sind ebenfalls der Überzeugung, dass sie ihrem Kind damit etwas Gutes tun. Es geht ihnen nicht nur um die pädagogische Qualität der Einrichtung; das Kind soll teilhaben – so die Aussage von Eltern – an der positiven Atmosphäre, die der »Seele des Kindes« gerecht wird.

»Ziel ist ... die Erziehung zu einem eigenständigen und sich seiner selbst bewussten Glauben, der zunächst einmal recht unabhängig von strukturellen und konfessionellen Vorgaben ist ...«
Könemann, Judith: Bedingungen religiöser Sozialisation heute. Wahrnehmungen und Herausforderungen, 70.

Eltern, die einer nichtchristlichen Religion angehören, bewegen nach den Erfahrungen aus der Längsschnitt-Fallstudie hauptsächlich zwei Gründe: Zum einen erkennen sie in Einrichtungen in christlicher Trägerschaft das religiöse Element. Dieses vermissen sie in Einrichtungen anderer Träger. Zum anderen möchten sie auf diese Weise ihrem Kind ein vertieftes Kennenlernen der christlich geprägten Kultur ermöglichen, in die es hineinwächst.

Familienreligiosität

Familien sind »durchaus religiös ansprechbar ..., indem sie ihre eigenen Ritualisierungen bis hin zu einer spezifischen Familienreligiosität ausbilden ... Vor allem (religiöse) Rituale haben in Familien eine besondere Funktion und Bedeutung«.

Könemann, Judith: Bedingungen religiöser Sozialisation heute. Wahrnehmungen und Herausforderungen, 71.

Der gesellschaftliche Wandel wirkt sich auch auf die Familie aus. Das »klassische« Familienmodell ist nur noch eines von vielen. Verändert haben sich die Erziehungsstile und -ziele ebenso wie das Verhältnis zu Religion und religiöser Praxis, zu Glaube und Kirche. Dies darf allerdings nicht zu dem Urteil führen, Familien seien heute nur noch bedingt oder gar nicht mehr religiös.

Bei genauerem Hinsehen wird deutlich: Religiosität wird individuell(er) gelebt. Früher gab es geschlossene konfessionelle Milieus; Kinder wuchsen selbstverständlich in Kirche und Gemeinde hinein. Heute müssen Menschen selbst über ihren Glauben und ihre Art zu glauben entscheiden. Auch in der religiösen Erziehung wird auf Selbstständigkeit gesetzt: Nicht Gehorsam steht im Vordergrund, sondern die Achtung vor der Eigenständigkeit des Kindes.

Diese Entwicklung wird unterschiedlich bewertet. Häufig wird vom »Verfall« religiöser Erziehung in der Familie gesprochen. Es wird beklagt, dass Kinder und Jugendliche immer seltener gelebte Religion erfahren. Dabei wird jedoch meist Religion mit Kirchlichkeit gleichgesetzt. Unter Religiosität wird eher traditionelles kirchliches Verhalten verstanden (→ Was ist Religiosität?).

Diese Veränderungen sind daher differenzierter zu betrachten. Zwar findet sich seltener eine kirchlich-religiöse Anbindung von Familien, aber dies bedeutet nicht auch den Niedergang von Religiosität. Untersuchungen zu diesem Thema wie auch die diesem Handbuch zugrundeliegende Längsschnitt-Fallstudie belegen: Religiosität wird weiterhin gelebt, aber auf die individuellen religiösen Bedürfnisse der Familienmitglieder abgestimmt (Ausnahmen bestätigen die Regel). Die Mitglieder der Familie müssen sich immer wieder verständigen, wie ihre ganz spezifische Familienreligiosität gestaltet werden soll. Hierbei haben auch junge Kinder Mitspracherecht und nehmen Einfluss.

N♀ (3;5, o. B.) hat eine Osterkerze gebastelt. Zu Hause stellt sie diese dorthin, wo der Vater für ihn bedeutsame Dinge aufgestellt hat. Zuvor hat sie diese beiseite geräumt. Es kommt zu einer Auseinandersetzung zwischen Tochter und Vater, die schließlich auch in der KiTa ankommt. Der Vater erkundigt sich nach der Bedeutung der Osterkerze an sich. Er möchte wissen, was seine Tochter damit verbindet und was sie zu dieser Aktion bewegt hat. So setzt er sich mit der christlichen Bedeutung von Ostern auseinander – und lernt von seiner kleinen Tochter.

Die Mutter von M♀ (3; o. B.) bittet die Erzieherin, ihr den »Spruch« aufzuschreiben, den die Kinder immer vor dem Mittagessen aufsagen. Ihre Tochter würde ihn auch gern zu Hause sprechen, aber sie bekomme ihn nicht zusammen. Mutter und Tochter praktizieren nun ihr Mittagsritual.

Die aus Russland stammende Mutter von JN♂ (5, ev.) hat in ihrer alten Heimat nicht religiös gelebt. Ihr Sohn zeigt und erklärt ihr, was er erlebt und was in der »religiösen Ecke« zu sehen ist. Zudem lässt sie sich durch die KiTa-Leiterin in religiösen Fragen beraten (z. B. »Was ist beten?«) und nutzt regelmäßig die religiösen und gottesdienstlichen Angebote für Eltern und Kinder. Sie möchte den Kindern (JN♂ hat einen älteren Bruder) den religiösen Rückhalt bieten können, den sie selbst nicht hatte.

Einen fruchtbaren Boden für diese Kinderimpulse bildet das intime Beziehungssystem Familie: In ihm geht es um Geborgenheit und Vertrauen, um Gemeinschaft und Solidarität, um Stärken und Schwächen. Es stellen sich die Fragen nach Sinn, nach Liebe, nach Hoffnung und Zukunft. Die Familienmitglieder müssen Wege finden, mit Fehlern, Versagen und Schuld umzugehen. Wenngleich das, was Eltern und Kindern wichtig, gar »heilig« ist, nicht immer auch gelebt werden kann, pflegen Familien ihre Traditionen. Nicht alle lieb gewonnenen Gewohnheiten sind im Alltag umsetzbar – die Wichtigkeit dieser Rituale für das Familienleben und die Entwicklung der Kinder ist aber durchaus bewusst.

Somit können Familien heute nicht generell als »religionslos« bezeichnet werden – sie haben ihre ganz individuelle Familienreligiosität. Diese muss wertschätzend wahrgenommen werden.

Für FH♀ (o. B.), ihre ältere Schwester und ihre Eltern sind die Wochenenden und Ferien fest für gemeinsame Unternehmungen reserviert. Vor allem Ausflüge in die Natur sind bei allen Mitgliedern der Familie beliebt. FH♀ gehört in ihrer KiTa-Gruppe zu den wenigen Kindern, die am Montag ausgeruht und ausgeglichen die Woche beginnen können.

Die KiTa-Gruppe mit SW♀ (4;10, ev.) entdeckt Schätze. Jedes Kind erhält einen Edelstein und erfühlt ihn. Die Kinder lassen zunächst diesen sprechen: »Ich bin wertvoll.« SW♀ sagt: »Mama nennt mich manchmal Schätzchen.« Die anderen Kinder gehen darauf ein: »Meine Mama sagt auch Schatz zu mir.« Oder: »Du bist ein Schatz.« – Die Kinder erkennen sich als wertvollen Schatz.

Die Eltern von MN♂ (rk) haben keinen Bezug zur Kirchengemeinde. Sie nehmen jedoch an allen Kindergarten-Gottesdiensten teil. – Gleiches gilt für weitere Familien, insbesondere dann, wenn nur ein Elternteil christlich getauft ist.

Frauen übernehmen die Gestaltung von Religiosität

Die Gestaltung der Familienreligiosität wird vor allem von Frauen übernommen. Dabei ist ihnen das eigenständige Mittun der Kinder wichtig. Mütter oder Großmütter erzählen Gute-Nacht-Geschichten – auch biblische Geschichten – oder lesen sie vor. Sie singen oder beten mit den Kindern, praktizieren und tradieren Familienriten. Sie sind für die Gestaltung der großen Feste und Zeiten im Jahr wie Advent, Weihnachten, Ostern oder Erntedank zuständig. Hier ergeben sich dann auch kirchliche Kontakte oder der Besuch spiritueller oder gottesdienstlicher Angebote der KiTa. Dann wird auch auf die entsprechenden Symbole, Riten und Gebräuche zurückgegriffen.

Die Mutter von GW♀ (2;9, rk) bastelt mit ihrer Tochter unter Anleitung einer Erzieherin einen Palmstock. Zum Abschied stehen beide in der Garderobe und strahlen die Erzieherin an. GW♀ hält den Palmstock in den Händen. Die Mutter sagt: »Unser erster Palmstock! Nicht nur Gs, sondern meiner auch. Das hat Spaß gemacht. Sehr schön!«

Im Sitzkreis wird ein Gespräch darüber geführt, was »Segen« ist. SE♀ (4;1, rk) erzählt: »Meine Mama hat mir einen Engel geschenkt. Dass ich keine bösen Träume habe vor Wölfen. Schon zwei Mal war der Engel in mein Bett verloren. Aber da hab ich ihn gesucht und wiedergefunden.«

Die Mutter von DK♂ (5;2, ev.) beteiligt sich an der Schuhkarton-Aktion zu St. Martin. DK♂ kommt mit seiner Mutter und bringt überglücklich einen schön eingewickelten Schuhkarton mit. Er erzählt, dass in diesem ganz viel Spielzeug, Stifte, Süßes und Anziehsachen seien. Die Mutter ergänzt: »D wollte eigentlich noch mehr mitbringen, aber das hätte nicht hineingepasst.«

ES♀ (4, rk) erzählt, dass in der Familie zu Weihnachten eine Krippe aufgestellt wird. Für die Fastenzeit vereinbart sie mit der Oma und dem Vater, »nicht so viel zu streiten«. Sie bemüht sich, dies auch in der KiTa einzuhalten.

Wiederentdeckung der Rituale

Seit einigen Jahren ist eine Wiederentdeckung der Rituale in allen Bereichen der Gesellschaft zu beobachten. Rituale wirken dadurch, dass sie emotional ansprechen. Auch im Alltagsleben der Menschen und vor allem bei der Erziehung und Bildung von Kindern haben Rituale eine wichtige Funktion. Beim gemeinsamen Essen vergewissern sich Eltern und Kinder, dass sie zueinander gehören. Bei jungen Kindern spielt das Ritual des Ins-Bett-Bringens eine wichtige Rolle. Mit seiner Hilfe lernen Kinder, angstfrei vom Tag in die Nacht zu gehen. Bei Kindergeburtstagen wird ein Fest organisiert, bei dem die Kinder und ihre gleichaltrigen Freundinnen und Freunde im Mittelpunkt stehen. Im Familienurlaub verbringen Eltern und Kinder eine besondere Zeit, die sich vom alltäglichen Leben abhebt. In ihr erleben und lernen die Kinder vieles, was ihnen sonst nicht zugänglich ist.

Die Kindergruppe schaut sich kurz vor den Sommerferien im Atlas die Urlaubsziele der Kinder an. Viele wissen sehr genau, wohin sie fahren wollen. GK♂ (4, rk) schaut genau zu. Das gehörlose Kind (3, ♂) kann mit dem Atlas nicht so recht etwas anfangen. GK♂ sagt: »Komm, S., du fährst jetzt mit mir an die Ostsee. Irgendwo musst du dich ja auch entspannen.«

Die Mutter von AS♂ (2;4, ev.) berichtet, dass ihr Sohn eine Kinderbibel besitzt. Er wolle jeden Abend eine Geschichte vorgelesen bekommen. Besonders großes Interesse habe er an Geschichten von Jesus und seinen Brüdern.

Da SR♀ (3;2, ev.) mehr und mehr in den Schatten ihres älteren Bruders gerät, hat ihre Mutter auf Anraten der Erzieherin ein eigenes Abendritual für die Tochter eingeführt. Sie liest ihr ihre Wunschgeschichte vor.

Eltern stärken

Eltern werden gestärkt, wenn sie sowohl als Person als auch in ihren Bemühungen um das Kind wertgeschätzt werden. Diese Wertschätzung beruht generell wie aus religiöser Perspektive auf der Einzigartigkeit eines jeden Menschen. Sie beinhaltet den Respekt vor der Unterschiedlichkeit der Menschen und ihrer Art zu leben.

Dieser dialogische Ansatz auf Augenhöhe lebt von der Voraussetzung, dass Eltern bereits Stärken in sich tragen. Elternarbeit besteht damit darin, gemeinsam mit den Eltern diese Stärken zu entdecken und auszubauen.

Von der Defizit- zur Ressourcenorientierung

Defizitorientierung stellt die persönlichen Mängel, Unzulänglichkeiten oder Einschränkungen einer Person in den Mittelpunkt. Eine defizitorientierte Sicht bewirkt, dass das Gegenüber als unfähig und generell hilfebedürftig betrachtet wird.

Ressourcenorientierung dagegen stellt die Stärken und Kompetenzen der Person in den Mittelpunkt. Ressourcen können materielle Dinge sein, wie zum Beispiel ein sicherer Lebensunterhalt oder eine Wohnung. Sie bestehen auch in Fähigkeiten, Fertigkeiten und Kenntnissen, wie zum Beispiel Durchhaltevermögen, Humor, Bildung oder Einfühlungsvermögen. Eine ressourcenorientierte Sicht bewirkt, dass das Gegenüber aus eigener Kraft seine Ziele erreichen und eine positivere Zukunft gestalten kann.

Die Orientierung an Mängeln und Problemen verbaut die Sicht auf die Stärken und Fähigkeiten der jeweiligen Person. Elternarbeit sollte daher ressourcenorientiert verstanden werden. Es geht darum, gemeinsam mit den Eltern deren Ressourcen zu heben – und den Blick auf die Ressourcen der Kinder zu richten. Diese Haltung hilft zu erkennen, dass jede und jeder Sinn- und Lebenskräfte in sich trägt. Hinsichtlich religiöser Elternarbeit kommt dann zum Tragen, dass (mit wenigen Ausnahmen) Eltern und Kinder ihre individuelle Familienreligiosität mitbringen. Ihnen muss Religiosität nicht »beigebracht« werden.

Somit besteht religiöse Elternarbeit nicht in der Vermittlung von Wissen und Fakten. Im Vordergrund steht der Dialog, der Austausch von gleichwertigen und gleichwürdigen Partnerinnen und Partnern. Im gemeinsamen Denkprozess lassen sich Antworten auf Fragen finden. Dies fordert Offenheit: Menschen, die sich auf die Suche machen, müssen damit rechnen, dass sie Neues entdecken.

Dialog heißt »nicht bloß Auskunft suchen von unten und Auskunft geben von oben, auch nicht bloß Fragen und Antworten hinüber und herüber, sondern echtes Wechselgespräch, in das der Lehrer mit seiner ganzen Person unmittelbar und unbefangen treten muss.«
Martin Buber (aus: Das dialogische Prinzip, Gerlingen 1997).

Elternarbeit als gemeinsame Suche

Eine wichtige Anlaufstelle für Eltern junger Kinder ist die Kindertageseinrichtung. Sie nutzen diese – so die Erfahrung aus der Längsschnitt-Fallstudie – gern auch, um religiöse Positionen zu klären. Häufig erfolgt dies in sog. Tür- und Angelgesprächen oder bei Elterngesprächen. Die Fragen der Eltern werden nicht selten durch die Fragen der Kinder ausgelöst. Eltern erfahren sich selbst als Fragende und Suchende. Dies ist ein Ansatzpunkt für religiöse Elternarbeit, die dialogisch vorgeht und der Frage vor der Antwort den Vorrang gibt. Dieser Ansatz entlastet die pädagogische Fachkraft – auch sie muss keine »fertigen Antworten« geben. Sie kann sich selbst als Suchende mit auf den Weg begeben.

Allerdings zeigt die Erfahrung auch, dass Elternabende mit religiösen Themen meist von nur wenigen Elternteilen und auch meist von Müttern oder Großmüttern besucht werden. Eine Erklärung dafür liegt in der Tatsache, dass Religion und Glaube heute eher als »Privatsache« verstanden werden. Es herrscht eine religiöse »Sprachlosigkeit«: Viele möchten oder können ihre persönliche und private Religiosität nicht ins Wort bringen. Eine Lösung besteht darin, Themen nicht gesondert und theoretisch (z. B. in Form eines Vortrags) zu bearbeiten, sondern praktisch und kreativ.

Einige der an der Längsschnitt-Fallstudie beteiligten Einrichtungen bieten bei jedem Elternabend u. a. auch eine kleine religiöse Einheit an – mit den Methoden und Materialien, die mit den Kindern verwendet werden. Der Erfolg ist nachhaltig. Die Eltern (auch Väter) lernen vordergründig die religionspädagogische Arbeit der pädagogischen Fachkräfte kennen. Letztlich jedoch profitieren sie persönlich davon. Es entwickelt sich – beispielsweise in der Beschäftigung mit biblischen Erzählfiguren – eine offene und vertrauensvolle Atmosphäre, in der die Mütter und Väter sich mit dem biblischen Text auseinandersetzen und von sich selbst erzählen. »Jetzt hab ich das verstanden« – so heißt es nicht selten. »Danke! Das war schön.«

Gibt es dazu noch einen passenden Büchertisch, wird das Thema gern aufgegriffen und weitergeführt – auch zu Hause mit den Kindern.

Dieser Ansatz der Elternarbeit respektiert die religiöse Verschiedenheit der Teilnehmenden. Er beinhaltet auch, dass es im gemeinsamen fragenden Suchen generell nichts »Richtiges« oder »Falsches« gibt. Zugleich wird deutlich, dass nicht nur eine Person (hier: die pädagogische Fachkraft) »Experte« ist. Auch in religiöser Hinsicht sind Eltern Verantwortliche in eigener Sache.

Vermittlung von Fachwissen

Dennoch wird es Situationen geben, in denen eine Fachexpertise gefragt ist. Dazu bietet sich zunächst die fachliche Kompetenz des Teams der Einrichtung an (→ Professionalisierung der Fachkräfte). Gelangt diese an ihre Grenzen, bietet sich die Kooperation mit Fachleuten aus dem pastoralen Raum an (→ Vernetzung mit dem pastoralen Raum).

Meist wird Wissensvermittlung mit den Erfahrungen aus der Schule oder aus der beruflichen Aus- und Fortbildung verbunden. Ein Lehrer oder eine Lehrerin informiert den Schüler oder die Schülerin. Es gibt Wissende und Unwissende und die Vorstellung, dass sich mit dem Erwerb von Wissen zugleich Einstellungen und Verhalten verändern. Doch auch bei bester Auswahl von Informationen ist es nicht gewährleistet, dass diese Form der Bildung den ganzen Menschen erreicht.

Ausschlaggebend ist, wie die Fachfrau oder der Fachmann mit den Teilnehmenden in Beziehung tritt. Die Vermittlung von Fachwissen gelingt nur, wenn sie keine Belehrung »von oben«, sondern respektvolle und wertschätzende Begleitung ist. Es braucht eine Atmosphäre, in der auch die Lehrenden sich zugleich als Lernende verstehen und die Lernenden als Lehrende betrachtet werden.

»Ich weiß nicht und ich kann nicht wissen, wie mir unbekannte Eltern unter unbekannten Bedingungen ein mir unbekanntes Kind erziehen können – ich betone – können, nicht – wollen und auch nicht – sollen.«
Janusz Korczak (aus: Wie liebt man ein Kind. Das Kind in der Familie, Gütersloh 2002).

Vorträge und Referate können Eltern anregen, ihre Einstellungen und ihr Verhalten zu bedenken und ggf. zu verändern. Bedingung dafür ist, dass die Referentin oder der Referent nicht beansprucht, eine »objektive Wahrheit« zu verkünden. Das Wissen, das für jeden Einzelfall »richtig« und hilfreich ist, gibt es nicht.

Eine Stärkung der Eltern geschieht dann, wenn alle das für sie Brauchbare aus dem Gehörten auswählen können. Elternarbeit braucht offene Augen und Ohren. Auch wenn auf der Informationsebene gearbeitet wird, darf die Beziehungsebene nicht vernachlässigt werden.

Für die Umsetzung des dialogischen Ansatzes der Elternarbeit ist die Beantwortung folgender Fragen hilfreich:

- Habe ich Eltern gegenüber eine positive oder negative Einstellung?
- Glaube ich daran, dass Eltern an einer guten Entfaltung ihrer Kinder interessiert sind? Wenn ja: Halte ich sie für fähig, dies eigenverantwortlich zu tun?
- Betrachte ich Eltern als mir ebenbürtig?
- Gehe ich davon aus, dass Eltern Fachleute in eigener Sache sind und dass mein Fachwissen das ihre gleichrangig ergänzt?

- Bin ich als Fachfrau bzw. als Fachmann »besserwissend« oder »anderswissend«?

Nach: Schopp, Johannes: Eltern Stärken. Die Dialogische Haltung in Seminar und Beratung, 69.

Zum Weiterlesen

- Klein, Stephanie: Religiöse Erziehung in der Familie, in: Bitter, Gottfried u. a. (Hg.): Neues Handbuch religionspädagogischer Grundbegriffe, München 2002, 295–300.
- Könemann, Judith: Bedingungen religiöser Sozialisation heute. Wahrnehmungen und Herausforderungen, in: Englert, Rudolf u. a. (Hg.): Religionspädagogik in der Transformationskrise. Ausblicke auf die Zukunft religiöser Bildung, JRP 30, Neukirchen-Vluyn 2014, 67–77.
- Schopp, Johannes: Eltern Stärken. Die Dialogische Haltung in Seminar und Beratung. Ein Leitfaden für die Praxis, Opladen u. a. 2013.

Vernetzt mit dem Pastoralen Raum

»Die religionspädagogische Konzeption katholischer Kindertageseinrichtungen kann am besten verwirklicht werden, wenn sie in die pastorale Arbeit der Pfarrgemeinde oder der neuen Seelsorgeeinheiten eingebettet ist. Gerade bei der religiösen Erziehung und Bildung benötigen Erzieherinnen und Erzieher den größeren Erfahrungsraum der Gemeinde mit ihren Aktivitäten und Angeboten für Kinder und Familien ebenso wie die Unterstützung durch die Priester und die pastoralen Mitarbeiterinnen und Mitarbeiter. Durch die Einbindung der Kindertageseinrichtung in das Gemeindeleben wird Kindern und Eltern deutlich, dass der Glaube den Menschen sowohl in die Gemeinschaft mit Gott als auch in die Gemeinschaft mit der Kirche führt.«

Sekretariat der Deutschen Bischofskonferenz (Hg.): Welt entdecken. Glauben leben. Zum Bildungs- und Erziehungsauftrag katholischer Kindertageseinrichtungen, Bonn 2009, 40.

Die strukturellen Veränderungen im kirchlichen Raum in den letzten Jahrzehnten haben zwangsläufig Auswirkungen auf Kindertageseinrichtungen in kirchlicher Trägerschaft. Dazu kommt die Tatsache, dass auch katholische Einrichtungen immer seltener mit Eltern und Kindern zu tun haben, die sich selbst als »kirchlich« verstehen. Somit ist die Frage nach den Chancen und Ressourcen der Vernetzung der KiTa mit dem Pastoralen Raum differenziert zu stellen. Insbesondere ist der Blick dafür zu schärfen, dass auch die Gemeinden im pastoralen Bereich von der KiTa auf unterschiedliche Weise profitieren.

Verwirklichung des diakonischen Auftrags

»Durch diese Einrichtungen verwirklicht die Gemeinde ihren pastoral-diakonischen Auftrag, Zeugnis zu geben von der bedingungslosen Liebe Gottes ... Katholische Kindertageseinrichtungen sind ein Dienst der Kirche an Kindern und Familien, der von vielen Eltern unabhängig von ihrer Kirchenzugehörigkeit geschätzt wird.«

Sekretariat der Deutschen Bischofskonferenz (Hg.): Welt entdecken. Glauben leben. Zum Bildungs- und Erziehungsauftrag katholischer Kindertageseinrichtungen, Bonn 2009, 12 f.

Das spezifisch diakonische Profil der katholischen KiTa ist damit gegeben, dass sie an den Kindern und ihren Familien, ihrem Lebensraum und ihren Lebensorientierungen interessiert und orientiert ist. Kinder werden als Subjekte wahr- und ernst genommen, stehen »in der Mitte«. Vorbild dafür ist Jesus selbst, der sich den Kindern – damals die allerschwächsten Glieder der Gesellschaft – zuwandte und auf Augenhöhe auf sie zuging. Er umarmte und segnete sie (vgl. Mt 19,13–15; Mk 10,13–16; Lk 18,15–17).

Gemeinsam mit anderen Kindern machen sich die Kinder auf die Suche nach Spuren Gottes, nach dem Heiligen in unserer Wirklichkeit. Der diakonische Ansatz in der religionspädagogischen Arbeit besteht darin, dass auf die sog. Weitergabe des Glaubens und auf katechetische Arbeit verzichtet wird. Das spezifisch Christliche wird konsequent aus der Sicht der Kinder und gemeinsam mit ihnen entfaltet (→ Kinder und die großen Fragen; → Religiöse Lernprozesse begleiten).

Dieses pastoral-diakonische Angebot christlichen Glaubens kann sich auf unterschiedliche Weise zeigen:

- Biographisch orientiert: Die einzelne Lebensgeschichte des Jungen und des Mädchens und ihrer Familie ist der Ort, in dem sich Gott entdecken und finden lässt.
- Helfend und heilend orientiert: Auch in gebrochenen und ausweglosen Lebenssituationen lässt sich Sinn finden.
- Lebenspraktisch orientiert: Religiöse Riten und Symbole helfen, das Leben zu ordnen, und geben Orientierung.
- Narrativ orientiert: In Erzählungen lassen sich Erfahrungen anderer Menschen mit Gott entdecken und eigene Erfahrungen ausdrücken.
- Gemeinschaftlich orientiert: In der Gruppe und in Gemeinschaft lässt sich Anerkanntsein erfahren und kann Solidarität gelebt werden.

In der Vernetzung mit den Eltern und Familien ist die katholische KiTa auch und vor allem für diejenigen offen und leicht erreichbar, die durch besondere Problemkontexte belastet sind. Die Angebote der KiTa sind niederschwellig; für viele der betroffenen Eltern ist die Schwelle zu den Kirchengemeinden bzw. zu Mitgliedern des Pastoralteams zu hoch. Sie scheuen den Kontakt zur »Kirche«, trauen den Verantwortlichen nicht zu, dass sie für ihre Situation Verständnis aufbringen. Die Notwendigkeit einer Vernetzung von KiTa und Pastoralteam, etwa durch eine feste Ansprechperson, im Blick auf die Eltern liegt auf der Hand. Zugleich eröffnet sich der Gemeinde und dem Pastoralteam damit die Chance, über die KiTa einen vertieften Einblick in den Sozialraum zu erhalten.

Herausforderungen

Beobachtungen im Rahmen der Längsschnitt-Fallstudie (→ Ausgangspunkt: eine Längsschnitt-Fallstudie) und Aussagen von pädagogischen Fachkräften zeigen allerdings, dass sich eine gut vernetzte familienpastorale Arbeit häufig noch in den Kinderschuhen befindet. Als wesentliche Gründe dafür können die folgenden Aspekte benannt und erläutert werden.

Problemanzeigen:

- Fast überall wurde auf zu knappe oder fehlende personelle, zeitliche und räumliche Ressourcen verwiesen.
- Einrichtungen bzw. pädagogische Fachkräfte haben selten eine feste Ansprechperson im Pastoralteam. Sie fühlen sich daher weder wahr- noch ernst genommen.
- Pastorale Mitarbeiterinnen und Mitarbeiter vernachlässigen häufig den Kontakt zur Kindertageseinrichtung.
- Die Rolle der pastoralen Mitarbeiterinnen und Mitarbeiter im Netzwerk ist nicht klar.

Das Problem der fehlenden Ressourcen besteht vorrangig in den Einrichtungen. Diese sind etwa bei – häufiger – sich ergebenden personellen Engpässen im Team vor die Frage gestellt, wie Aufgaben neben dem Alltagsgeschäft bewältigt werden können. Zudem sieht das Raumnutzungskonzept nicht selten keinen separaten Besprechungsraum vor. So ist es schwierig, mit der Mutter oder dem Vater in Ruhe und ggf. in Diskretion ein Gespräch zu führen.

Einrichtungen bzw. pädagogische Fachkräfte fühlen sich nicht selten vom Pastoralteam alleingelassen: So etwa wenn es keine feste Ansprechperson gibt oder wenn die Teilnahme der KiTa-Leitung an Dienstbesprechungen nur bei konkreten Anlässen gegeben ist – oder gar nicht vorgesehen ist. In anderen Fällen fehlen Orte und Gelegenheiten für den Austausch über die Erwartungen der KiTa an das Pastoralteam und umgekehrt. Beides führt u.U. dazu, dass sich die Einrichtung und ihre Mitarbeiter/innen nicht ausreichend ernst genommen oder sogar kontrolliert fühlen.

Andererseits ist festzustellen, dass Pastoralteams häufig wenig Kontakt mit der KiTa pflegen und diesen Bereich des Pastoralen Raums als nachrangig wichtig einstufen. Allerdings beruht dies keineswegs auf einer Missachtung oder Geringschätzung der Einrichtung und der pädagogischen Fachkräfte. Im Gegenteil: In der Regel stellt die Kindertagesstätte aus der Wahrnehmung des Pastoralteams einen Ort dar, an dem alles gut und problemlos läuft. Und zeigt sich zudem bei den Mitgliedern des Pastoralteams ein Gefühl der Überforderung im beruflichen Alltag in immer größeren Seelsorgeeinheiten, kommt es zu Aussagen wie dieser: »Gut, dass wir uns nicht auch noch um die KiTa kümmern müssen – da läuft doch alles!« Den daraus entstehenden Missverständnissen – die KiTa fühlt sich nicht wahrgenommen und das Pastoralteam fühlt sich entlastet – kann und muss durch die Schaffung entsprechender Kommunikationsstrukturen entgegengewirkt werden.

In einigen an der Längsschnitt-Fallstudie wurde das »religiöse Angebot« nicht durch eine pädagogische Fachkraft gemacht, sondern wöchentlich einmal durch die Gemeindereferentin oder den Pfarrer. Sie kamen zur »Jesuszeit« oder zur »Katechese«, freuten sich auf das Zusammensein mit den Kindern. Hintergrund dieser Praxis war zum einen der ausdrückliche Wunsch des Mitglieds des Pastoralteams, zum anderen die Selbsteinschätzung der pädagogischen Fachkräfte, dies selbst nicht oder zumindest nicht so gut wie die »Fachleute« zu können.

Darüber hinaus stellt sich auch die Frage nach der Rolle des Pastoralteams und seiner Mitglieder im pastoralen Ort Kindertagesstätte. Mit der Studie kann belegt werden, dass sich hier eine große Bandbreite von Rollenkonzepten findet. Sie beginnen bei der Vorstellung, es reiche aus, die KiTa anlässlich der kirchlichen Hochfeste oder im evtl. Konfliktfall zu besuchen. Im optimalsten Fall übernimmt es eine feste Ansprechperson, kontinuierlich den Kontakt zu pflegen und die pädagogischen Fachkräfte in der religionspädagogischen Arbeit und dem familienpastoralen Engagement zu unterstützen und ihnen auch in seelsorglichen Belangen zur Verfügung zu stehen. Unter dieser Perspektive sind Fragen an die Ausbildung des pastoralen Personals im Blick auf KiTas als pastorale Orte zu stellen.

Zum Weiterlesen

- Helmchen-Menke, Heike / Leinhäupl, Andreas (Hg.): Kita als pastoraler Ort. Rahmenbedingungen – Praxisbausteine – Perspektiven. Ein Handbuch, Ostfildern 2016.

Von der KiTa in die Grundschule

»Die Schule erwartet, dass Kindertageseinrichtungen Wissen und Kompetenzen vermitteln, die beim Eintritt in die Grundschule vorausgesetzt werden, damit diese ihren Erziehungs- und Bildungsauftrag erfüllen kann. Dazu gehören insbesondere ein bestimmtes Niveau in der Beherrschung der deutschen Sprache, aber auch motorische und soziale Fähigkeiten. Grundschulpädagogen sprechen hier oft von Schulfähigkeit, die die Kinder in der vorschulischen Erziehung erwerben sollen. Dieser Begriff weckt vielfach die Befürchtung, dass die Elementarpädagogik sich zukünftig stärker der Grundschulpädagogik anpassen soll und die Kindertageseinrichtung ihre eigenständige pädagogische Konzeption verliert und zur Vorschule wird. Elementarpädagogen ziehen es vor, von einem bewusst gestalteten Übergang von der Kindertageseinrichtung in die Grundschule zu sprechen. Unbeschadet der unterschiedlichen Perspektiven von Elementar- und Grundschulpädagogen stimmen beide darin überein, dass die Schulfähigkeit der Kinder eine gemeinsame Aufgabe von Eltern, Erziehern und Lehrern ist.«
Sekretariat der Deutschen Bischofskonferenz (Hg.): Welt entdecken. Glauben leben. Zum Bildungs- und Erziehungsauftrag katholischer Kindertageseinrichtungen, Bonn 2009, 11 f.

Dass der Elementarbereich ein eigenständiger Bildungsbereich ist (→ Elementarbereich als eigener Bildungsbereich), wird immer wieder betont. Wird daran festgehalten, braucht es eine Annäherung des Grundschulbereichs an den Elementarbereich. Diese bezieht sich vor allem auf das Verständnis von Bildung als Selbstbildung (→ Bildung als Selbstbildung). Daraus ergibt sich ein Spannungsfeld: Ziel des elementarpädagogischen Ansatzes ist das eigene Tätigsein des Kindes, das eigenständige Denk- und Handlungsmuster entwickelt. Es geht nicht darum, bestimmte Kompetenzen zu erwerben, sondern Ressourcen zu haben, um Probleme zu lösen. Die Kompetenzorientierung beinhaltet die Gefahr der Defizitorientierung: Soll ein Kind ganz bestimmte Fähigkeiten besitzen – wie »ein bestimmtes Niveau in der Beherrschung der deutschen Sprache« oder »motorische und soziale Fähigkeiten«, werden die Kontexte in den Blick genommen, die es ggf. noch nicht hat. Bei der Ressourcenorientierung wird all das beachtet und gewürdigt, was das Kind mitbringt – um Neues aufzunehmen.

Auch viele Eltern verbinden den Beginn der schulischen Laufbahn mit großen Erwartungen an das Kind und seine Entwicklung. Manchmal sind diese Erwartungen unangemessen groß; es wird bei Eltern und Kind zur Frustration kommen, wenn das Kind sie nicht erfüllen wird.

Gestaltung des Übergangs

Um diese Gefahren möglichst auszuschließen, ist ein Konzept zur Gestaltung des Übergangs von der KiTa in die Schule erforderlich. In der Praxis finden sich dazu bereits gute Ansätze:

- Besuche sowohl von Kindern und Erzieherinnen in der Schule als auch von Lehrkräften im Kindergarten,
- gemeinsam gestaltete und durchgeführte Informationsveranstaltungen für Eltern: »Wie wird mein Kind die Schule erleben?«,
- Besuche von Grundschulkindern in der KiTa, die die künftigen Schulkinder informieren und beraten,
- Abschieds- und Willkommens-Rituale entwickeln und aufeinander abstimmen – hierzu sollten auch religiöse Feiern im Blick sein.

Religiöse Bildung – Religionsunterricht

Wenn die Frage nach »Schulfähigkeit« gestellt wird, ist zumeist die Sprachentwicklung oder die motorische Entwicklung im Blick. Im Verlauf der Studie fiel auf, dass bei der Übermittlung der Fähigkeiten der Kinder in diesen Bereichen die religiöse Entwicklung des Kindes kein Thema ist. Auch in den Portfolios, die der Grundschule übermittelt werden, fehlen Dokumente, die darüber Aufschluss geben könnten. Dies hat zur Folge, dass die Religiosität und Spiritualität des Kindes beim Übergang von der KiTa in die Grundschule weder Wertschätzung erfährt noch die künftige Religionslehrkraft davon erfährt. Wenn aber – wie in den meisten Bildungsplänen der Bundesländer festgeschrieben – Religion ein integrativer Bestandteil der Bildung ist, muss dem auch im Übergang zur Schule Rechnung getragen werden. Das ist jedoch bisher nicht der Fall. Dies liegt auch daran, dass die religiöse Entwicklung und Aussagen zur Religiosität und Spiritualität des Kindes zumeist von der Beobachtungs- und Entwicklungsdokumentation ausgenommen sind.

Dies mag es auch erklären, dass grundschuldidaktische Werke davon auszugehen scheinen, dass Kinder erst im Religionsunterricht der Grundschule mit religiösen Inhalten konfrontiert werden. Auch dies erfordert, dass das Gespräch zwischen KiTa und Schule intensiviert wird. Ansatzpunkte sind durchaus gegeben:

»Damit Kinder sich religiös bilden können, ist es konstitutiv, dass sie die vielgestaltige (christliche) Religion im Sinne kultureller Partizipation sinnenhaft kennen lernen; des Weiteren ist es für religiöse Bildung unabdingbar, den Blick von Kindern über den eigenen ›religiösen Gartenzaun‹ zu fördern und zu üben. All dies geschieht in der Absicht oder besser in der Hoffnung, dass sich Kinder mit Unterstützung des Religionsunterrichts in, mit und unter solcher Begegnung mit Religion(en) religiös bilden, nach Möglichkeit ihre Religiosität finden und gestalten.«
Aus: Hilger, Georg / Ritter, Werner H.: Religionsdidaktik Grundschule, München [2]2008, 41.

TEIL 6
EINFACH.KURZ.ERKLÄRT

Religiöse und theologische Fachbegriffe

Abendmahl

Das Abendmahl ist zunächst das letzte Essen Jesu mit seinen Jüngern und Jüngerinnen kurz vor seinem Tod. Deshalb wird auch vom »Letzten Abendmahl« gesprochen. Es fand anlässlich des → Pessachfestes statt. Nach jüdischem Brauch brach Jesus bei diesem Mahl das Brot und gab es mit einem Segens- und Deutewort weiter, so wie den Wein (»Dies ist mein Leib«, »Dies ist mein Blut«). Die ersten Christinnen und Christen feierten schon bald nach dem Tod Jesu dieses Abendmahl als Erinnerungsmahl. Ursprünglich handelte es sich um eine gemeinsame Mahlzeit, zu der die Glaubenden zum »Brotbrechen« oder zum »Herrenmahl« zusammenkamen. Im Laufe der Jahrhunderte veränderte sich die Form; in der katholischen Kirche entwickelte sie sich zur Feier der → Eucharistie. Immer unverändert geblieben ist jedoch die Überzeugung: Jesus Christus ist bei der Feier gegenwärtig. In allen christlichen Kirchen spielt das Abendmahl eine wichtige Rolle und wird als Sakrament verstanden. Am → Gründonnerstag erinnern sich → Christinnen und Christen an das Letzte Abendmahl und den Ursprung der Eucharistie. (→ Eucharistie)

Advent

Advent bedeutet Ankunft. In der Adventszeit bereiten sich → Christinnen und Christen auf die Ankunft → Gottes bei den Menschen vor, der an → Weihnachten in Jesus zur Welt gekommen ist. Zugleich ist sie eine Zeit des bewussten Wartens auf das zweite Kommen Jesu Christi am Ende der Zeit. In unseren Breiten wird besonders deutlich, dass wir »das Licht der Welt« erwarten: Wir begehen den Advent in der Zeit der langen Nächte, die ab Weihnachten wieder kürzer werden. Die Adventszeit beginnt stets am vierten Sonntag vor → Weihnachten. Ursprünglich war sie eine Fastenzeit. Für diesen Zeitraum haben sich zahlreiche Bräuche entwickelt, etwa der → Adventskranz, der Adventskalender und viele Lieder.

Adventskranz

Der Adventskranz veranschaulicht die Wartezeit bis → Weihnachten. Mit seinen vier Kerzen, die nach und nach an den vier Adventssonntagen entzündet werden, verweist er zunehmend auf das wahre Licht, das in die Welt kommen will: → Jesus Christus. Der erste Adventskranz wurde 1839 von Johann Hinrich Wichern für Waisenkinder erfunden. Er sollte den Kindern die Zeit bis Weihnachten verkürzen. Ursprünglich bestand der Adventskranz aus einem hölzernen Wagenrad mit viel Tannengrün. Er hatte 24 rote Kerzen – eine für jeden Dezembertag – und vier weiße Kerzen für die Adventssonntage. Im Jahr 1925 hing der Adventskranz zum ersten Mal in einer katholischen Kirche in Köln, seit 1930 auch in München. Schnell verbreitete sich dieser Brauch weltweit. Bereits 1935 wurden in Kirchen die ersten Kränze für die Wohnung geweiht – weil sie eine heilige Zeit symbolisieren.

Allah

Allah ist der Eigenname Gottes im Islam. Er wird als der Eine, Einzige und Unteilbare verehrt. So lautet der zentrale Grundsatz des Islams: »Es gibt keinen Gott außer Gott.« Für den Islam ist ein Gott in drei Personen, an den das Christentum glaubt, nicht vorstellbar. Der Name Gottes spielt im alltäglichen Leben der muslimischen Gläubigen eine große Rolle. Eine gebräuchliche Wendung lautet »Allahu akbar«, was »Allah ist größer« bedeutet. Diese Formel wird auch zu Beginn des täglichen Pflichtgebetes ausgerufen. Wird ein muslimisches Kind geboren, so flüstert der Vater dem Neugeborenen zuerst diese Worte in das eine Ohr, dann den Namen des Kindes (der oft auch mit Allah in Verbindung steht) in das andere Ohr.

Allerheiligen

Der Ursprung dieses Festes liegt im 7. Jahrhundert. Papst Bonifaz IV. widmete im Jahr 610 das antike Bauwerk Pantheon in Rom, einen Tempel, der allen Göttern geweiht war, in eine katholische Kirche um. Zu diesem Anlass übertrug er Reliquien vieler Märtyrer aus den Katakomben in das Pantheon. Als Kirche trug es nun den Namen »Santa Maria ad Martyres«. Aus diesem Kirchweihfest wurde der Festtag Allerheiligen. Seit 835 liegt er auf dem 1. November. Heute gedenken → Christinnen und Christen aller Konfessionen nicht nur der Märtyrerinnen und Märtyrer, sondern aller heiliggesprochenen Menschen und aller, die ihr Christsein konsequent gelebt haben, auch wenn sie nicht heiliggesprochen wurden.

Allerseelen

Der Gedächtnistag Allerseelen (2. November) beginnt wie alle kirchlichen Feiertage am Vorabend (häufig auf den Nachmittag vorverlegt), also kalendarisch schon an → Allerheiligen. Für diesen Tag schmücken die Angehörigen die Gräber auf den Friedhöfen. Sie entzünden Lichter als Symbol für das Licht Gottes, das den Verstorbenen leuchtet. Blumen und grüne Zweige stehen stellvertretend für die Hoffnung, dass die Verstorbenen bei → Gott und in seiner Liebe aufgehoben sind. Bei einer feierlichen Prozession durch die Friedhofsreihen segnet ein Priester oder ein anderes Mitglied des Pastoralteams die Gräber. Die Gläubigen sind der Überzeugung, dass durch → Jesus Christus eine Verbindung zwischen Lebenden und Toten besteht. Die → evangelischen → Christinnen und Christen feiern das Gedenken an die Verstorbenen am Totensonntag (oder auch Ewigkeitssonntag), dem letzten Sonntag im November.

Altes Testament

Den ersten Teil der → Bibel haben Christentum und → Judentum gemeinsam. Das Alte Testament (AT) wird deshalb auch Hebräische Bibel genannt. Das AT besteht aus 39 Schriften, die in hebräischer Sprache verfasst sind, und sieben weiteren in ursprünglich griechischer Sprache. Die Lutherbibel enthält nur die 39 hebräischen Schriften, die katholische Bibel alle 46. Das AT erzählt unterschiedliche Glaubenserfahrungen von Menschen im Alten Israel. Sie deuten ihre Geschichte als Geschichte mit

→ Gott. Sie glauben und bekennen, dass Gott in ihrem Leben und in ihrem Lebensraum erfahrbar ist. So erzählen sie, dass die Welt sich Gott verdankt, dass Gott seinen Segen und sein Heil dem Volk Israel und allen Völkern schenkt und durch die → Propheten spricht. Außerdem finden sich Gebete und Lieder, die → Psalmen und Lebensweisheiten.

Aschermittwoch

Mit dem Aschermittwoch beginnt die österliche Bußzeit oder → Fastenzeit, also die Vorbereitungszeit auf das Osterfest. Asche gilt von alters her als Zeichen der Buße. Sie ist Symbol für die Vergänglichkeit des Lebens, auch unseres eigenen Lebens. In → Gottesdiensten wird Asche aus Palmzweigen vom letztjährigen → Palmsonntag geweiht. Mit ihr wird ein Kreuz auf die Stirn der Gottesdienst-Teilnehmer/innen gezeichnet. Dabei werden die Worte »Bedenke Mensch, dass du Staub bist und wieder zum Staub zurückkehren wirst« gesprochen. So fordert diese Zeichenhandlung zum Innehalten, aber auch zum Neuanfang auf. Sie verweist auf die Hoffnung auf Auferstehung und ewiges Leben, auf → Ostern.

Auferstehung / Auferweckung

Jesus hat das Schicksal der Menschen geteilt und ist gestorben. Nach den ältesten Osterbekenntnissen im → Neuen Testament hat Gott den gekreuzigten Jesus am dritten Tag von den Toten auferweckt. Damit hat er nach christlicher Überzeugung Jesus als »Sohn« beglaubigt, also bestätigt, dass den Menschen in der Person Jesu, in seinen Taten und Worten, wirklich Gott begegnet und dass die Botschaft von der Liebe Gottes verlässlich ist. Die Evangelien erzählen davon in Bildern, so etwa vom Aufstehen vom Schlaf oder nach einer Niederlage. Der Auferstandene ist vielen Jüngerinnen und Jüngern erschienen. Dabei trug er noch die Wunden der Kreuzigung. Das ist der Grund für die christliche Hoffnung, dass das Leben aller Menschen und der ganzen Schöpfung mit der je eigenen Geschichte und Identität bei Gott bewahrt bleibt und versöhnt wird. (→ Christi Himmelfahrt, → Ostern)

Barbara

Gedenktag der heiligen Barbara ist der 4. Dezember. Sie wird in allen christlichen Kirchen als Märtyrerin und Nothelferin für die Sterbenden verehrt. Geboren wurde sie Ende des 3. Jahrhunderts wahrscheinlich in Nikomedia, heute Ízmit in der Türkei, wo sie auch um 306 starb. Die → Legenden erzählen, dass Barbara sehr schön und sehr klug war. Da sie Christin werden wollte, schloss ihr heidnischer Vater sie nach einer dieser Legenden in einen Turm ein, um dies zu verhindern. Aber während er auf Reisen war, ließ Barbara sich taufen. Als der Vater zurückkehrte, lieferte er sie im Zorn darüber dem römischen Statthalter aus. Dieser sollte sie von ihrem Glauben abbringen, was ihm jedoch nicht gelang. Daher wurde sie gefoltert und von ihrem eigenen Vater enthauptet. Der Brauch, an ihrem Gedenktag »Barbarazweige« zu schneiden, die dann bis → Weihnachten zum Blühen kommen, geht auf eine Legende zurück: In ihre Gefängniszelle nahm sie einen kahlen, scheinbar toten Zweig mit, der dort erblühte. Barbarazweige sind daher ein Symbol für die Hoffnung, dass das Leben mit dem irdischen Tod nicht vorbei ist.

Beten

Beten ist Zwiesprache mit → Gott. Dieses Gespräch kann jede und jeder allein für sich führen, aber auch *mit* anderen und *für* andere Menschen. In ihm kann alles ausgesprochen werden: Freude und Traurigkeit, Sorge und Hoffnung, Trauer und Glück, Dank und Bitte. Die → Bibel beschreibt Beten mit unterschiedlichsten Worten: z. B. rufen und flüstern, loben und danken, das Herz ausschütten, klagen und fluchen, bitten und flehen, tanzen und sich stumm niederwerfen. Beten braucht also keine besondere Sprache, alles ist möglich, wenn Menschen vor Gott treten. Auch das einfache wortlose Dasein vor Gott ist Gebet, und mehr als das Reden gehört zum Beten das Hören. Dennoch gibt es neben dem freien Beten auch das vorformulierte Gebet. Dieses verbindet die Menschen, die miteinander beten. Das wichtigste Gebet der → Christinnen und Christen ist das → Vaterunser.

Bibel

Die christliche Bibel besteht aus dem → Alten (AT) und dem → Neuen Testament (NT). Dass sie nicht *ein* Buch ist, sondern viele »Bücher« (Schriften ganz verschiedener Gattungen) in einem Band enthält, zeigt die Übersetzung des griechischen Begriffs »biblia«: »Bücher«. Man geht davon aus, dass fast alle Bücher des AT einen langen Entstehungsprozess von mehr als 1000 Jahren durchliefen, bis sie mit den Schriften des NT zusammengefasst wurden. Viele der heute vorliegenden Schriften waren wohl zunächst mündliche Überlieferungen. Die christlichen Konfessionen haben in ihre Bibel jeweils eine unterschiedliche Anzahl von Texten aufgenommen. So enthält etwa die katholische Bibel mit den späteren, in griechischer Sprache entstandenen Texten insgesamt 73 Schriften. In der evangelischen Lutherbibel aus 67 Schriften finden sich die späten Texte nicht. Aber alle christlichen Kirchen berufen sich in Lehre und Praxis auf die Bibel als wichtigste Quelle.

Bischof

»Bischof« heißt übersetzt »Aufseher« oder »Schützer«. Der Begriff bezeichnet ein hohes Amt innerhalb der christlichen Kirchen wie auch den Träger des Amtes. Der Bischof ist für ein Bistum oder einen Kirchenbezirk, der meist zahlreiche Gemeinden umfasst, verantwortlich. Er hat die geistliche und die verwaltungstechnische Leitung. In den → orthodoxen und → katholischen Kirchen werden Bischöfe als Nachfolger der Apostel betrachtet. Daher erfolgt die Weihe zum Bischof, indem ein geweihter Bischof (oder mehrere Bischöfe) dem Neuernannten unter Gebet die Hand auflegen. In der katholischen Kirche werden Bischöfe (auf Vorschlag aus dem jeweiligen Bistum) vom Papst ernannt. In den evangelischen Kirchen wird der Bischof von den Synoden gewählt. In der evangelisch-lutherischen Kirche können auch Frauen zu Bischöfinnen gewählt werden.

Blasiussegen

Der Blasiussegen geht auf den kleinasiatischen Bischof Blasius, gest. um 316, zurück. Er wird deshalb an seinem Gedenktag, dem 3. Februar, gespendet. Nach der → Legende heilte Blasius ein Kind, das eine Fischgräte verschluckt hatte. Daher ist Blasius insbesondere für Halskrankheiten »zuständig«. Der Blasiussegen wird über zwei geweihte Kerzen, die ein → Kreuz bilden, gespendet. Er ist ein Gebet um Gesundheit des ganzen Leibes.

Caritas

→ Diakonie

Christ / Christin

Christ oder Christin zu sein heißt, sich persönlich für den → Glauben an → Jesus Christus zu entscheiden und das eigene Leben danach auszurichten. Dieser Glaube lässt sich nicht weitergeben und man kann nicht dazu erziehen; man kann lediglich ein Beispiel geben und dabei unterstützen, das eigene Leben als Geschichte mit Gott zu deuten. Jede und jeder muss sich persönlich von Jesus von Nazaret, von seinem Leben, Sterben und Auferstehen berühren und inspirieren lassen. Was das für den Alltag heute bedeutet, muss jede und jeder selbst herausfinden. Das Leben in unserer differenzierten Gesellschaft ist nur noch teilweise durch eine christliche Lebensart geprägt. So braucht es Gleichgesinnte und Vorbilder. In der Gemeinschaft der Glaubenden erfahren Christen und Christinnen Anerkennung und Unterstützung. In der Gemeinschaft ist es leichter, sich anderen so zuzuwenden, wie Jesus es getan hat. Gemeinsam können sich alle für Gerechtigkeit, für Frieden und für die Bewahrung der Schöpfung einsetzen.

Christi Himmelfahrt

Das → Neue Testament erzählt mit dem Bild der »Himmelfahrt«, dass der gekreuzigte, gestorbene und auferstandene Jesus zu → Gott aufgenommen wird. Die Erzählung von der Himmelfahrt steht im Zusammenhang mit den Erscheinungen des Auferstandenen. Die Zeuginnen und Zeugen der Auferstehung erfahren, dass der Tod endgültig besiegt ist: Jesus lebt und dies löst bei ihnen große Freude aus. Die Furcht und Trauer über den Tod Jesu wird abgelöst durch die Gewissheit, dass Jesus auch dann, wenn er »ihren Blicken entrückt« ist, weiter bei ihnen ist und sie »von der Höhe« begleitet. »Christi Himmelfahrt« bedeutet, dass man Gott und Jesus im Heiligen Geist jederzeit und überall begegnen kann.

»Himmelfahrt« ist ein Bild aus dem Judentum. Es drückt aus, dass das Leben in der irdischen Welt in der himmlischen Welt fortgesetzt wird. Dieses Weiterleben im → Himmel bezieht sich auf den ganzen Menschen; alles, was den verstorbenen Menschen je ausgemacht hat, bleibt. Nichts geht verloren. Das Bild der »Himmelfahrt« sagt nichts über die Weise des Wechsels von der irdischen in die himmlische Welt aus. Es bestätigt aber, dass es diesen Wechsel gibt. (→ Auferstehung/ Auferweckung, → Ostern)

Christkönigsfest

Am letzten Sonntag im → Kirchenjahr wird das Fest »Christus, König der Welt« gefeiert. Die evangelischen Kirchen begehen es am Totensonntag. Katholischerseits wurde dieses Fest des »Königs des Weltalls« zum Abschluss des Heiligen Jahres 1925 eingeführt. Der zeitgeschichtliche Kontext: Sieben Jahre zuvor waren nach dem Ersten Weltkrieg viele Monarchien in Europa untergegangen. Nun wurde Christus das alleinige, wirkliche Königtum zugeschrieben. Das Fest betont die Königsherrschaft Christi (Mt 27, 11) und richtet sich gegen jede Regierung, die totalitär und menschenverachtend vorgeht. Christi Königreich ist ein Reich der Gerechtigkeit, der Liebe und des Friedens. Alle Macht auf Erden ist nur in dem Maß legitim, in dem sie dem Reich Christi entspricht. Wer sich Christus, dem König der Welt, unterstellt, trägt dazu bei, dass sein Reich schon hier und jetzt anbricht.

Christus

→ Jesus Christus

Diakonie

Das Wort Diakonie meint Dienst, Hilfe und Fürsorge für Arme und Bedürftige. Bereits das → Alte Testament beschäftigt sich mit der Not von Menschen. So wird etwa die Sorge um Witwen und Waisen und die Gleichbehandlung von Fremden und Einheimischen angemahnt. Schließlich sorgt Gott selbst sich um die Bedürftigen und Notleidenden. Darauf machen die → Propheten und Prophetinnen aufmerksam. Im → Neuen Testament tritt Jesus für die Armen ein. Er selbst ist ein Beispiel für diakonisches Handeln und fordert in seinen Erzählungen auf, ihm zu folgen. Das bekannteste Beispiel ist das Gleichnis vom barmherzigen Samariter (Lk 10,29–37). Wichtig ist auch das Gleichnis vom Weltgericht (Mt 25,31–46). Es gipfelt der Aussage »Was ihr dem geringsten meiner Brüder [und Schwestern] getan habt, das habt ihr mir getan.« In der evangelischen Kirche bezeichnet »Diakonie« im Besonderen den ganzen Bereich der sozialen Tätigkeiten der Christen und entspricht damit der katholischen »Caritas«.

Dreifaltigkeit

»Dreifaltigkeit« oder »Dreieinigkeit« ist die Bezeichnung für das Grundgeheimnis des Christentums. Damit ist der Glaube an den einen → Gott gemeint, der in drei »Personen« existiert. Mit »Person« ist hier gemeint: Gott ist in seinem innersten Wesen Beziehung, ist dynamisch, lebendig und liebevoll: als → Gott Vater, als Gott Sohn (→ Jesus Christus) und als → Heiliger Geist. Gott, der Vater und Schöpfer allen Lebens, erweist sich auch als der Barmherzige. Er will den Menschen in Jesus so nahe sein, dass sie ihn sehen und be-greifen können, dass sie mit Hoffnung leben können. Gottes Geist lässt sich im Innern des Menschen spüren und macht ihn lebendig. Diesen Glauben an den dreieinen Gott bekennen → Christinnen und Christen, wenn sie

z. B. beim → Segen und Segnen oder vor dem → Beten »im Namen des Vaters, des Sohnes und des Heiligen Geistes« das → Kreuzzeichen machen.

Elisabeth von Thüringen

Gedenktag ist der 19. November. Ihr hebräischer Name bedeutet »Gott ist Fülle«. Elisabeth wurde 1207 als Tochter von König Andreas II. und Gertrud von Kärnten in Sárospatak in Ungarn geboren und starb 1231 in Marburg in Hessen. Als Vierjährige wurde sie mit dem elfjährigen Thüringer Landgrafensohn Hermann verlobt und zur Erziehung nach Thüringen geschickt. Doch Hermann starb und Elisabeth heiratete mit 14 Jahren seinen Bruder Ludwig, der sich in sie verliebt hatte. Ihre Ehe war glücklich und sie hatten drei Kinder. Bereits als Kind war Elisabeth sehr fromm; als Landgräfin zeigte sich ihre Christusfrömmigkeit darin, dass sie sich selbst um Bedürftige kümmerte und Armenviertel aufsuchte. Ludwig unterstützte sie, doch seine Familie betrachtete dies skeptisch. Nach dem Tod Ludwigs wurde Elisabeth mit der Begründung, sie verschwende öffentliche Gelder für Almosen, mit ihren drei Kindern von der Wartburg vertrieben. Von da an widmete sie ihr ganzes Leben den Armen und Kranken.

Engel

Bereits das → Alte Testament erzählt von Engeln als Boten → Gottes. Sie begleiten Einzelne oder ein ganzes Volk. Vielfach tragen sie eigene Namen, die den Gottesnamen »El« beinhalten: Michael, Gabriel, Raphael oder Uriel. Das → Neue Testament übernimmt diese Vorstellung und setzt sie zu → Jesus Christus in Beziehung. Engel verkünden seine Geburt (Lk 1,11), dienen ihm (Mt 4,11), deuten seine → Auferstehung und → Himmelfahrt. Damit knüpft das Neue Testament an eine Tradition des Alten Testaments an. Denn dort sind Engel in der unmittelbaren Nähe Gottes »angesiedelt«. Wo sich »Engel des Herrn« bemerkbar machen, ist Gott selbst nicht weit. Deswegen dienen sie in der → Bibel oft als Umschreibung für Gott.

Engel sind auch im volkstümlichen Glauben wichtig. Sie symbolisieren eine tiefere Wirklichkeit, können trösten, helfen und Auswege aus schwierigen Lebenssituationen zeigen. Kinder wie Erwachsene glauben an Schutzengel.

Epiphanie

→ Heilige Drei Könige

Erntedank

Zu allen Zeiten ist es Menschen ein Anliegen, → Gott für die Ernte zu danken. Das Erntedankfest erinnert an den engen Zusammenhang von Mensch und Natur: Die Schöpfung Gottes ist ein Geschenk. Neben der Dankbarkeit für dieses Geschenk sind heute Umweltschutz, Gentechnik, die Verschwendung von Lebensmitteln und die katastrophale Ernährungssituation der Ärmsten der Armen wichtige Themen. Angesichts aktueller Tierschutzdebatten sollte der Erntedank auch auf Tiere und die verantwortungsvolle Arbeit der Bauern erweitert werden. Erntedank wird in der Regel am ersten Sonntag im Oktober gefeiert. Zum Abschluss der Ernte werden die Altäre festlich mit Feldfrüchten geschmückt. Nach christlichem Verständnis gehören Danken und Teilen zusammen. → Gottesdienste zum Erntedank sind daher oft mit einer Solidaritätsaktion zugunsten notleidender Menschen verbunden.

Eucharistie

Das Wort kommt aus dem Griechischen und bedeutet dem Wortsinn nach die Danksagung der Person, die beschenkt und dafür dankbar ist, bzw. ein Dankgebet. Ihren Ursprung hat die Eucharistie im → Abendmahl Jesu. Dort gibt Jesus mit Brot und Wein seinen »Leib« und sein »Blut«. Wenn Jesus von seinem »Leib« und »Blut« spricht, meint er sich als Person in seiner Leiblichkeit. Wenn wir heute Eucharistie feiern, folgen wir der Aufforderung »Tut dies zu meinem Gedächtnis«. Im Hören der Botschaft des Evangeliums und im gemeinsamen Mahl ist Jesus mitten unter uns: mit seinem Leben, Leiden und Sterben, aber auch mit seinem Auferstehen. Eucharistie ist dankbare Erinnerung und zugleich die Aufforderung, diesen Dank auch im Alltag zu leben. In der → katholischen Kirche gilt sie als »Quelle und Höhepunkt« des Lebens der Gläubigen. (→ Abendmahl)

Evangelisch

Evangelische und → katholische → Christinnen und Christen glauben grundsätzlich dasselbe: Sie glauben an die → Dreifaltigkeit und dass die → Bibel das Wort → Gottes ist. Sie bekennen die eine → Taufe, beten das apostolische Glaubensbekenntnis und feiern sonntags → Gottesdienst und viele Feste im → Kirchenjahr. Sie setzen sich für soziale Gerechtigkeit, Frieden und Bewahrung der Schöpfung ein. Es gibt jedoch auch Unterschiede: Aus evangelischer Sicht hat der Papst keine herausgehobene Stellung. Auch gibt es nach evangelischer Lehre kein eigenes Sakrament der Priesterweihe. *Alle* Getauften sind »Priester«, sind beauftragt, ihren Glauben zu bezeugen und sich um Menschen in Not zu kümmern. Ordinierte Pfarrer und Pfarrerinnen, Bischöfe und Bischöfinnen sind von den Gläubigen lediglich mit Spezialaufgaben beauftragt. Damit ist ein anderes Verständnis von → Kirche als in katholischer Sicht verbunden: Kirche ereignet sich dort, wo das Evangelium verkündet wird. Dort ist Christus gegenwärtig.

Fastenzeit

Fasten als völliger oder teilweiser Verzicht auf Essen und Trinken oder als Unterbrechung des normalen Alltags spielt in vielen Religionen, so auch im Christentum und im → Islam eine Rolle. Im Christentum ist die vierzigtägige Fastenzeit eine Zeit der Vorbereitung auf das wichtigste religiöse Fest, → Ostern. In dieser Zeit geht es darum, bewusst(er) all das im Leben unter Kontrolle zu halten, das die Beziehung zum eigenen Selbst, zu den anderen Menschen und zu → Gott erschwert. Die Aktion »Sieben Wochen ohne« ist der Versuch, eine alte religiöse Praxis in der modernen Welt wiederzubeleben. Die Zahl 40 kennzeichnet in der biblischen Welt eine Zeit der Vorbereitung. Bekannte Beispiele sind etwa die 40 Jahre des Volkes Israel in der Wüste oder die 40 Tage des Wüstenaufenthalts Jesu.

Franziskus von Assisi

Franziskus, eigentlich Francesco Giovanni di Pietro Bernardone, wurde 1181/82 in Assisi in Italien geboren und starb 1226 im Kloster Portiuncula, heute Santa Maria degli Angeli. Als Sohn eines wohlhabenden Kaufmanns lebte er sorglos und wollte Ritter werden. Er geriet in Gefangenschaft und erkrankte schwer; dies führte zu einer Lebenswende und er nahm vom Soldatenleben Abschied. Für den Wiederaufbau der Kirche San Damiano verkaufte er Tuchballen aus dem Besitz seines Vaters. Als sein Vater ihn dafür zur Rede stellte, zog Franziskus der Überlieferung nach vor den Augen des Bischofs und vieler Leute seine Kleider aus und verzichtete auf sein Erbe. Zunächst lebte er als Einsiedler, dann gründete er den »Orden der Minderbrüder«. Mit seinen Mitbrüdern lebte er in Armut und von Spenden. Viele betrachteten Franziskus als Sonderling, dennoch faszinierte er durch seine Liebe zu Gott, zur Schöpfung und zu den Menschen. Viele → Legenden erzählen, wie sich diese Liebe im Alltag gezeigt hat. Bis heute ist sein »Sonnengesang« bekannt und weit verbreitet. Gedenktag des → Heiligen ist der 4. Oktober.

Fronleichnam

Das Wort »Fronleichnam« stammt aus dem Mittelhochdeutschen: »frôn« bedeutet »Herr«, »lîchnam« bezeichnet den »lebenden Leib«. Seinen Ursprung hat das → katholische Fronleichnamsfest im Hochmittelalter. Das Gedenken an das Letzte → Abendmahl Jesu am Gründonnerstag wurde immer mehr von der Erinnerung an den Leidensweg Jesu überschattet. So führte man ein eigenes Fest zum feierlichen Gedenken an das Letzte Abendmahl ein, das Fronleichnamsfest. Erstmals wurde es 1246 in Lüttich gefeiert, seit 1264 in der gesamten katholischen Kirche. Seit dem 14. Jahrhundert gibt es die Fronleichnamsprozession, bei der eine geweihte Hostie in einer Schaumonstranz mitgeführt wird. Die mittelalterlichen Menschen hatten ein großes Schauverlangen; daher wurden teilweise auch Bilder von biblischen Geschichten oder Heiligenfiguren mitgeführt. Die Prozessionen sind bis heute durch die Verwendung reichen Blumenschmucks gekennzeichnet.

Fürbitten

Fürbitten im liturgischen Sinn sind ein Wechselgebet zwischen einer Person, die die Bitte vorträgt, und der Gemeinde, die diese Bitte aufnimmt und mitträgt. Sie haben ihren Platz in fast allen Gottesdienstformen. Ein besonders feierliches Fürbittgebet wird am → Karfreitag gesprochen. Das Fürbittgebet in → Gottesdiensten beginnt mit einem Lobpreis → Gottes, dann folgen die Fürbitten, auf die die Gemeinde mit einem gleichbleibenden Ruf eingeht, z. B.: »Herr, erbarme dich!« oder »Wir bitten dich, erhöre uns!« Es endet mit einem Abschlussgebet oder einem weiteren Lobpreis Gottes. In den Fürbitten werden Anliegen aus Kirche, Staat und der konkreten Gemeinde aufgegriffen. Auch wird an die Verstorbenen gedacht. Mit der Fürbitte bringen Menschen ihren Glauben daran zum Ausdruck, dass Gott am Leben der Menschen interessiert ist und ihnen Kraft gibt, Dinge zu verändern.

Auch im persönlichen → Beten kann das fürbittende Gebet für andere eine wichtige Rolle spielen und dabei ganz verschiedene Formen haben. Wenn man jemandem Gutes wünscht, aber einem die Worte fehlen, kann auch das Entzünden einer Kerze für sie oder ihn ein Fürbittgebet sein.

Gebet

→ Beten

Gebetshaltung

Gebetshaltungen machen ohne Worte eine innere Haltung öffentlich sichtbar. In den christlichen Kirchen wird meist stehend – als Ausdruck des Respekts – oder kniend – als Ausdruck der Anbetung – gebetet. In der → katholischen Kirche breitet der Zelebrant die Arme aus (Orantenhaltung genannt), wenn er das Tages-, Gaben- und Schlussgebet spricht; in manchen Gemeinden tun dies auch die Mitfeiernden beim Beten des Vaterunsers. Die Geste des Händefaltens soll verdeutlichen, dass sich die betende Person nur auf → Gott konzentriert. Katholische → Christinnen und Christen beginnen und beenden das persönliche Gebet oft mit dem → Kreuzzeichen. Im Protestantismus ist das Kreuzzeichen weniger verbreitet. Im → Islam berühren die Gläubigen beim Gebet den Boden mit Stirn, Nase, Handflächen, Knien und Zehenspitzen.

Glaube

Im zwischenmenschlichen Bereich begründet Glaube eine vertrauensvolle Beziehung: »Ich glaube an dich.« Im Beziehungsgeschehen zwischen → Gott und Mensch wendet sich Gott dem Menschen zu: Gott glaubt an die Menschen. Darauf dürfen sich die Menschen einlassen; sie brauchen keine Angst um sich zu haben und können mit Hoffnung leben. Glaubenserfahrungen entstehen auf ganz unterschiedliche Weise; in Gesprächen mit anderen, im Lesen der Bibel oder in der freien Natur als Gottes Schöpfung.

Im → Alten Testament meint Glaube eine feste und furchtlose Haltung auch im Ungewissen. Im → Neuen Testament bedeutet Glaube, sich ganz auf Jesus und den fürsorgenden Vater – »Abba« – zu verlassen. Glaube im christlichen Sinn heißt also nicht, eine Lehre zu befolgen, sondern sich auf eine Beziehung einzulassen (nicht *etwas* glauben, sondern *jemandem* glauben). Der Glaube an Gott ist von Person zu Person unterschiedlich. Allerdings bleibt der Glaube nicht für sich allein, er ist auf Gemeinschaft angelegt, denn niemand hat den Glauben von allein. Glaube kommt aus dem Hören des Wortes Gottes (Röm 10,17). Er findet seinen Ausdruck im Glaubensbekenntnis. Wenn die persönliche Beziehung zu Gott öffentlich ist, kann sie anderen eine Hilfe und Anregung sein.

Gott

Die → Bibel redet nicht abstrakt von Gott. Sie erzählt Geschichten, in denen Menschen Gott begegnen. Im → Judentum wie im Christentum ist Gott ein Gott, der mit den Menschen eine persönliche Beziehung eingeht und barmherzig ist. Gläubige in Juden- und Christentum glauben an einen Gott, der die Welt erschaffen hat, der sein Volk in die Freiheit führt und den Menschen treu bleibt. Für Christinnen und Christen ist der Gott Abrahams und Saras, Isaaks und Rebekkas und der anderen Erzeltern auch der Gott → Jesu Christi. Jesus erzählt immer wieder von der Nähe und Gegenwart Gottes. Er fordert die Jüngerinnen und Jünger auf, Gott im → Vaterunser als »Papa« – in seiner aramäischen Muttersprache: »Abba« – anzureden. Er erzählt in Gleichnissen, dass Gott alle sucht, die sich von ihm getrennt haben. → Christinnen und Christen glauben, dass Gott sich in Jesus von Nazaret ganz auf die Menschen eingelassen hat.

Gott Vater

Wenn Jesus von Gott als seinem und unserem Vater spricht, verwendet er das Wort »Abba«, ein Wort aus der Babysprache (»Papa«). So verkündet er, dass wir uns Gott nicht als einen unnahbaren »Patriarchen« vorstellen sollen. Gott ist ein liebevoller und zärtlicher Vater, der sich dem Menschen wie einem Kleinkind zuneigt, zu ihm auf Augenhöhe geht. Die bekannteste Erzählung dazu ist das Gleichnis vom »barmherzigen Vater« (Lk 15,11–32). In der Rede von Gott als Vater ist allerdings auch zu bedenken, dass nicht alle Kinder und Erwachsenen gute Erfahrungen mit ihrem Vater machen. Schlimme Erfahrungen wie Gewalt und Missbrauch können verhindern, dass der Begriff »Gott Vater« ausschließlich mit positiven Erfahrungen verbunden wird. Insbesondere Frauen haben darauf aufmerksam gemacht. So sollte alternativ oder zusätzlich auch von und zu Gott als Mutter gesprochen werden. Für jedes Sprechen von Gott gilt der Grundsatz, dass Gott mit menschlichen Begriffen niemals angemessen beschrieben werden kann. Alle Begriffe sind letztlich Bilder; Gott ist immer anders und größer, als wir denken können.

Gottesdienst

Gottesdienst ist die gemeinschaftliche Feier des Menschen mit Gott. Der christliche Gottesdienst hat seine Wurzeln in jüdischen Feiern. Er wurde zunächst in den Häusern der → Christinnen und Christen gefeiert; erst im 3. und 4. Jahrhundert entstanden die ersten Kirchen. In den ersten Jahrhunderten wurde der Gottesdienst als Mahlgedächtnis begangen, bei dem gebetet und gemeinsam gegessen wurde. Erst im Laufe der Zeit wurden feste Regeln und Formeln entwickelt, die den Gottesdienst, insbesondere die → Eucharistie, zur festen Form – bis hin zur »toten« lateinischen Liturgiesprache – erstarren ließen. Heute werden neue Formen gesucht und praktiziert, die der Zeit entsprechen und den Mitfeiernden die aktive Teilnahme erleichtern.

Gründonnerstag

Die Bezeichnung dieses Tages in der → Karwoche kommt wahrscheinlich von »greinen«, das heißt »weinen« – meint also »Tag des Weinens«. Damit wurde beim Gedenken an das Letzte → Abendmahl der Blick auf das bevorstehende Leiden und den Tod Jesu gelenkt. Am Gründonnerstag werden in der → katholischen Kirche in den Bischofskirchen die Öle geweiht, die bei den → Taufen und Firmungen sowie zur Krankensalbung verwendet werden. Bei der abendlichen → Eucharistiefeier am Gründonnerstag erklingen zum letzten Mal die Orgel und die Kirchenglocken. Sie schweigen bis zum Gloria der Osternacht. In den Bischofskirchen, aber vermehrt auch in den Gemeindegottesdiensten wird nach dem Vorbild Jesu die Fußwaschung vorgenommen. Nach Abschluss des Gottesdienstes bereiten sich die Gläubigen durch Stille und Meditation auf die bevorstehenden Feiern der Kar- und Ostertage vor.

Heilig

»Heilig« ist, was in besonderer Weise mit Gott, dem Heiligen, in Verbindung gebracht wird. In der → Bibel ist der Name Gottes heilig. In vielen Religionen gibt es heilige Ort, heilige Zeiten, heilige Menschen, heilige

Bräuche und → Rituale. Das Heilige ist etwas Herausgehobenes. Es hat zugleich etwas Faszinierendes und etwas Abschreckendes. In älteren Kirchen kann man erkennen, dass heilige Orte – wie der Altar – besonders abgegrenzt wurden: Stufen, Schranken oder Wände (in den orthodoxen Kirchen) sollten dem »Profanen« den Zugang verwehren. Mit der Menschwerdung Gottes in → Jesus Christus hat der Mensch jedoch teil am Heiligen – Gott hat sich dem Menschen zugewandt und ihn »geheiligt«, d. h. heil gemacht und ihn in eine Beziehung zu sich aufgenommen. Es gibt deshalb nichts im Leben, was aus der Gottesbeziehung ausgeblendet werden müsste.

Heiligabend

Heiligabend wird am 24. Dezember als Vorabend des eigentlichen → Weihnachtfestes begangen. Hier wirkt das antike Verständnis weiter, nach dem der Tag bei Sonnenuntergang endet und der folgende Tag mit der Nacht beginnt, aus unserer Sicht also am Vorabend. Für viele ist Heiligabend heute der wichtigste Weihnachtstag. An ihm wird die Kindermette gefeiert, das Krippenspiel aufgeführt oder die Vesper besucht. Letztere ist in der → evangelischen Kirche der Hauptgottesdienst an Weihnachten. In → katholischen Kirchen wird die mitternächtliche Christmette als Nachtwache mit den Hirten, denen die Frohe Botschaft der Geburt Jesu verkündet wurde, gefeiert. Seit der Reformation werden in Deutschland die Kinder am Abend des 24. Dezember beschert. Zuvor – und auch noch in anderen europäischen Ländern – fand bzw. findet die Bescherung am Fest der → Heiligen Drei Könige oder auch am Fest des heiligen → Nikolaus statt.

Heilige

Im → Alten Testament wird das gesamte Volk Israel heilig genannt; im → Neuen Testament werden die gesamte Kirche und ihre Mitglieder als Heilige bezeichnet, gehören sie doch zu Gott. Diese Aussage ist jedoch nicht exklusiv zu verstehen: Mit ihr ist nicht gesagt, dass andere nicht dazugehören. In der frühen Kirche wurden vor allem Märtyrerinnen und Märtyrer vom Volk als Heilige verehrt. Die Verehrung der Heiligen ist ein Unterschied zwischen den Konfessionen. Innerhalb der → katholischen Kirche wurde ein Verfahren entwickelt, nach dem bestimmte Verstorbene vom Papst → heiliggesprochen werden. Sie müssen ein Leben geführt haben, das ein Zeugnis für die Liebe Gottes ablegt, und es müssen Wundertaten bezeugt sein, die mit der Person in Verbindung stehen. Die Heiligen werden in einen Heiligenkalender aufgenommen und besonders verehrt. Viele Heilige werden nur in dem Land verehrt, in dem sie gelebt und gewirkt haben (sie tragen die Bezeichnung »Selige«), manche in der gesamten katholischen Kirche und darüber hinaus. So ist etwa → Franziskus von Assisi ein Heiliger, der für viele, auch für → evangelische Christinnen und Christen, ein Vorbild im Glauben und Handeln ist.

Heilige Drei Könige

Das → Neue Testament erzählt von »Weisen aus dem Morgenland«, die den neugeborenen Jesus in Bethlehem verehrten (Mt 2,1–12). Dies wurde schon früh ausgedeutet. Da von drei Geschenken erzählt wird – Gold, Weihrauch und Myrrhe –, wurde die Zahl der Weisen auf drei festgelegt. Seit dem 3. Jahrhundert werden sie als »Könige« bezeichnet. Ihre Namen »Caspar«, »Melchior« und »Balthasar« tauchen erstmals im 6. Jahrhundert auf. Seit den 1950er-Jahren stehen die Anfangsbuchstaben dieser Namen für den Segensspruch, den die »Sternsinger« an die Türen schreiben: »C+M+B – Christus mansionem benedicat«, »Christus segne dieses Haus«. Das Sternsingen, bei dem Kinder als Könige verkleidet den Segen bringen und Spenden für bedürftige Kinder sammeln, geht auf Dreikönigsspiele im Rahmen von Krippenspielen zurück, die es etwa seit dem 10. Jahrhundert gibt. Der 6. Januar wird im Volksmund »Dreikönigstag« genannt. Eigentlich heißt dieser Festtag »Epiphanie«, »Erscheinung des Herrn«: Die drei Weisen stehen in der kirchlichen Tradition für die damals bekannten Erdteile Asien, Europa und Afrika. Durch sie huldigt die ganze Welt dem menschgewordenen Gott.

Heiliger Geist

Im → Alten Testament ist der Geist Gottes, im Hebräischen »ruach« genannt, die göttliche Schöpfungskraft, die alles mit Leben erfüllt. Auch der Mensch ist mit ihr begabt und kann aus ihrer Kraft Gutes bewirken. Im → Neuen Testament meint »Geist« eine innere göttliche Kraft im Menschen. So wird Jesus in der → Taufe von diesem Geist erfüllt; im Tod »gibt er den Geist auf« (Mt 27,50). Der Geist Gottes bestimmt das Leben Jesu und auch das Leben der Kirche. Der auferstandene Jesus verspricht, dass sein Geist als Beistand und Helfer bei den Glaubenden sein und bleiben wird. Nach der Rückkehr zum Vater sendet er seinen Geist und bleibt so in der Welt gegenwärtig – nicht nur symbolisch, sondern real und persönlich. Dies wird → Pfingsten gefeiert. Der Heilige Geist zeigt sich in den Begabungen (»Charismen«) der Menschen: Aus dem Geist Gottes können sie andere heilen und trösten, guten Rat geben und im Glauben unterstützen.

Himmel

Im → Alten Testament ist der Himmel Teil der Schöpfung und »Wohnung« Gottes. In der Vorstellung des biblischen Weltbildes kann mit Himmel das Firmament, aber auch der gesamte Kosmos gemeint sein. Das bedeutet, dass → Gott sowohl »oben« als auch auf der Erde (z. B. im Tempel oder auf einem Berg) und letztlich überall »wohnt«. Für biblische Menschen ist der Himmel zugleich der Ort des Wetters (engl.: sky) und der Bereich Gottes (engl.: heaven). Deshalb nennen Christinnen und Christen den »Ort« der Verstorbenen bei Gott ebenfalls Himmel. Nach biblischer Vorstellung hat Gott wie ein König im Himmel einen Hofstaat; darunter befinden sich → Engel. Dies ist symbolisch zu verstehen: Es steht für die Größe und Macht Gottes, die durch die Lebewesen im Himmel stellvertretend für die Menschen gelobt wird. Das → Neue Testament übernimmt diese Vorstellungen. Für glaubende Menschen bezeichnet das Wort Himmel keinen Ort, sondern die Erfahrung großer Nähe zu Gott.

Hölle

In der → Bibel gibt es keine einheitliche Vorstellung der Hölle. Im → Alten Testament ist sie zum einen das Totenreich, ein dunkler Ort unter der Erde, in dem die Toten von → Gott getrennt sind. Eine andere Vorstellung besagt, dass die Hölle der Ort endzeitlicher Strafe ist. Nach dem → Neuen Testament hat → Christus die Schlüssel zum Totenreich. Damit ist der Glaube ausgedrückt, dass die Menschen keine Angst vor dem → Tod haben müssen. Der Satz »hinabgestiegen in das Reich des Todes« im Glaubensbekenntnis sagt aus, dass Christus auch über die Hölle herrscht und die Erfahrung der Gottferne durch die Barmherzigkeit Gottes aufgehoben wird. In der Kirchengeschichte entstanden Schreckensbilder über die Hölle, um mit Höllenangst das Verhalten der Gläubigen zu beeinflussen. Diese Bilder finden sich auch in der bildenden Kunst und haben die Phantasie angeregt. In der christlichen Verkündigung spielt die Hölle heute kaum noch eine Rolle. Wie → Himmel ist Hölle kein Ort, sondern die Erfahrung des völligen Alleingelassenseins fernab von Liebe. Anders als beim Himmel ist von keinem Menschen ausgesagt, dass er »in der Hölle« sei.

Islam

Der Islam ist die jüngste der drei monotheistischen (an einen einzigen Gott glaubenden) → Weltreligionen. Er gründet auf der Offenbarung Gottes an den Propheten Mohammed. Diese wurde im → Koran aufgezeichnet. Islam kann mit »Hingabe« oder »Ergebenheit« übersetzt werden. Diese Hingabe ist auf → Gott gerichtet. Gläubige des Islams sind Menschen, die sich dem Willen des einzigen Gottes, → Allah, mit ganzem Herzen hingeben und so zum inneren Frieden gelangen. Der zentrale Grundsatz des Islam lautet: »Es gibt keinen Gott außer Gott«. Wichtige Pflichten des Muslims oder der Muslima sind das Bekenntnis des → Glaubens, das Gebet, das Geben von Almosen und die Wallfahrt nach Mekka. Die wichtigste → Fastenzeit im Islam ist der Ramadan, in dem einen Monat lang von der Morgendämmerung bis zum Sonnenuntergang Essen und Trinken untersagt sind. Der Abschluss des Fastenmonats wird als großes Fastenbrechen Id al-Fitr, als Familienfest auch

»Zuckerfest« genannt, gefeiert. Mit weltweit rund 1,6 Milliarden Gläubigen ist der Islam die zweitgrößte Religionsgemeinschaft. In Deutschland gehören etwa 4 Millionen Menschen dem Islam an (ca. 5 Prozent der Gesamtbevölkerung).

Jesus Christus

Die Existenz Jesu von Nazaret ist historisch gesichert durch die vier Evangelien, die Briefe der Apostel, außerchristliche Zeugnisse (Flavius Josephus, Tacitus, Sueton, Plinius der Jüngere und Talmud) sowie durch das frühe Christentum. Jesus wird als → Jude vor dem Jahr 4 unserer Zeitrechnung in Betlehem in Palästina geboren. Seine Eltern sind → Maria und → Josef; mit ihnen lebt er in Nazaret. Er tritt im Alter von etwa 27 Jahren als religiöser Wanderlehrer auf. Er verkündet, dass das Reich → Gottes nah ist und ein radikales Umdenken notwendig sei (Mk 1,15). Was das konkret bedeutet, zeigt er mit seinem ganzen Leben: Er wendet sich den Armen und Entrechteten zu, tritt für Recht und Gerechtigkeit aller ein. Vor allem verkündet er den liebevollen, zärtlichen und barmherzigen Vater und fordert die Menschen auf, sich ihm anzuvertrauen. Jesus stirbt wahrscheinlich im Jahr 30 den Tod eines Verbrechers am → Kreuz. Als »Christus« wird Jesus erst nach seiner → Auferstehung und in der frühen Kirche bezeichnet. Die Erfahrungen an → Ostern lassen seine Jüngerinnen und Jünger erkennen, dass Jesus der »Christus«, übersetzt: der »Gesalbte« Gottes, der verheißene »Messias« ist, der den Menschen Erlösung und Heil bringt.

Josef von Nazaret

Der heilige Josef wird in allen christlichen Kirchen als »Ziehvater« Jesu verehrt. Sein Festtag wird am 19. März begangen. Er ist Patron der ganzen katholischen Kirche, der Ehepaare und Familien, der Arbeiter und Zimmerleute. Josef stammte aus dem Geschlecht von König David, aus dem nach dem → Alten Testament der Messias hervorgeht. Die Evangelien erzählen, dass er als Zimmermann in Nazaret lebte und mit → Maria verlobt war. Als er erfuhr, dass Maria schwanger war, wollte er sich von ihr trennen. Doch ein → Engel erklärte ihm in einem Traum, dass Maria vom → Heiligen Geist schwanger sei; daher blieb er bei ihr (Mt 1,18–21). Der Überlieferung nach reiste er wegen einer von den Römern angeordneten Volkszählung mit der schwangeren Maria nach Betlehem, wo Jesus geboren wurde (Lk 2,1–7). Anschließend flohen sie nach Ägypten, um dem Kindermord des Herodes zu entgehen (Mt 2,13–15). Nach dessen Tod im Jahr 4 n. Chr. kehrten sie nach Nazaret zurück (Mt 2,19–23). Zum letzten Mal wird Josef erwähnt, als er mit Maria und dem zwölfjährigen Jesus nach Jerusalem pilgert (Lk 2,41–51).

Jude, Jüdin, Judentum

Nach rabbinischem Gesetz ist »Jude« oder »Jüdin«, wer von einer jüdischen Mutter geboren ist oder zum jüdischen Glauben übertritt. Mit Judentum ist also kein bestimmtes Volk bezeichnet; das Judentum ist durch seine Geschichte und als Religion bestimmt. Die Heilige Schrift des Judentums ist die Hebräische Bibel, die in großen Teilen mit dem → Alten Testament übereinstimmt. Für gläubige Juden und Jüdinnen sind religiöse Handlungen und Symbole im täglichen Leben von großer Bedeutung. Für Männer ist es Pflicht, geweihte Orte wie den Friedhof oder die Synagoge, das Gebets- und Versammlungshaus, mit einer Kopfbedeckung zu betreten. Hygiene- und Speisevorschriften prägen das Alltagsleben. Wichtige Feste sind der Sabbat (Samstag), der dem christlichen Sonntag entspricht, das → Pessachfest, Neujahr und der Bußtag Jom Kippur. Das heutige Judentum ist sehr vielfältig. Neben orthodoxen jüdischen Gemeinden entwickeln sich in Deutschland auch liberale und progressive Gemeinden, die eine Anpassung an die moderne Gesellschaft anstreben. Weltweit gibt es etwa 15 Millionen Jüdinnen und Juden, in Deutschland leben ca. 90.000 Angehörige des Judentums.

Das Christentum wurzelt im Judentum. Jesus war gläubiger Jude. Er hat aus der besonderen Beziehung (dem »Bund«) des einen Gottes zum jüdischen Volk gelebt.

Karfreitag

Am Karfreitag in der → Karwoche wird des Leidens und Sterbens → Jesu am → Kreuz gedacht. Dieser Tag, an dem in → katholischen Kirchen die Orgel und die Kirchenglocken schweigen, ist die dunkle Seite von → Ostern. Karfreitag und Ostersonntag sind jedoch nicht ohne einander zu denken und zu verstehen. Während der Gottesdienst in → evangelischen Kirchen sehr feierlich gestaltet wird, sieht die katholische Liturgie für den Karfreitag keine → Eucharistie vor. Zum Zeitpunkt der Todesstunde Jesu (die neunte Stunde, d. h. 15:00 Uhr) versammeln sich die Gläubigen zu einem Wortgottesdienst und zur Verehrung des Kreuzes. Als Zeichen der Trauer werden Tücher, Kerzenleuchter und Schmuck vom Altar entfernt. Der Karfreitag ist ein Fasttag und an ihm sollen keine öffentlichen Vergnügungen stattfinden.

Karneval

Der Begriff Karneval kommt aus dem Lateinischen; »carne vale« heißt »Fleisch, lebe wohl!« Bevor die 40-tägige → Fastenzeit beginnt, soll das Leben an den drei Tagen vor → Aschermittwoch, am Karnevalssonntag, Rosenmontag und Fastnachtsdienstag, noch einmal ganz bewusst mit allem Schönen genossen werden. Es gibt gutes Essen (meist Fettgebackenes, da früher in den folgenden Wochen auf fette Speisen verzichtet wurde und man deshalb Fett verbrauchen musste, damit sie nicht verdarben), es werden fröhliche Feste gefeiert und es wird ausgelassen getanzt. Dazu gehören auch das Verkleiden und die Maskerade. Heute wird die Fastenzeit zwar nur noch von wenigen als Verzicht auf Fleisch und Sättigung eingehalten, aber der Karneval ist dennoch erhalten geblieben. Zudem hat sich die Zeit des Karnevals ausgeweitet und wird am 11. November eröffnet.

Katholisch

Nach heutigem Sprachgebrauch wird unter katholisch meist die römisch-katholische Kirche verstanden. In seiner ursprünglichen Bedeutung meint katholisch jedoch »allumfassend, über die ganze Erde verbreitet«. Damit wird der Sendungsbefehl Jesu aufgenommen, seine Botschaft »allen Völkern« zu verkünden (Mt 28,19). Als Nachfolger des Apostels Petrus steht der Papst an der Spitze der römisch-katholischen Kirche. Sie versteht sich als sakramental, d. h. als »Zeichen und Werkzeug« dafür, dass → Gott das Leben in Fülle für alle Menschen will. Die sieben Sakramente haben deshalb eine herausgehobene Bedeutung. Neben der → Taufe und dem → Abendmahl (bzw. → Eucharistie), die auch in der → evangelischen Kirche gefeiert werden, sind dies die Firmung, das Sakrament der Versöhnung, die Krankensalbung, die Priesterweihe und die Ehe. Der → Gottesdienst, die Verkündigung des Evangeliums und der Festkalender (→ Weihnachten, → Ostern, → Pfingsten) verbindet die römisch-katholische Kirche mit den anderen christlichen Kirchen. Neben der römisch-katholischen Kirche gibt es noch die altkatholische (Name in der Schweiz: christkatholische) Kirche, die sich nicht dem Papst unterstellt hat.

Kirchenjahr

Das Kirchenjahr wird mit dem ersten Adventssonntag eröffnet und endet in der → katholischen Kirche mit dem Fest → Christkönig. Der Rhythmus des Kirchenjahrs lehnt sich an das Wochenschema an, wobei der Sonntag als der erste Tag der Woche verstanden wird. Jeder Sonntag ist ein kleines Osterfest: Jesus ist am ersten Tag der Woche auferstanden. Darüber hinaus gliedert sich das Kirchenjahr in Festkreise: Der Weihnachtsfestkreis beginnt mit dem ersten → Advent und endet am Sonntag nach → Epiphanie, dem Fest der Taufe des Herrn. Mit dem → Aschermittwoch beginnt die → Fasten- und Passionszeit, die zum Osterfestkreis gehört, welcher bis → Pfingsten reicht. Das Osterfest wird jeweils am ersten Sonntag nach dem ersten Frühlingsvollmond gefeiert. Daher haben Ostern und Pfingsten keine festen Termine. Der Kirchenjahreskreis lädt zu einer immerwährenden Erinnerung ein, dass Gott uns auf dem Weg unseres Lebens begleitet, in Freude und Leid, in Gesundheit und Krankheit. → Heilige zeigen, wie das Leben mit → Gott gelebt werden kann.

Koran

Aus dem Arabischen übersetzt bedeutet das Wort Koran »Das Vorgetragene«, »die gesprochenen Worte«. Der Koran oder Qur'an (arabisch) ist die Heilige Schrift des → Islams, die die Worte Allahs wiedergibt. Laut Überlieferung ist der Koran durch eine Offenbarung Gottes an Muhammad entstanden. Im Jahr 610 übergab ein → Engel die ersten Worte des Korans an den Propheten. Damit begann eine 22 Jahre andauernde Phase, in der Muhammad die Worte Gottes seinen Gefährten immer wieder vortrug. Diese lernten sie auswendig. Erst nach Muhammads Tod wurden die Worte in arabischer Sprache aufgeschrieben. Der Koran besteht aus 114 Suren; diese wiederum bestehen aus einer unterschiedlichen Anzahl an Versen. Der mit den anderen → Weltreligionen verbindende Kern des Korans ist die Beschreibung Gottes als barmherzigem und gerechtem Weltenschöpfer. Das Lesen aus dem Koran ist im Islam eine gottesdienstliche Handlung.

Kreuz, Kruzifix

Das Kreuz ist das zentrale → Symbol des Christentums. Es erinnert zum einen an den Tod Jesu am Kreuz, zum anderen verweist es darauf, dass Jesus von den Toten auferstanden ist. Damit steht das Kreuz gleichermaßen für die Realität des Todes und die Hoffnung auf Auferstehung. Christinnen und Christen dürfen hoffen, dass auch sie mit → Jesus Christus nach ihrem irdischen Leben bei → Gott leben werden. Deswegen findet sich das Kreuz auf vielen christlichen Gräbern.

Kruzifix nennt man ein Kreuz mit einer Darstellung des gestorbenen Jesus. Meist trägt Jesus eine Dornenkrone und einen Lendenschurz um die Hüften. An der Spitze des Kreuzes findet sich die Aufschrift »INRI«, die Abkürzung für »Jesus aus Nazaret, König der Juden« (vgl. Joh 19,19). Je nach Stilepoche lassen sich unterschiedliche Deutungen des Kreuzes erkennen: der siegreiche Christus (Romanik), der Schmerzensmann (Gotik) oder der Leidende schlechthin (Moderne).

Kreuzzeichen

Das Schlagen des Kreuzzeichens ist eine → Segensgeste, mit der das im → Kreuz Symbolisierte vergegenwärtigt wird. Man kann sich bekreuzigen, indem man Stirn, Brust und die beiden Schultern mit der Hand berührt. In der katholischen Tradition wird dies beim Eintritt in eine Kirche mit Weihwasser vollzogen (eine Erinnerung an die → Taufe), aber auch im → Gottesdienst beim Empfang des → Segens oder beim persönlichen → Beten. Auch die → evangelischen Kirchen kennen das Kreuzzeichen als Segensgestus.

Krippe

Das Bild von dem in der Futterkrippe liegendem Kind im Stall wurde in der christlichen Tradition durch den heiligen → Franziskus lebendig. 1223 feierte er erstmals im Kloster bei Greccio in einem echten Stall in einer Felsgrotte mit Ochs und Esel und einer strohgefüllten Krippe die Geburt Christi, um der Bevölkerung die Geschichte anschaulich zu vermitteln. Im Volksmund wie im Kunstgewerbe wurde und wird auch das ganze Ensemble aus Stall, Maria, Josef und dem Kind als »Krippe« bezeichnet. Als Symbol verweist die Krippe auf das »Wohnen« bzw. »Zelten« Gottes unter den Menschen. Im → Alten Testament ist das Zelt Λ der Ort, an dem → Gott dem umherziehenden Menschen nahe ist. Dies ereignet sich auch in der (Futter-)Krippe, deren Form ein »auf den Kopf gestelltes« Zelt V darstellt. In der Krippe schlägt Gott sein Zelt unter uns Menschen auf.

Legende

Legende ist die Bezeichnung einer literarischen Gattung. Mit ihr werden – im Unterschied zum historischen Bericht – außergewöhnliche und spannende Geschichten erzählt. Meist handelt es sich um Geschichten von → Heiligen oder besonderen Menschen. Das Erzählte ist aus historischer Sicht wenig wahrscheinlich, hat aber stets eine symbolische Bedeutung, kann tiefe Einsichten beinhalten und hat manchmal einen historischen Kern. Die Heiligenlegende möchte anhand der Erzählung über einen heiligen Menschen auch etwas über → Gott erzählen. Gott zeigt sich in der Person, im Leben und im Handeln eines oder einer Heiligen. Dies wird in der Legende häufig zeichenhaft durch das Erzählen von Wundern ausgedrückt.

Leid, Leiden

Leiden gehört zu den Grunderfahrungen des Menschen und führt religiös zur Frage: »Warum lässt der gute und allmächtige Gott zu, dass Unschuldige leiden müssen? Ist er nicht gut? Oder nicht allmächtig?« Die Antwort auf diese Frage nach der »Theodizee« (der Rechtfertigung Gottes) kennen wir nicht; es finden sich jedoch unterschiedliche Erklärungsversuche. Ein Erklärungsmodell bietet die → Bibel in der Erzählung von Adam und Eva an: Das Leben in Mühsal ist die Folge einer Übertretung von Gottes Geboten. Und tatsächlich folgt ja viel Leid in der Welt aus ungerechtem Verhalten von Menschen. Nicht erklärt ist damit aber, wieso Gott das Leid Unschuldiger *zulässt*, und auch nicht, warum es Leid gibt, an dem kein Mensch schuld ist. Das Buch Hiob macht deutlich, dass es wirklich unverschuldetes Leid gibt. Im Christentum ist die Antwort Gottes auf das Leid vielleicht darin zu sehen, dass Gott selbst am Kreuz leidet und die Menschen im Leid nicht alleinlässt.

Lucia

Die heilige Lucia wird als Jungfrau und Märtyrerin verehrt; ihr Gedenktag ist der 13. Dezember. Geboren wurde sie um 286 in Syrakus, heute Siracusa auf Sizilien; dort starb sie auch um 310. Lucia ist eine historische Figur. Dies bezeugt ihr Grab in Siracusa. Nach der → Legende gelobte Lucia schon als Kind, nie zu heiraten und nur → Christus zu lieben. Aber ihre Mutter Eutychia arrangierte eine Eheschließung. Doch Lucia löste das Eheversprechen auf. Mit ihrem Vermögen und mit Unterstützung ihrer Familie gründete sie dann eine Armen- und Krankenstation. Selbst die wundersam geheilte Mutter unterstützte ihre

Tochter schließlich. Erzählt wird auch, dass Lucia verfolgten Christinnen und Christen Lebensmittel in die Verstecke brachte. Um beide Hände zum Tragen der Speisen frei zu haben und im Dunkeln den Weg zu finden, setzte sie sich einen Lichterkranz auf. Daraus entwickelte sich der in Skandinavien verbreitete Brauch, dass Mädchen mit einer Lichterkrone auf dem Kopf an 13. Dezember als Vorbotin des Weihnachtslichtes Weihnachtsgebäck verteilen.

Maria

Maria ist die Mutter → Jesu. Zu diesem ersten Kind, das unter besonderen Umständen gezeugt wurde, hat sie ihr »Ja« gegeben. Aus ihrem Leben ist wenig bekannt. Sie schloss mit → Josef nach jüdischem Gesetz eine Ehe, wodurch Jesus als legitimer Sohn Josefs anerkannt wurde. Nach dem Evangelisten Matthäus hatte sie vier weitere Söhne und mindestens zwei Töchter. Als Jesus das elterliche Haus verließ, verfolgte sie seine Tätigkeit als Wanderprediger anfangs durchaus kritisch (Mk 3,3–33). Das Verhalten ihres Sohnes blieb ihr häufig unverständlich. Es wird erzählt, dass sie die Kreuzigung ihres Sohnes miterleben musste. Sie gehörte zur ersten Jerusalemer Gemeinde, ebenso wie ihr Sohn Jakobus, der Bruder Jesu (Apg 1,14). Im Verlauf der Kirchengeschichte nahm die theologische Bedeutung Marias zu. Den Titel »Gottesgebärerin« erhielt sie in einer theologischen Debatte über Jesus. Er wendet sich gegen die Vorstellung, dass Jesus von Gott »adoptiert« wurde: Er wurde als Gottes Sohn geboren. In der Tradition steht Maria auch für das weibliche Element im christlichen Glauben. Ihr Lobgesang, das »Magnifikat«, bezeugt ihren Glauben an einen Gott, der für die Armen und Unterdrückten Partei ergreift (Lk 1,46–55). Frauen sehen in ihr die Schwester im Glauben. In der Marienfrömmigkeit hat die emotionale Seite des Glaubens einen Ort. Sie ist am stärksten bei den → orthodoxen → Christinnen und Christen ausgeprägt und am wenigsten bei den → evangelischen.

Mariä Aufnahme in den Himmel

Hinter diesem Fest, das am 15. August begangen wird, verbirgt sich eine intensive Verehrung der Mutter Jesu. Sie fand in der → katholischen Kirche 1950 ihren Ausdruck im Dogma von der »leiblichen Aufnahme Marias in den → Himmel«, volkstümlich »Mariä Himmelfahrt« genannt. »Leiblich« ist unser Dasein in Raum und Zeit mit unserem Gesicht, Lachen, Weinen, Narben, Beziehungen, Wachsen und Älterwerden. »Leibliche Aufnahme in den Himmel« bedeutet, dass die Geschichte und Identität Marias bei Gott bewahrt ist. Anders als Jesus, ist Maria zweifellos nur ein Mensch. Deswegen ist die Vorstellung ihrer leiblichen Aufnahme Grund zur Hoffnung für alle Menschen, dass auch sie nicht ausgelöscht werden.

Mariä Lichtmess

Bereits um 400 wurde das Fest Lichtmess, damals »Begegnung« genannt, feierlich begangen. Es erinnert an die Begegnung → Jesu mit Simeon und Hanna im Tempel zu Jerusalem. Lichtmess fasst den Grundgedanken von → Weihnachten noch einmal zusammen. So werden Kerzen geweiht, verteilt und in einer Lichterprozession in die Welt getragen: Christus, das Licht, das die ganze Welt erleuchten soll. Dies bringen Simeon und Hanna mit ihrer Freude und ihrer Botschaft zum Ausdruck (Lk 2,22–38): Simeon lobt → Gott: »Meine Augen haben das Heil geschaut, ein Licht zur Erleuchtung aller.« Auch Hanna lobt Gott und bringt allen die frohe Botschaft von der Erlösung. Der Festtag ist zudem die Erinnerung an den Besuch → Marias mit dem neugeborenen Jesus im Tempel. Maria erfüllt damit den jüdischen Brauch, nach dem jede Erstgeburt Gott im Tempel vorgestellt wird, um mit einer Opfergabe dafür zu danken.

Mariä Verkündigung

Das Fest Mariä Verkündigung wird neun Monate vor → Weihnachten gefeiert. Es beruht auf der Erzählung des Evangelisten Lukas: Der Engel Gabriel kommt zu Maria und verkündet ihr Empfängnis und Geburt eines Sohnes, dem sie den Namen Jesus geben soll (Lk 1,26–38). In der Tradition wird diese »Verkündigung« theologisch und spirituell gedeutet. Maria wird zum Vorbild für alle Menschen, die Gott in ihr Leben aufnehmen – auch wenn manches unbegreiflich bleibt. Sie gibt dazu ihr »Ja«, dass sich ihr Leben dadurch grundlegend ändert. Das Fest beinhaltet somit die Frage an → Christinnen und Christen, ob sie sich ebenso radikal für Jesus und Gott entscheiden und an Maria als Schwester im Glauben orientieren.

Martin von Tours

Der Gedenktag des heiligen → Bischofs von Tours wird am 11. November gefeiert. Martin wurde 316/317 (oder um 336) in Sabaria, dem heutigen Szombathely in Ungarn geboren und starb wahrscheinlich 397 in Candia, heute Candes-Saint-Martin, Frankreich. Er war der Sohn eines heidnischen römischen Tribuns, wurde jedoch christlich erzogen und war Taufbewerber; getauft wurde er im Alter von 18 Jahren. Mit 15 Jahren wurde er auf Wunsch des Vaters Soldat. 356 schied er jedoch aus dem Militär aus: Er konnte Christsein und Militärdienst nicht vereinbaren. Nach der → Legende ereignete sich zuvor das, was Martin berühmt machte: Als Soldat hoch zu Ross schenkte er einem frierenden Bettler die Hälfte seines Mantels. In der folgenden Nacht erschien ihm im Traum → Jesus Christus, der das Mantelstück trug: Er war es, den Martin im Bettler eigentlich beschenkt hatte. Nach seiner Militärzeit lebte er als Einsiedler. Er beeindruckte die Menschen durch sein einfaches Leben und seine Fürsorge für die Nöte der Armen. 371/372 wurde er auf Drängen des Volkes Bischof von Tours.

Neues Testament

Mit der Erfahrung von → Ostern begann die sog. Jesusbewegung, die Botschaft von Jesus mündlich zu verbreiten. Nach und nach wurden die Worte und Erzählungen auch aufgeschrieben. Dies bildete die Basis für die vier Evangelisten Matthäus, Markus, Lukas und Johannes. Ihre

Evangelien entstanden im Zeitraum zwischen 70 und 100 n. Chr. Sie wurden in der Rückschau und vor dem Hintergrund der Ostererfahrungen geschrieben und deuten von dorther das Leben und Wirken Jesu. So ist das NT nicht die Lebensgeschichte Jesu, sondern »euangelion« – Frohe Botschaft. Zugleich entstanden weitere Schriften: Die Apostelgeschichte, die von den ersten Gemeinden erzählt, sowie insgesamt 21 Briefe und die Offenbarung des Johannes. Die ältesten Schriften sind die Briefe des Apostels Paulus, verfasst um das Jahr 50 n. Chr. Im Jahr 363 wurde festgelegt, dass diese 27 Schriften zusammen den Kanon des Neuen Testaments bilden. In den ersten Jahrhunderten entstanden noch weitere Texte über Jesus, die Apostel oder Maria von Magdala. Sie wurden jedoch nicht in den Kanon aufgenommen (und werden als »apokryph« – »verborgen«, »dunkel« – bezeichnet).

Nikolaus von Myra

Der heilige Nikolaus, Bischof von Myra, wurde wahrscheinlich um 280/286 in Patara, heute bei Kalkan in der Türkei, geboren und starb zwischen 345 und 351 in Myra, heute Demre in der Türkei. Nikolaus wurde der Überlieferung zufolge im Alter von 19 Jahren zum Priester geweiht und im Kloster von Sion nahe seiner Heimatstadt als Abt eingesetzt. Als seine Eltern an der Pest starben, erbte Nikolaus ihr Vermögen und verteilte es an Arme. So half er mehreren armen jungen Frauen aus seiner Nachbarschaft, indem er heimlich Geld durchs Fenster warf; damit sorgte er für eine ausreichende Mitgift und verhinderte, dass der Vater seine Töchter zur Prostitution hergeben musste. Deshalb gilt Nikolaus als Geber guter Gaben und Freund der Kinder. Über seine phantasievolle und großzügige Unterstützung Armer und Hilfsbedürftiger berichtet eine Vielzahl von → Legenden. Sie verbreiteten sich weltweit. Gesicherte historische Nachrichten über das Leben und Wirken von Nikolaus gibt es nicht. In der Überlieferung vermischten sich Nachrichten über ihn selbst und über seinen Onkel, der ebenfalls Bischof war und Nikolaus hieß. Sein Festtag wird am 6. Dezember gefeiert.

Ökumene

Ökumene, das griechische Wort für den ganzen bewohnten Erdkreis, bezeichnet zunächst die Gesamtheit aller christlichen Kirchen und Konfessionen auf der Erde. Allerdings gibt es nicht nur die großen Kirchen, sondern eine Vielzahl von kleinen Konfessionen und Richtungen, die sich z. T. deutlich unterscheiden. Man muss von einer Zersplitterung des Christentums reden. Seit dem 19. Jahrhundert bemühen sich die christlichen Kirchen um Zusammenschlüsse und Kooperationen. Ein erfolgreicher Versuch begann nach dem Ersten Weltkrieg und führte 1948 zur Gründung des »Ökumenischen Rates der Kirchen« in Genf. Zu ihm gehören 348 Mitgliedskirchen, nicht aber die römisch-katholische Kirche. Erfolge kann die ökumenische Bewegung jedoch auf Ebene der Gemeinden verzeichnen. Hier werden konkrete Schritte auf dem Weg zur Einheit gegangen: gemeinsame Gottesdienste, gegenseitige Hilfe und wachsendes Verständnis füreinander geben Hoffnung, dass es zu einer »versöhnten Verschiedenheit« kommen kann.

Opfer

Opfer gibt es in vielen Religionen. Sie bestehen in einer Gabe an die Gottheit und drücken Dank oder Bitte aus. Meist wurden Tiere und Feldfrüchte, manchmal auch Menschen geopfert. Das → Alte Testament kennt eine Vielzahl von Opfergesetzen. Im Zentrum des Opferns steht der Gedanke, dadurch zu Gott in Beziehung treten oder eine gestörte Beziehung wiederherstellen zu können. Daher üben Propheten auch Kritik am Opferkult, wenn sich dieser verselbständigt oder Menschen meinen, sie könnten Gott manipulieren oder sich durch Opfergaben von Gerechtigkeit freikaufen. Auch → Jesus kritisiert solches Verhalten in der Bergpredigt: Bevor der Mensch Gott eine Opfergabe darbringt, soll er sich mit den Menschen versöhnen, denen er Schaden zugefügt hat (Mt 5,23f.). Damit kommt ebenfalls zum Ausdruck, dass Gott keine Opfer braucht. Lieber ist ihm, dass Menschen gut miteinander umgehen, Frieden und Gerechtigkeit üben. Der Satz »Barmherzigkeit will ich, nicht Opfer« steht sowohl im Alten als auch im Neuen Testament.

Orthodox

Die Bezeichnung orthodox leitet sich aus den griechischen Worten *orthos* für richtig und *doxa* für Glauben ab. Sie meint wörtlich also »Rechtgläubigkeit«. Wenn von orthodoxen Kirchen (oder Ostkirchen) gesprochen wird, sind die christlichen Kirchen in Osteuropa, auf dem Balkan sowie im Nahen und Mittleren Osten gemeint. Sie haben sich 1054 von der Westkirche mit ihrem Zentrum in Rom getrennt. Ihr Ehrenoberhaupt ist der Patriarch von Konstantinopel.
Innerhalb anderer Religionen, etwa dem Judentum, gibt es orthodox genannte Richtungen, die für sich in Anspruch nehmen, dass (nur) sie die rechte Lehre vertreten.

Osterkerze

Die Osterkerze spielt in der Feier der Osternacht eine große Rolle. Sie trägt die Buchstaben Alpha und Omega, den ersten und letzten Buchstaben des griechischen Alphabetes. Sie weisen auf → Jesus Christus hin, durch den die Geschichte Gottes mit den Menschen einen neuen Anfang genommen hat und der am Ende der Welt wiederkommen wird. Neben die Jahreszahl werden fünf mit rotem Wachs überzogene Nägel in die Kerze gesteckt. Sie symbolisieren die fünf Wunden an den Händen, den Füßen und am Herzen Jesu. Die Kerze wird mit dem dreimaligen Ruf »Lumen Christi« – »Licht Christi« in die dunkle Kirche getragen. Die Gläubigen entzünden an der Osterkerze kleine Kerzen, die sie mit nach Hause nehmen. Während des gesamten Jahres bleibt die Osterkerze in der Kirche an einem für alle sichtbaren Ort stehen als Bild für Christus, der Licht ins Dunkel bringt.

Ostern

Die → Auferstehung Jesu ist für → Christinnen und Christen die Frohe Botschaft schlechthin. Da sie an Ostern gefeiert wird, ist dies das Hauptfest der christlichen Kirchen. Das biblische Vorbild für die gottesdienstlichen Osterfeiern ist die Feier des → Pessachfestes. Dieses große Pilgerfest im → Judentum bietet zugleich eine Deutung der Ostererfahrung: Ostern ist der Übergang vom Tod zum Leben, vom Gefangensein in Schuld und Versagen zur Freiheit. Eine weitere Deutung findet sich im Termin des Osterfestes: Bereits im Jahr 325 wurde festgelegt, dass Ostern stets am ersten Sonntag nach dem ersten Frühjahrsvollmond gefeiert werden soll. (Deshalb fällt Ostern in jedem Jahr auf ein anderes Datum.) Im Frühjahr ist (in unseren Breiten) sinnenfällig zu erleben, wie die Natur zu neuem Leben erwacht. Darüber hinaus ist Ostern ein Zukunftsbild: Der Tod ist besiegt und mit der Auferstehung aller ist die Hoffnung auf ewiges Leben verbunden. Auferstehung kann des Weiteren auch innerweltlich und politisch erfolgen: im widerständigen Aufstehen gegen alles, was Leben verhindert oder vernichtet. (→ Auferstehung/Auferweckung, → Christi Himmelfahrt)

Palmsonntag

Mit dem Palmsonntag beginnt in den christlichen Kirchen die Karwoche oder die Heilige Woche. Er hat zugleich einen frohen und einen ernsten Charakter. Der freudige Aspekt findet sich in der Erinnerung an den Einzug Jesu in Jerusalem. Die Menschen damals begrüßen ihn mit Palmzweigen als König und rufen ihm »Hosanna« – »Hilf doch!« zu. Heute wird im → katholischen → Gottesdienst nach der Segnung der Palmzweige der Einzug Jesu in der Palmprozession dargestellt. Dieser Brauch ist um 400 in Jerusalem entstanden und fand ab dem 7. Jahrhundert weitere Verbreitung. Der ernste Charakter wird darin deutlich, dass mit dem Vorlesen der Passionserzählung die Gefangennahme, die Verurteilung und das Leiden Jesu in den Mittelpunkt gestellt wird. Die Bezeichnung Karwoche kommt aus dem Althochdeutschen: »kara« bedeutet »Klage«. Es ist die Woche, in der das Leiden und Sterben Jesu beklagt wird. Die letzten drei Tage der Karwoche bilden den Höhepunkt des → Kirchenjahres: → Gründonnerstag, → Karfreitag und Karsamstag als Tag der Grabesruhe Jesu, der in → Ostern übergeht.

Pessachfest

Das Pessachfest, auch Paschafest genannt, ist das wichtigste religiöse jüdische Familienfest. An ihm feiern Jüdinnen und Juden seit den Anfängen des jüdischen Volkes bis heute ihre religiöse Identität. Das siebentägige Fest erinnert an den Auszug Israels aus Ägypten. Im → Alten Testament wird erzählt, dass dazu Lämmer geschlachtet und in Gemeinschaft gegessen wurden (vgl. Ex 12). Nach dem → Neuen Testament war das letzte → Abendmahl Jesu ein Pessachmahl. Das Pessachfest beginnt immer in der Nacht des ersten Frühlingsvollmondes mit einem gemeinsamen Abendessen. Dazu gibt es Matzen (ungesäuertes Brot), Bitterkräuter, etwas Lammfleisch, eine Fruchtmischung aus Äpfeln, Feigen und Datteln, Sellerie und Ei. Die Speisen erinnern an die Leiden und Freuden des Volkes Israel. Eine wichtige Aufgabe hat das jüngste Kind: Es darf nach der Bedeutung der Aspekte des Rituals fragen, die dann erklärt werden.

Pfingsten

Der Begriff ist vom griechischen »pentekoste«, »fünfzig«, abgeleitet; Pfingsten wird fünfzig Tage nach → Ostern gefeiert. Auch das Pfingstfest hat einen jüdischen Hintergrund. Es war ein Erntefest, an dem → Gott im Tempel zu Jerusalem für die Weizenernte gedankt wurde. Das »Pfingstwunder« ereignet sich an diesem → Erntedankfest: Das → Neue Testament erzählt, dass sich die Urgemeinde (aus 120 Personen) in Jerusalem versammelt hatte, als der → Heilige Geist mit »Brausen« und »Zungen« auf sie herabkam (Apg 2,1–13). Daraufhin geschah das »Sprachwunder«; die Anwesenden konnten sich trotz großer Unterschiede untereinander verständigen. Dies wird mit Symbolbildern erzählt. Das gemeinsame Feiern der Gemeindemitglieder hatte ermutigende und begeisternde Wirkung (»Brausen«). Waren sie zuvor noch voll Trauer und Sprachlosigkeit, lösten sich nun ihre »Zungen«: Sie fanden Worte für Leid, Tod und Auferstehung Jesu. Sie wollten dies aller Welt mitteilen. Das Wunder ereignet sich im Innern der Menschen; sie spüren, dass → Heiliger Geist in ihnen wirkt.

Prophet, Prophetin

Nach biblischem Verständnis übermittelt ein Prophet oder eine Prophetin göttliche Botschaften. Sie werden auch als »Seher« oder »Seherin« bezeichnet, da sie die Fähigkeit besitzen, tiefer zu sehen als andere Menschen und zu erspüren, dass → Gott liebevoll an den Menschen interessiert ist. Diese Liebe schließt nicht aus, dass den Menschen ihr unsoziales und ungerechtes Verhalten vor Augen geführt wird. Im → Alten Testament sind Texte der sog. Schriftpropheten überliefert; die bekanntesten sind Amos, Jesaja und Jeremia. Auch → Jesus tritt als Prophet auf. Er verkündet die frohe Botschaft vom nahen Reich Gottes, spricht aber auch klare Worte: »Wehe euch, ihr Reichen, wehe euch, ihr Satten!« (Lk 6,24–26) und verurteilt diejenigen, die hungrigen, dürstenden, fremden, nackten und gefangenen Menschen nicht geholfen haben (Mt 25,43–45). Auch heute treten Propheten und Prophetinnen auf, die aus religiöser Perspektive auf Missstände aufmerksam machen, aber zugleich auf die Barmherzigkeit Gottes verweisen.

Reformationstag

Der 31. Oktober ist der »Geburtstag« der evangelischen Kirchen. Am 31. Oktober 1517 legte der → katholische Mönch und Bibelprofessor Martin Luther (1483–1546) einem Brief an Erzbischof Albrecht von Brandenburg 95 Thesen für eine Kirchenreform bei. Die → Legende machte daraus den Thesenanschlag an die Tür der Schlosskirche zu Wittenberg. Jedenfalls waren die Thesen der Auslöser für die Reformation. Luther hatte zunächst keine eigene Kirche im Sinn, sondern wollte eine Diskussion über Kritikpunkte an der katholischen Kirche in Gang setzen. Diese Punkte bezogen sich vor allem auf den sog. Ablasshandel, nach dem sich Gläubige mit Geld von der Buße befreien konnten. Der Papst sammelte dadurch Geld für den Bau des Petersdoms und Erzbischof Albrecht verdiente daran mit. Luther machte darauf aufmerksam, dass es dagegen auf die Gnade Gottes und den → Glauben der Menschen ankommt. Das Papsttum, das damals in der Tat fragwürdig ausgeübt wurde, lehnte er ab. Stattdessen solle allein die → Bibel Richtschnur des Glaubens sein. Die Reformation führte zur Kirchenspaltung.

Auch innerhalb der reformatorischen Bewegung bildeten sich schon bald unterschiedliche Richtungen heraus.
Luther löste nicht nur eine theologische Diskussion aus, sondern auch politische Konflikte. Viele Fürsten unterstützten die Reformation, weil sie dadurch dem katholischen Kaiser gegenüber mächtiger wurden. Zudem forderte Luther dazu auf, den Fürsten Gehorsam zu leisten.

Ritual

Rituale sind Verhaltensweisen, die nach eingespielten oder verbindlichen Regeln ablaufen. Sie finden sich im Alltäglichen und kommen in Religion und Kult vor. Vom Aufstehen und Frühstücken bis zum Ins-Bett-Gehen wirken Alltagsrituale; meist werden sie nicht bewusst gebraucht und auch nicht thematisiert. Jede Familie und jede Beziehung kennt und pflegt ihre besonderen Rituale. Sie wirken entlastend, geben Sicherheit und Orientierung. Alle Religionen kennen das Ritual. Durch Rituale wird die Innerlichkeit von Religion lebbar und erfahrbar. In → Gebetshaltungen, → Beten und Singen, → Kreuzzeichen, → Segenshandlungen und → Gottesdienst wird Religion praktisch und kann sinnenhaft mit dem eigenen Körper und dem eigenen Leben verknüpft werden. Religiöse Inhalte, Traditionen, Brauchtum sowie die Dimension des → Heiligen werden so im Lebenszusammenhang erschlossen und angeeignet.

Schöpfung

Der Begriff »Schöpfung« drückt eine religiöse Sicht auf das Universum aus. Bereits die Religionen der Vorzeit erzählen, dass Welt und Mensch einen göttlichen Ursprung haben. Die jüdisch-christliche Vorstellung von der Schöpfung findet sich in der → Bibel. Am bekanntesten ist der Text, der von der Schöpfung in sieben Tagen spricht. Dieser beschreibt aber nicht, *wie* Gott die Welt erschaffen hat. Er ist ein Loblied und möchte zum Ausdruck bringen, *dass* Gott die Welt mit einer wunderbaren Ordnung geschaffen hat. Daneben finden sich → Psalmen, die die Schönheit der Schöpfung und die Größe des göttlichen Schöpfers loben.

Die → Propheten und Prophetinnen sprechen angesichts einer durch Kriege und Gewalt zerstörten Schöpfung von einer Neuschöpfung durch → Gott. Auch die Menschen im → Islam glauben, dass → Allah Himmel und Erde, alle Tiere, Pflanzen und den Menschen erschaffen hat. Das lässt sich im → Koran nachlesen.

Segen

In jeder Religion gibt es Segen und Segensgesten. Segen spenden kann letztlich nur → Gott; der Mensch kann jedoch Segen erbitten und anderen Menschen Segen zusprechen. Segen ist Bitte und zugleich die Äußerung des Vertrauens darauf, dass Gott dem Menschen nahe ist und ihn beschützt. Gerade in schwierigen Lebenssituationen kann der Segen stärken und Mut machen. Die → Bibel erzählt, dass der Segen Gottes am Anfang der Welt steht: Gottes Segen liegt über der belebten und unbelebten → Schöpfung. → Jesus hat seine Jüngerinnen und Jünger, Kinder und auch Speisen (Brot, Wein und Fisch) gesegnet. In der jüdisch-christlichen Tradition werden Speisen und Gegenstände für den religiösen Gebrauch gesegnet. Dadurch kommt ihre besondere Bedeutung für den Menschen zum Ausdruck. Christliche Segensgesten werden mit einem einfachen → Kreuzzeichen, mit einem Kreuzzeichen mit Segensgebet oder durch Handauflegen vollzogen.

Sterben, Tod

Sterben und Tod gehören zum Leben. Tod und → Auferstehung Jesu geben Hoffnung, dass es nach dem Tod ein Weiterleben gibt. → Christinnen und Christen hoffen auf ein bleibendes Leben bei → Gott. Über das Weiterleben nach dem Tod gibt es unterschiedliche Vorstellungen. Etwa jene, dass im Sterben die »unsterbliche Seele« den Körper des Menschen (oder auch Tieres) verlässt und nur diese zu Gott in den → Himmel gelangt. Der zurückgelassene Körper verfällt und wird wieder zu »Staub«. Eine andere Vorstellung geht davon aus, dass der ganze Mensch mit Leib und Seele weiterlebt. Sie beruht auf der Hoffnung, dass die Beziehung Gottes zum Menschen auch den Körper und alles

Leibliche einschließt. Dieser Glaube traut Gott mehr zu als den eigenen Einsichten und Erfahrungen. Er kommt → katholischerseits im Bedeutungsgehalt des Festes → Mariä Aufnahme in den Himmel zum Ausdruck.

Symbol

»Symballein« (griech.) meint das Zusammenfügen von passenden Bruchstücken als Erkennungszeichen. Grundsätzlich kann jedes Ding, jedes Ereignis oder jede Person zum Symbol werden. Hat es persönliche oder religiöse Bedeutung, wird es zum individuellen Symbol. Sind mit ihm zugleich Erfahrungen einer Gruppe verbunden, handelt es sich um ein kollektives Symbol. Symbole bestehen demnach aus einem anschaulichen Teil und dem, was damit verbunden ist. Diese tiefere Dimension ist nicht sichtbar, wird aber durch den anschaulichen Teil verstehbar und vermittelbar. Symbole verweisen auf eine Wirklichkeit, die sich nicht messen oder berechnen lässt. Ob ein überliefertes Zeichen (z. B. das → Kreuz oder die → Krippe) für Menschen zu einem Symbol wird, das für sie persönlich Bedeutung hat, hängt von Beziehungen und Kommunikation ab und davon, wie dies Symbol inhaltlich »aufgeladen« wird. Religiöse Symbolgehalte können deshalb nicht objektiv weitergegeben werden; man kann aber erzählen, was sie bestimmten Menschen bedeuten und welche Erfahrungen sie damit verbinden. → Glaube ist häufig ein Denken und Sprechen in Bildern und Symbolen.

Taufe

Taufriten unterschiedlichster Art gibt es vielen Religionen. Die christliche Taufe ist das Sakrament der Aufnahme in die Gemeinschaft aller → Christinnen und Christen. Sie wird in allen christlichen Kirchen gefeiert und gegenseitig anerkannt. Heute werden zumeist Säuglinge und Kleinkinder getauft. Allerdings bitten vermehrt auch Erwachsene um die Taufe. Die christliche Taufe wurde zunächst als Tauchbad in fließendem Wasser vollzogen. In der Wüstengegend, in der das Christentum entstand, ist ein stärkeres Bild für das Leben kaum denkbar. Getauft wird auf die → Dreifaltigkeit; dazu wurde der Täufling früher dreimal untergetaucht. Heute wird dreimal Wasser über den Scheitel des Kindes gegossen und das Kind mit dem → Kreuzzeichen gesegnet. Weitere → Symbole der Taufe sind das weiße Taufkleid (es verweist darauf, dass die Taufe das Innere reinigt) und die Taufkerze. Bei der Kindertaufe bekennen die Eltern und der Pate oder die Patin stellvertretend für das Kind ihren Glauben. Seit dem 3. Jahrhundert bereiteten sich erwachsene Bewerberinnen und Bewerber auf die Taufe über eine längere Zeit, den Katechumenat, vor. Dies wird seit den 1970er-Jahren neu belebt und wieder praktiziert.

Vaterunser

Das Vaterunser ist das älteste christliche Gebet; Jesus hat es seinen Jüngerinnen und Jüngern geschenkt. Jesus selbst wird dieses Gebet als kleiner Junge gelernt haben. Dahinter verbirgt sich das »Achtzehngebet«. Dies ist ein politisches Gebet und erbittet von Gott das Ende der römischen Fremdherrschaft. Gott möge sein Reich wieder herbeiführen, seinen Willen verwirklichen, alles falsche (politische) Verhalten verzeihen und reichlich Nahrung spenden. Jesus verändert dieses Gebet: Er formuliert eine Kurzform und verwendet kurze, knappe Sätze. Darüber hinaus deutet er das Kommen des Reiches Gottes nicht mehr politisch, sondern religiös. Diese Bitte bezieht sich auf die Gottesherrschaft, wie Jesus sie in Wort und Tat verkündet: Im Reich Gottes werden Menschen geheilt und heil, sie werden aus Unrecht befreit, Niedrige werden erhöht und Mächtige vom Thron gestürzt. Auch die Anrede verändert Jesus: Er ermuntert die Jüngerinnen und Jünger, → Gottvater »Abba«, »Papa« zu nennen.

Weihnachten

Weihnachten ist als Fest der Geburt Jesu stark in der Volksfrömmigkeit verankert. Trotz der vermehrten Konsumorientierung werden im → Advent und in der Weihnachtszeit viele religiöse Bräuche beibehalten. → Adventskranz, Sterne basteln, → Krippe und Krippenspiel oder

Besuch der Christmette werden in das Familienfest eingebaut. Im gemeinsamen Singen und Sich-Beschenken wird die Freude über den Geburtstag Jesu weiterhin ausgedrückt – selbst wenn der Inhalt der biblischen Weihnachtserzählung wohl oft vergessen wurde. Weihnachten setzt den Glauben an die Menschwerdung Gottes voraus, die in der Geburt, im Leben, Leiden, Sterben und Auferstehen Jesu ganz konkret wurde. Dies gehört von Anfang an zum Glauben der → Christinnen und Christen. Allerdings wurde bis in das 4. Jahrhundert hinein nur → Ostern festlich begangen. Das Weihnachtsfest wurde erst später eingeführt, um heidnisch-religiöse Vorstellungen vom Sonnengott Sol zu integrieren. Seitdem liegt Weihnachten auf dem 25. Dezember, an dem zuvor zur Wintersonnenwende das Erscheinen des Sonnengottes gefeiert wurde, wenn die Tage wieder länger wurden. Mit der Geburt Jesu kommt das Licht in die Welt!

Weltreligionen

»Religio« kann wörtlich als »Rückbindung« (des Menschen an das Göttliche) übersetzt werden. Religionen sind der Versuch von Menschen, die Verbindung zu einem → Gott oder zu mehreren Gottheiten durch bestimmte → Rituale, → Symbole, Feste und Bräuche herzustellen. Sie enthalten weltanschauliche, mythische und philosophische Elemente, um das Göttliche und Menschliche und ihre Beziehung zueinander zu erklären und zu deuten. Mit dem Begriff »Weltreligionen« wird der Versuch unternommen, die vielfältigen religiösen Erscheinungsformen auf der Welt in einem Raster zu ordnen. Verschiedene Strömungen werden unter Oberbegriffen zusammengefasst. In diesem Sinn sind »Weltreligionen« die fünf großen Religionen: das → Judentum, das Christentum, der → Islam, der Hinduismus und der Buddhismus. Diese Religionen können nach weiteren Kriterien geordnet werden: »Buchreligionen« sind die diejenigen Religionen, die sich auf eine Heilige Schrift berufen (Tora, → Bibel, → Koran, Baghavad Gita). Eine weitere Einordnung erfolgt mit Blick auf das Gottesbild. Die monotheistischen Religionen Judentum, Christentum und Islam glauben an einen einzigen Gott, auch wenn sich die konkreten Gottesvorstellungen unterscheiden. Das »Projekt Weltethos« versucht, alle Religionen an einen Tisch zu holen – verbindet doch alle die Sorge um die → Schöpfung, die Herstellung von Gerechtigkeit und Frieden.

Zehn Gebote

Die Zehn Gebote (auch: Dekalog, d. h. »Zehn Worte«) gelten als Grundlage der abendländischen Moral und sind allgemein als Norm für menschliches Verhalten anerkannt. In der → Bibel finden sich zwei Überlieferungen. Sie gelten als »Gesetz«, das Mose auf dem Sinai von Gott selbst erhalten hat. Die Zehn Gebote stellen daher kein weltliches Gesetz dar. Sie greifen alle Bereiche des Lebens auf und stellen Wege dar, wie das Leben vor und mit Gott gelingen kann. Daher ist es notwendig, die einleitenden Worte zu berücksichtigen: Gott stellt sich als der vor, der sein Volk aus Ägypten herausgeführt hat in die Freiheit und weiterhin bei den Menschen ist: Gottes Name heißt »Ich bin da«. Daher wird heute auch von den Zehn Freiheiten gesprochen. Im Sinne der Aussageabsicht übersetzt, beginnt jedes Gebot – vor dem Hintergrund der Freiheitserfahrung, die das Volk Israel mit Gott gemacht hat – nicht mit »Du sollst ...«, sondern mit »Du brauchst nicht ...« oder »Du wirst ...« Somit kann z. B. frei übersetzt werden: »Ich bin dein Gott, ich bin da, ich sorge für dich. Du brauchst keine anderen Götter. Du brauchst nicht zu stehlen. Du brauchst nicht die Unwahrheit zu sagen. Du wirst dich um deine alten Eltern kümmern.«